ZHONGGUO SHE

CHANYE TANSUO YU

中国生物天然气产业
探索与实践

农业农村部农业生态与资源保护总站　编

CH$_4$

CO$_2$

中国农业出版社
北　京

中国生物天然气产业探索与实践

编 委 会

主　任：李惠斌

副主任：邢可霞　陈　佶　董保成

委　员：冯　晶　刘　刘　李玉贵　魏　永

编写人员名单

主　编：董保成　徐文勇　李冰峰

副主编：朱洪光　赵　凯　冯丛丛　孙　昊　宋成军

　　　　关贝贝　刘代丽

参　编：艾　平　宋作阳　杜永亮　王　清　肖佳鑫

　　　　王凯茜　胡晓燕　马　骥　闫永滨　李红岩

　　　　赵世雷　刘国强　刘潇森　胡梦影　王金浬

　　　　李学文　路　腾　袁顺利　李洪燕　李　剑

　　　　耿　炎　李　奕　李再兴　胡万通　刘世虎

　　　　刘晓曼　钱名宇　李砚飞　韩晓伟　高晓璞

　　　　袁旭峰　张瑞强　张成明　杨　杰　孙丽英

　　　　任雅薇　刘永岗　王娟娟　黄振侠　熊江花

　　　　文北若　李朝婷　段　娜　司哺春　唐　超

　　　　韦志华　魏欣宇　李云哲　史雨凡　姚阿松

　　　　皂辉杰　麻明可　马建国　袁良庆

前 言

FOREWORD

　　利用畜禽粪污、农作物秸秆、农产品加工废弃物等原料，经厌氧发酵和净化提纯后，发展绿色清洁可再生的生物天然气，是促进农业废弃物资源化利用、改善农村人居环境的重要举措，也是拓宽天然气气源、发展清洁能源的有效途径。2015 年，农业部、国家发展改革委联合印发《2015 年农村沼气工程转型升级工作方案》，重点支持日产沼气 500 立方米以上的规模化大型沼气工程建设，开展日产生物天然气 1 万立方米以上的工程试点。2016 年 12 月，习近平总书记在中央财经领导小组第十四次会议上强调，加快推进畜禽养殖废弃物处理和资源化，关系 6 亿多农村居民生产生活环境，关系农村能源革命，关系能不能不断改善土壤地力、治理好农业面源污染，是一件利国利民利长远的大好事。要坚持政府支持、企业主体、市场化运作的方针，以沼气和生物天然气为主要处理方向，以就地就近用于农村能源和农用有机肥为主要使用方向，力争在"十三五"时期，基本解决大规模畜禽养殖场粪污处理和资源化问题。

　　2016 年以来，我国在多项政策文件中提出要发展沼气生物天然气。2018 年 4 月，《中共中央 国务院关于全面加强生态环境保护坚决打好污染防治攻坚战的意见》提出实施生物天然气工程。《国务院关于印发打赢蓝天

1

保卫战三年行动计划的通知》提出在具备资源条件的地方，鼓励发展生物天然气。《中共中央 国务院关于印发〈乡村振兴战略规划（2018—2022年）〉的通知》提出加快推进规模化生物质天然气和规模化大型沼气等燃料清洁化工程。2019 年，国家发展改革委、国家能源局、农业农村部等十部委联合印发《关于促进生物天然气产业化发展的指导意见》，提出积极发展生物天然气可再生能源产业，制定了到 2030 年生物天然气年产量达到 200亿立方米的目标。2021 年，《"十四五"可再生能源发展规划》提出加快发展生物天然气。2022 年，农业农村部、国家发展改革委联合印发《农业农村减排固碳实施方案》，提出因地制宜推广沼气/生物天然气等生物质能技术模式。2024 年，国家发展改革委、工业和信息化部等六部门发布《关于大力实施可再生能源替代行动的指导意见》，提出因地制宜发展生物天然气，开展年产千万立方米级生物天然气工程等试点应用。2024 年 11 月 8日第十四届全国人民代表大会常务委员会第十二次会议通过的《中华人民共和国能源法》第二十六条规定：国家鼓励合理开发利用生物质能，因地制宜发展生物质发电、生物质能清洁供暖和生物液体燃料、生物天然气。

随着政策的不断完善，我国沼气与生物天然气产业发展方向更加明确。本书在梳理生物天然气产业发展历程、沼气与生物天然气产业发展的动态关系基础上，结合国外生物天然气发展经验，对我国生物天然气发展情况进行预测与分析，提出了"双碳"目标下生物天然气产业发展对策建议。希望广大读者、专家，尤其是长期从事沼气生物天然气行业的同志们，对于书中存在的不足之处给予批评指正。

编者

2024.11

目 录

C O N T E N T S

1

第 1 章
中国生物天然气产业发展历程

中国生物天然气产业的发展伴随着中国社会发展变革，经历了复杂而跌宕的变迁，虽说目前产业发展水平尚不及欧美发达国家，但是对于中国的农村能源供给、人居环境改善、循环经济发展、应对气候变化均作出了重要贡献。同时，中国生物天然气产业各阶段的发展也留下了同时代社会经济发展的深刻烙印。可以说，沼气、生物天然气发展的历史见证了中国社会经济的发展历程。

1.1 发展生物天然气产业的重要意义

1.1.1 生物天然气是清洁的、可再生的能源，事关国家能源安全和能源战略

目前，中国除了省会城市和部分输气管网沿线城市能用上天然气，大多数地级城市、县城、乡（镇）和村没有天然气可用。2021 年、2022 年中国生物天然气对外依存度分别为 41.2% 和 41.9%，缺口较大，且一旦外部环境发生较大变化，天然气保障的保障就会面临较大风险。另外，中国农村每年产生秸秆约 9 亿 t、畜禽粪污约 40 亿 t，理论上可以生产生物天然气 3 000 亿 m³ 以上，即使按照只开发利用 20% 计算，每年至少可生产 600 亿 m³ 生物天然气，相当于 2022 年中国生物天然气消费量的 16.3%，相当于进口天然气量的 39.8%，能有效提升中国生物天然气自主保障能力。作为清洁可再生能源，生物天然气关乎国家能源安全和能源战略。

1.1.2 发展生物天然气产业是减轻雾霾、治理大气污染的有效方式之一

秸秆露天焚烧将产生大量雾霾。据测算，秸秆露天焚烧对 PM2.5 的影响份额约为 25%。利用秸秆生产生物天然气而不再焚烧是直接消除雾霾的一项

有效手段，生物天然气是清洁能源，燃烧后的成分只有 CO_2 和水，不会产生雾霾。此外，如果每年利用农业废弃物生产 600 亿 m^3 的生物天然气，可以代替 1.6 亿 t 标准煤。如果少燃烧 1.6 亿 t 标准煤，汽车也采用生物天然气作为燃料，那就同时消除了雾霾的 3 个最主要来源（燃煤锅炉、汽车尾气和秸秆焚烧）。中国近几年在治理雾霾上花费了很多资金，而发展生物天然气产业可实现一举多得，是未来中国支持发展的重要产业。

1.1.3 发展生物天然气产业是碳减排的有效手段

相比于化石天然气，生物天然气能够大幅度减少 CO_2 的排放，具有显著的温室气体减排效果。中国承诺 2030 年前中国的 CO_2 排放力争达到峰值，努力争取 2060 年前实现碳中和。减少传统能源消耗是达成这一目标的重要措施之一，但经济的可持续发展和人民生活水平的提高需要有新能源替代传统能源。按照前文所说，即使只利用秸秆和畜禽粪污等农村废弃物的 20%，每年也至少可生产 600 亿 m^3 生物天然气，可以代替 1.6 亿 t 标准煤。因此，发展生物天然气将成为中国应对气候变化、兑现温室气体减排承诺的重要手段。

CO_2 是生物天然气项目的副产物之一。每立方米沼气含甲烷 60% 左右，提纯后的甲烷含量可达 96% 以上，净化后的废气几乎全是 CO_2。一个日产 3 万 m^3 的生物天然气项目，每年在生产 1 100 万 m^3 天然气的同时，也产生了大约 700 万 m^3（约合 1.3 万 t）CO_2。如果将这 1.3 万 t CO_2 收集、存储起来，就减少了 1.3 万 t CO_2 的排放，同时，根据《〈联合国气候变化框架公约〉京都议定书》确定的国际社会清洁能源机制，这些 CO_2 也可以进行再利用。所以，生物天然气产业在替代化石能源和实现碳减排两方面具有巨大优势。

1.1.4 发展生物天然气产业是实现区域废弃物综合管理和减少面源污染的重要手段之一

生物天然气产业在提供清洁能源的同时，还对农业农村废弃物进行了无害化处理和资源化利用，解决了农村环境污染问题。在全国范围内，农业面源污染（包括化肥、农药和农业固体废弃物等污染）是饮用水源污染的重要原因。生物天然气生产技术能够收集处理农作物秸秆、畜禽粪污等多源农业农村废弃物，不仅缓解了任意堆放和随意处置造成的环境问题，还实现了区域内废弃物的综合管理与利用。

沼肥是生物天然气项目的另一个副产物，是优质有机肥。有机肥的使用可大幅减少化肥、农药的使用，能进一步减少农业面源污染。更重要的是，有机肥能有效提高农产品的品质以及食品安全水平。研究表明，使用有机肥后，农作物的病虫害水平会大幅降低。按每年新增生物天然气 600 亿 m^3 计算，每年可新增有机肥超 3 亿 t，这样至少可以减少使用 1/3 的化肥和农药。

1.1.5　发展生物天然气产业是服务乡村振兴战略的民生工程

每年的中央 1 号文件均提到农业和农村问题。提高农民生活水平始终是中央 1 号文件最核心的内容之一。发展生物天然气产业后农业废弃物成了具有较高价值的农业资源，为了保障原料供应和收集，很多企业采取"农保姆"的方式，即将每家每户的土地集中起来，组织专业化的种植队伍种植和收割，企业在将粮食交给农民的同时得到了秸秆。这样一来，土地集中了，中国农业的规模化、机械化和集约化生产也实现了，农民的经济收入也提高了。

燃气供给问题是影响中国城镇化进程的一个重要问题。在远离西气东输等骨干管线的广大地区，由于气源缺乏，城镇化的发展一直受到严重制约。生物天然气是分布式能源，可实现哪里需要就在哪里生产。因此，生物天然气的发展和普及将对中国的城镇化进程、新农村建设起到一定的促进作用。

综上所述，中国发展生物天然气产业意义重大，通过这一新兴产业的发展，可实现以下系列目标：增加天然气供应，提升能源安全保障水平；加快替代农村散烧煤，构建分布式能源生产体系；规模化处理有机废弃物，保护生态环境；发展工业化高品质有机肥，助力生态循环农业；开拓新能源新领域，发展可再生燃气新兴产业。

1.2　中国生物天然气产业发展历程

1.2.1　中国沼气产业的开端

中国是世界上最早发现和应用沼气的少数几个国家之一，很早之前就有了沼气产业化的雏形。中国第一口沼气池诞生于广东省汕头市，起初，沼气是作为昂贵的进口煤油（"洋油"）的替代品问世的。有"百载商埠"之称的汕头在 20 世纪 20 年代初期就是一个著名的通商口岸。当时中国消费的煤油全部从海外输入，老百姓大都靠煤油灯照明。罗国瑞是广东省惠州市博罗县人，他 12 岁时被清政府派赴美国留学，是中国第一批赴美留学幼童之一，接触沼气、矿冶和铁路工程。学成归来的罗国瑞目睹国人饱受燃料紧缺之苦，立志要研究出新的替用能源解决燃料问题。

　　罗国瑞汲取了前人制取沼气的经验教训，经过多年反复试验改进，终于在1920年左右将天然瓦斯库的各部结构、建造和生产应用等技术问题完善起来，形成了中国第一口比较完备而又具有实用价值的水压浮罩式沼气池"中华国瑞天然瓦斯库"，它可以满足6口之家每天照明和炊事用能的全部需求。1929年，罗国瑞在汕头市新兴路42号开办了中国第一个推广沼气技术的机构汕头市国瑞瓦斯（沼气当时也称瓦斯）气灯公司，并建设国瑞天然瓦斯库，专门建造沼气池和生产沼气灯具等，推广沼气实用技术。1932年迁到上海小西门蓬莱国货市场内，更名为中华国瑞瓦斯总行，并获得了沼气发酵照明的专利和实业部的许可证，当时共在全国设立了14个省分行、21个市分行、15个县分行，先后培养沼气技术人员1 000多名，修建了大批沼气池，当时的沼气工程普遍池容为$6m^3$。1936年，由中华国瑞瓦斯总行宁波分行承建的浙江舟山普陀山洪筏禅院内的$125m^3$的沼气池为混凝土结构，池长10.03m、宽3.78m、深2.85m，池壁厚0.11m，池上方设2个喇叭形进料口（口径75cm）和一个搅拌口（口径22cm），这是当时国内规模最大的沼气池，至今仍保存完整。

　　1942年，日本侵略者纵火烧毁了抵制日货的蓬莱国货市场，中华国瑞瓦斯总行也随之遭到破坏被迫停业，各分行也相继关门，这宣告了长达20余年的中国沼气发明与利用的第一个高潮时期终结，但罗国瑞在实业救国、技术发明、经营管理、培训推广等方面均为中国沼气的发展留下了宝贵的经验。

1.2.2　中国沼气产业的重启

　　新中国成立后，面对农村能源短缺问题，国家提出"采用多种途径寻找新能源"的号召。20世纪30年代，学习过国瑞瓦斯库建造技术的中南材料科学研究所工程师姜子钢，于1957年向湖北省委提出发展沼气的建议并得到支持，同年3月在武昌建成新中国第一口示范沼气池。湖北省进行了全省推广，《人民日报》等媒体进行了报道。武昌建沼气池的经验经新闻媒体报道后在全国产生很大影响，全国各地纷纷派人到武昌学习。为了适应发展的需要，1958年上半年，农业部委托中国农业科学院、北京农业大学举办全国沼气培训班。1958年4月11日，毛泽东主席在视察武汉地方工业展览馆时指示"沼气又能点灯、又能做饭、又能做肥料，要大力发展，要好好推广"，从而掀起了沼气在全国推广的高潮，当时全国大多数省、市、县都建起了沼气池。但是由于忽略了技术和科学管理，加上建池材料短缺等客观因素制约，建成的数十万口沼气池相继被废弃，中国沼气事业又停了下来。

　　20 世纪 50 年代末，中国沼气发展虽说陷入困境，但是沼气的好处已经广为人知。部分地区的技术能人不甘心，开始探索符合中国国情的沼气发展之路，并取得成效。20 世纪 60 年代，四川省中江县龙台公社社员陈锡祜（曾任中学化学老师、小学校长）在家建成一口约有 4.3m³ 的条石结构水压式沼气池，供家里煮饭、点灯，引起了关注（图 1-1）。1967 年，四川省绵竹县血吸虫病防治研究所赖耀富在绵竹县开展了沼气试验，证明了农村发展沼气对解决农民的炊事燃料、防治血吸虫病问题有很好的作用。为了推广中江县、绵竹县的沼气经验，当时的四川省革命委员会在四川省中江县召开了全省沼气现场经验交流会，四川的沼气技术因此得到较好的发展。

图 1-1　四川省中江县条石结构水压式沼气池

　　上级部门也注意到了四川沼气技术的发展成绩，1972 年 11 月，农林部、中国科学院在四川省中江县召开全国推广沼气经验交流会。1978 年 6 月，国家计划委员会、国家经济贸易委员会和农林部在四川省绵阳县召开了第二次全国推广沼气经验交流会，但是各地反响不一。全国呈现点状局部发展现象，发展好的地区主要集中在长江以南，长江以北地区发展缓慢。

　　1974 年，在陕西省延川县梁家河村任党支部书记的习近平看到 1974 年 1 月 8 日《人民日报》介绍四川省推广沼气的报道后，产生了极大的兴趣，并有了到四川省学习建沼气池解决当地缺煤缺柴问题的想法。他把这个想法告诉了延川县委常委、县革命委员会副主任张之森，县委给予高度重视，决定组成延川县学习沼气代表团，习近平作为代表团重要成员，到四川省学习建沼气池、发展沼气。习近平在学习四川省经验的基础上，根据陕西省气温、土质情况以及当地传统施工工艺，创新性探索出适合陕西省的深埋石板环砌套制和湿法胶泥回填的沼气池建造工艺，建成了陕西省第一口沼气池（图1-2）。该建造工艺利用地温解决了北方沼气使用季节短的问题，利用环砌解决了结构强度问题，利用湿法胶泥和厚封土解决了砌筑工艺的气密性差问题，为随后在延川县掀起一场轰轰烈烈的"沼气革命"奠定了基础。延川县委在1974年第8期《延川情况》上通报表彰了习近平和他领导的梁家河大队党支部。习近平在陕西省创办沼气事业的成功，不仅支撑了陕西省沼气事业的发展，还进一步激发了中国北方众多地区重新发展沼气事业的热情。

图1-2　陕西省第一口沼气池

　　从陕西省第一盏沼气灯开始，目前梁家河已建成"果（菜）—沼—畜"生态农业循环模式。2016年底，陕西省延川县梁家河流域千亩*生态果园水肥一体化200m³沼气示范工程投入使用（图1-3）。

---

　　* 亩为非法定计量单位，1亩＝1/15hm²。——编者注

图 1-3　梁家河沼气示范工程

1.2.3　中国沼气产业的调整与巩固

改革开放后，面对突出的农村能源问题，中国仍把沼气建设作为重要手段。1979 年，在北京召开的全国沼气工作会议上，国务院批准了农业部等部委《关于当前农村沼气建设中几个问题的报告》《人民日报》、新华通讯社、中央人民广播电台等中央主流媒体和一些省级主流媒体对沼气发展情况做了宣传报道。为提升农村沼气技术和管理水平，1979 年，国务院批准将四川省沼气科学研究所改名为农业部沼气科学研究所（现农业农村部成都沼气科学研究所），同年，在中国农业工程研究设计院（现农业农村部规划设计研究院）设立了能源室，1980 年成立了中国沼气学会，创办了融合学术性和技术性的刊物《中国沼气》。

1979 年，国务院发文（国发〔1979〕222 号）要求成立全国沼气领导小组和办公室，加强对沼气建设工作的领导和管理。全国各地按照要求，均成立了沼气领导小组和办公室。为适应沼气建设工作的开展需要，各省（自治区、直辖市）、市、县基本上都正式设立了沼气办公室或农村能源办公室，负责本地沼气和农村能源建设的推广、管理工作，制订本地沼气和农村能源发展规划，组织实施国家沼气和农村能源建设项目，开展农村沼气技术员的技能培训和鉴定工作，推广沼气建设新技术，及时发现和解决推广工作中存在的问题和困难。随后，在全国开展沼气普查工作，将虚报和不能使用的沼气池坚决从统计数据中删除。普查结果显示，各地上报统计的700万余口沼气池中，约有392万口质量较好，能正常使用，其余的沼气池相当一部分因不能使用而报废，另一部分经过维修可继续使用。通过全国性的普查工作，摸清了现状，找准了问题，为调整、巩固工作奠定了基础。

1980年和1982年邓小平到四川省考察，两次深入成都市郊区农民家中，参观考察沼气池和沼气使用情况。在考察中，邓小平对沼气工作作出重要指示，要求沼气发展要有规划，要抓科研，沼气池的建设要搞"三化"，即标准化、系列化、通用化（国家发展和改革委员会农村经济司，《农村沼气建设管理实践与研究》，中国农业出版社）。他指出"发展沼气很好，是个方向，可以因地制宜解决农村能源问题""搞沼气还能改善环境卫生，提高肥效，可以解决农村大问题"。其间，时任国家副主席的王震，时任国务院副总理的李鹏、姚依林、余秋里和时任全国人大常务委员会副委员长谭震林等中央领导，均对推广沼气工作作出了指示。

在这一阶段，部分地区片面追求建池速度，重建池、轻管理，且因水泥、砖等主要建池材料短缺而使用不合格材料建池，致使建池质量差；一批沼气池距离农户家较远，容积偏大，池体偏深（"远、大、深"），管理使用很不方便；甚至由于缺乏有关的科学知识，发生了一些沼气中毒事件。但是，总体上中国沼气产业发展还是走上了科学发展的道路，逐步实现了标准化、规范化和系列化，显著地提高了沼气生产技术水平和综合效益，沼气产业的影响力和吸引力日益增强。一些举措在全国各地被推行起来：一是狠抓沼气池的科学管理，完善配套设施，提高产气率和使用效率；二是举办各种类型的培训班，在沼气池管理得好的地方召开现场经验交流会，层层培训各级沼气管理机构人员和农民技术员，组建专业的建池和管理的农民技术人员队伍；三是实行标准化、规范化建池，大力推行"三结合"（厕所、猪圈、沼气池结合），保证建池质量；四是针对农村实行家庭联产承包生产责任制后的新情况，探索和改进推广沼气的方法；五是大力开展科学知识普及工作，先后出版发行了《沼气管理使用手册》《农村办沼气问答》《科学办沼气》《沼气科普挂图》等数十种科普性读物，制作了安全使用沼气幻灯片，拍摄宣传办沼气的电视剧《送不走的客人》《沼气综合利用》《沼花怒放》等，对宣传沼气、普及科学办沼气起到了很大作用。

在农业部的组织和协调下成立了全国沼气科研协作组，下达了多项沼气科研课题，组织数十家大专院校、科研机构和设计单位，针对中国沼气建设中亟须解决的技术和设备问题，分成沼气池设计与建池技术、沼气发酵工艺、沼气发酵残余物在农业生产中的应用、沼气燃烧器及输配气管道、沼气与卫生、沼气发电及沼气池出料机具 6 个组开展协作研究，取得一批重大的、适应性和实用性强的科研成果，制定了《沼气池设计图集》（GB/T 4750—1984）、《户用沼气池施工操作规范》（GB/T 4752—2002）等一系列国家标准和行业标准，研制出热效率高、安全、方便的沼气灶具，开发了方便实用的出料机具等。为了保证沼气产品和设备质量，建立了农业部沼气产品及设备质量监督检验测试中心。

这些研究成果、技术和产品（设备）不仅在中国得到有力的推广应用，还被广大第三世界国家引入应用。1981 年，联合国开发计划署与中国对外经济合作部签署协议，决定在中国建立第三世界国家沼气技术援助体系。截至2022 年，以农业农村部成都沼气科学研究所为代表的相关单位举办了超过 130期国际沼气技术培训班，培训对象为来自亚洲、非洲、拉丁美洲的 100 多个国家，有力支撑了全球乡村能源和卫生事业发展。

1.2.4　中国沼气的快速发展

进入 21 世纪，中国经济快速发展，国家对农业和农村领域投入加大，中国沼气事业也在国家财政扶持下进入快速发展阶段。其间，江泽民、胡锦涛、习近平等中央领导先后对沼气工作作出了重要批示。2010 年 6 月 3 日，时任国家副主席习近平在《我国农村沼气工程发展的现状、主要问题和建议》（中办秘书局《信息综合专报》第 33 期）中批示，"加快发展农村沼气事业，既符合发展绿色经济、建设资源节约型社会的要求，又有力推动了社会主义新农村建设。当前要积极采取有效措施，着力解决面临的困难和问题，不断提高农村沼气事业发展水平。在'十二五'规划纲要中，可考虑把实施农村沼气工程作为农村能源产业发展的重要措施，继续抓实抓好"。

20 世纪 80 年代，中国在沼气领域的资金安排每年仅几百万元，最高将近1 000 万元。进入 21 世纪，中国在沼气领域的投资开始逐渐增加，2003—2005年，在国债项目支持下，中央每年在沼气方面投入 10 亿元；2006—2007 年，每年投入 25 亿元；2008 年增加到 30 亿。此后一直到 2016 年中央财政每年投入都在 20～40 亿元。据统计，2000—2016 年中央财政对沼气建设累计投资达

420 亿元，是新中国成立前 50 年投入总量的上百倍，促使中国成为世界上沼气发展最快、覆盖群体最多的国家。21 世纪中国沼气发展取得的成果与成就可以归纳为：

（1）户用沼气规模稳步增长

全国户用沼气池由 20 世纪 80 年代的不足 1 000 万口猛增至 2016 年年底的 4 160 多万口，年产沼气超 120 亿 m^3，年均增加近 200 万沼气用户，年均增长超过 20%。户用沼气池的建设与普及为广大用户提供了清洁能源，在有效缓解部分地区缺煤少柴等问题的同时，节约了沼气用户的生产生活支出，降低了劳动强度，改善了卫生状况，保护了生态环境，提高了群众的健康水平和生活质量，使村容村貌发生了很大变化。

（2）各类沼气工程连续几年迅猛发展

沼气工程量从 2000 年的 1 042 处猛增至 2016 年的 11.34 万处，总池容 2 013.41 万 m^3，年产沼气量 27 亿 m^3。按照处理原料划分：处理工业废弃物沼气工程 306 处，年产沼气量 2.76 亿 m^3；处理农业废弃物沼气工程 11.07 万处，年产沼气量 22.47 亿 m^3。按照工程规模划分：特大型沼气工程 51 处，年产沼气量 1.82 亿 m^3；大型沼气工程 7 214 处，年产沼气量 12.65 亿 m^3；中型沼气工程 1.07 万处，年产沼气量 4.32 亿 m^3；小型沼气工程 9.52 万处，年产沼气量 5.49 亿 m^3。

（3）净化类沼气池数目迅速增加

截至 2016 年底，已建设生活污水净化沼气池 19.2 万口，总池容达到 1 079.29 万 m^3。其中，村级处理沼气池 7 万口，池容 288.25 万 m^3；学校处理沼气池 7 827 口，池容 65.47 万 m^3；其他类型净化沼气池 11.41 万口，池容 725.57 万 m^3。

（4）服务体系建设全面铺开

沼气生产技术大范围推广中服务体系支撑不足的问题得到解决。2007 年 4 月，农业部、国家发展和改革委员会联合下发了《全国农村沼气服务体系建设方案（试行）》，提出了坚持"政府引导、多元参与、方式多样"和"服务专业化、管理物业化"的原则，要求逐步建立以省级技术实训基地为依托，县、乡服务站为支撑，乡村服务网点为基础，农民服务人员为骨干的沼气服务体系，为沼气用户提供优质、规范、高效、安全的服务。从 2008 年开始，中国每年投入大量资金用于沼气乡村服务体系建设。各地也根据实际情况探索出多种服务模式，如专业合作社型、协作统领型、公司经营型、个人领办型和社会公益型等服务方式，实行全托管、半托管或随叫随到的社会化和专业化服务。到 2016 年底，中央投资数十亿元的资金，在全国建设村级沼气服务网点 11.08 万个，从业人员 18.28 万人，服务农户 3 350 万户，覆盖农村沼气用户超过

80%；此外，还建设了省级实训基地 18 个、市级服务站 62 个、县级服务站
1 162个；通过技术培训和职业鉴定，使33.31 万人和 4 110 多人分别获得了沼
气生产工和沼气物管员职业资格证书，为沼气事业的持续健康稳定发展奠定了
坚实的基础。

（5）沼气产业得到培育

在国家优惠和激励政策的吸引下，越来越多的企业投入到沼气产品生产、
设备研发和工程建设中，一些龙头企业也加入沼气产业发展行列，中国沼气产
业得到培育。一是沼气灶具及配套产品生产企业已有上百家，每年生产沼气灶
具、管材管件和脱硫净化器能力接近 1 000 万套；二是各类沼气工程设计和施
工企业规模不断扩大，具有较高设计生产与施工水平的专业企业逐年增加，一
大批企业已经具备了组织实施"交钥匙"工程的能力；三是生产与沼气工程配
套的设备和装备的龙头企业迅速成长，相关制造服务企业已有近 2 000 家；四
是通过合作或合资的形式，吸引了欧洲、美洲一大批国家的企业进入中国市
场，不仅带动了中国企业创新能力和生产制造水平的提升，也培养了一部分可
以与国际大型企业竞争的国内企业。

（6）沼气技术标准体系初步形成

从 20 世纪 80 年代开始，国家有关部门开始重视沼气标准化工作，并组织
制定和贯彻执行，使中国沼气标准化成为国家和农业标准化工作的重要组成部
分。2011 年，国家标准化管理委员会批准成立了全国沼气标准化技术委员会
（SAC/TC515），委员会由 35 名沼气行业的知名学者和企业代表组成，进一步
推动了中国沼气标准化工作进程。同年，中国又争取到了国际标准化组织沼气
技术委员会（ISO/TC255）主席国和秘书处的地位，借助这个平台，中国的
沼气技术、沼气产品顺利走上了国际舞台。到 2022 年底，中国已发布实施的
沼气标准共 71 项，其中国家标准 9 项、行业标准 61 项、国际标准 1 项。这些
标准涉及户用沼气、沼气工程、生物天然气工程等设计、施工、运行管理、安
全及相关配套产品和设备等方面。

1.2.5　中国沼气转型升级

2016 年 12 月，习近平总书记在中央财经领导小组第十四次会议上作出解
决大规模畜禽粪污处理和资源化问题"以沼气和生物天然气为主要处理方向，
以就地就近用于农村能源和农用有机肥为主要使用方向"的重要指示。自此，
农村沼气产业依托农业废弃物资源化利用和循环发展理念，因地制宜形成了多
种发展模式，开启了以农村户用沼气池为基础、以沼气工程为主要发展方向的
转型升级时期。从 2014 年开始，农业部、国家发展和改革委员会推动大型沼

气转型升级工作，尝试推进一批大型沼气工程和生物天然气工程开发建设。2015—2017 年，国家连续 3 年以投资补贴方式支持规模化生物天然气工程建设，相关支持工程数量累计达到 65 个。通过这些规模化生物天然气工程的建设和运行，有力推动了中国生物天然气产业的发展。中国基本形成了"上游原料收集—中游沼气生产—终端产品应用"的沼气产业链，在产业链上存在诸多效益点，沼气产业的发展将带动其他行业的发展，并创造更大的效益。

经过约 50 年的发展，中国农村沼气目前呈现以下六大特点：一是设施分布区域性差异明显；二是引导扶持政策全面；三是技术装备基本实现国产化；四是原料种类多样、资源丰富；五是户用沼气规模逐步萎缩；六是商业化运行模式集成推广。

2022 年 11 月，全国已建成各类沼气工程 93 194 处，年产沼气 2 929.42 万 m³，集中供气 170.1 万户，其中大型沼气和特大型工程（含生物天然气工程）7 212 处，生物天然气工程 57 处，年产生物天然气 16 528.67 万 m³。沼气发展规模较大的地区包括河北、江苏、江西、山东、河南、湖南、广东、海南、重庆、四川等省份，生物天然气工程主要分布在河北、内蒙古、安徽、山东、河南、云南等省份。

截至 2023 年底，全国农村户用沼气保有量 1 131.6 万户，沼气工程 6.77 万处，其中，中小型沼气工程（池容＜1 000m³）6.22 万处，约占沼气工程总量的 92%，大型和特大型沼气工程（池容≥1 000m³）共 5 518 处。

1.3 中国生物天然气发展情况

1.3.1 中国生物天然气发展趋势

生物天然气是以农作物秸秆、畜禽粪污、餐厨垃圾、农副产品加工废水等各类城乡有机废弃物为原料，经厌氧发酵和净化提纯产生的绿色低碳清洁可再生的生物质燃气，安全性能好、单位热值高，是一种较为优质的可再生能源。同时厌氧发酵过程中产生的沼渣沼液可用来生产有机肥。中国是农林大国，发展生物天然气基础良好，可利用的农作物秸秆、林木废弃物等原料非常丰富，具备规模化、产业化开发利用的资源优势。2021 年中国沼气学会发布了《中国沼气行业"双碳"发展报告》，对中国可用于沼气生产的农业农村有机废弃物、城市有机废弃物、工业废水资源等进行了估算，2030 年中国有机废弃物的沼气生产潜力为 1 690 亿 m³，到 2060 年可达 3 710 亿 m³，发展潜力巨大（表 1-1）。2021 年全年中国天然气表观消费量 3 671 亿 m³，同比增长 12.7%，占一次能源消费总量的 8.9%，图 1-4 为 2014—2021 年中国天然气表观消费量和同比增长率。通过对表 1-1 的沼气潜力和图 1-4 的表观消费量进行比较，可见如充分发展生物天然气，可有效实现国内天然气一定比例的替代。

表 1-1　2025—2060 年有机废弃物可获得沼气潜力和温室气体减排潜力

时间	可获得沼气潜力（亿 m³）				温室气体减排潜力（亿 t 二氧化碳当量）			
	农业	城市	工业	总计	农业	城市	工业	总计
2025 年	520	220	350	1 090	0.92	0.39	0.62	1.93
2030 年	970	330	390	1 690	1.73	0.58	0.69	3.00
2060 年	2 540	570	600	3 710	4.52	1.02	1.07	6.61

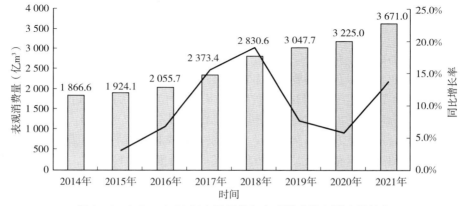

图 1-4　2014—2021 年中国天然气表观消费量和同比增长率

2019 年 12 月 6 日，国家发展和改革委员会等 10 部委联合下发了《关于促进生物天然气产业化发展的指导意见》（发改能源规〔2019〕1895 号），文件指出：生物天然气对构建分布式可再生清洁燃气生产消费体系、有效替代农村散煤具有重要意义；提出了中国的生物天然气发展规划；到 2025 年，生物天然气年产量超过 100 亿 m³；到 2030 年，生物天然气年产量超过 200 亿 m³（图 1-5），占中国天然气产量一定比例。文件的出台对生物天然气产业的起步和有序发展起到了积极的推动和促进作用。中国支持生物天然气产业发展的大门已经敞开，随着中国对生物天然气工程建设的支持，各类投资主体进入该领域，促进了更多项目落地。

党的二十大报告提出，要求加快发展方式绿色转型，明确提出要加快推动能源结构调整优化，推进各类资源节约集约利用，发展绿色低碳产业。发展农村沼气，构建以清洁能源供应和有机肥料生产为核心的废弃物循环利用体系，将有力促进农业生产全过程绿色转型和宜居宜业和美乡村建设。对中国农业绿色发展和"双碳"新形势下的沼气发展进行趋势研判和实施建议：

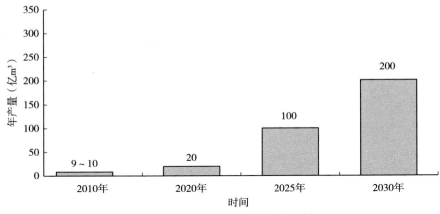

图 1-5　生物天然气发展规划目标

（1）趋势研判

一是农业发展绿色转型要求农村沼气必须强化循环农业纽带作用。党的十八大以来，中国把生态文明建设摆在更加突出的位置，加快推进农业绿色转型，农业资源环境突出问题得到了初步遏制。加快建设农业强国，基调也必然是绿色。新时期推进农村沼气发展，必须发挥好农村沼气种养纽带作用，推广应用"猪—沼—果（菜、茶）"等循环模式，不断健全秸秆收运、沼液施用等基础设施和服务组织，加快构建不同层面、协调互促的种养循环体系。

二是农业农村减排固碳要求农村沼气必须强化产品全面利用。农业农村减排固碳是实现碳达峰、碳中和的重要举措，也是潜力所在。2022 年，农业农村部、国家发展和改革委员会联合印发《农业农村减排固碳实施方案》，提出农田碳汇提升、可再生能源替代等重点任务。新时期推进农村沼气发展，必须充分认识农村沼气减排固碳增汇多重效用，既要做好沼气清洁能源替代减排账，也要充分算好沼液还田碳汇账，促进沼气、沼渣、沼液等产品的全面利用，探索农村沼气减排固碳项目，实现农村沼气减排固碳生态效益最大化。

三是宜居宜业和美乡村要求农村沼气必须强化环境治理功能。良好的生态环境是农村最大的优势和宝贵财富。近年来，农村生态环境得到明显改善，但农作物秸秆、畜禽粪污等固体废弃物尚未得到有效治理，农村产地环境、人居环境与现代生活的要求相比还有差距。新时期推进农村沼气发展，必须将原料范围拓展到农村厕所粪污、农村有机垃圾等方面，既要解决粪污随意处置、秸秆焚烧等农业面源污染，也要发挥农村沼气处理污水与有机固体废弃物的环保功能，促进农村人居环境整治全面改善。

四是能源补贴政策退坡要求农村沼气必须强化持续稳定运营能力。自"十二五"以来，中央安排大量元资金用于农村沼气建设，并不断优化投资结构，在用地、用水、用电等方面给予优惠政策扶持。近年来，国家对于农村沼气建设的补贴支持力度逐年下降，对沼气发电的补贴额度也在不断降低，农村沼气逐渐进入"自负盈亏"的状态。新时期推进农村沼气发展，必须提高农村沼气建设和运营水平，提高农村沼气技术装备水平，培育专业化运营主体，提升管护专业化、运行市场化水平，拓宽产品渠道，不断增强自身可持续运营能力。

（2）实施建议

一是更加注重发挥农村沼气的多种功能，做好户用沼气安全处置工作，持续做好农村沼气底数调查，因地制宜制定处置措施，采用拆除、回填等方式处置不具备修复和利用价值的沼气设施，具有正常使用潜力的要进行改造提升和维修维护。①积极推进"沼改厕"，结合农村厕所革命和农村人居环境整治等需求，推动具备条件的户用沼气转化为化粪池和污水净化池，挖掘户用沼气在农村改厕、生活污水处理等方面的潜力，建设生态庭院。②确保沼气安全利用，在仍具备户用沼气需求的省份，组建户用沼气安全用气技术团队，推动户用沼气管护体系因地制宜发展户厕抽排、污水处理等业务，指导农户定期对户用沼气设施进行维修维护，升级改造玻璃钢沼气池等新型户用沼气池，确保用气安全。

二是更加注重提升沼气工程技术装备水平。加快沼气技术研发平台建设，鼓励和支持沼气行业龙头企业与优势科研团队建立沼气技术创新中心、沼气产业技术联盟等，支持沼气领域相关部级重点实验室和优势单位完善提升科研条件，搭建行业企业出题、科研单位答题的沼气技术创新平台和新模式。①熟化沼气工程核心技术。推广应用先进原料预处理、净化提纯、自动监控等成套设备，推动沼气工程标准化、数字化、智能化改造，组装集成一批适用于不同原料、不同区域的规模化沼气（生物天然气）成套技术。②创新高水平技术装备。强化合成生物学、人工智能、生物炼制等前沿技术在沼气领域的应用，开发沼气制氢、沼气燃料电池等新型沼气利用技术，集中力量突破多种原料混合高效发酵、干法厌氧发酵、发酵预警调控等关键技术，开发国产化高效输送泵、搅拌机、固液分离机、控制系统等关键装备。③完善技术标准体系，对现行沼气行业标准进行系统梳理，补齐沼气工程装备、数字沼气工程、农村沼气减排固碳核算等行业标准，推动现有沼气标准的制（修）订，探索制订规模化沼气工程设计、建设、运行标准综合体。

三是更加注重健全种养产业循环体系。①健全原料收运体系。支持规模化沼气工程建设畜禽粪污、农作物秸秆、农产品加工废弃物以及城镇有机生活垃圾等原料收集供应站点，配套原料收集、存储和运输设施设备。②健全种养循环设施。推动沼气工程配套建设沼液存储池、过滤系统、低压灌溉管道等水肥一体化利用系统。鼓励沼气工程加强与周边现代农业园区、种植大户合作，实现沼肥就地就近直接利用。③培育发展专业化服务主体。鼓励农机合作社、种养大户等配套完善种养循环、秸秆离田、沼肥施用等设施与机具，培育一批专业化服务组织，保障规模化沼气工程原料供应与沼肥还田。

四是更加注重实现农村沼气持续运行。明确沼气产品标准，加强沼气产品质量监管体系建设，制定沼气产品市场准入制度，减少沼气产品与市场同类型产品差距，提高市场竞争力，促进农村沼气行业发展。①促进沼气产品多元化利用，探索绿色能源"配额"制度、能源产品后端补贴等政策，促进车用燃气、发电上网、集中供暖、有机肥生产等产品的推广应用，鼓励沼气行业经营主体开展自主创新，探索沼气、沼渣、沼液"自盈利"利用途径。②推动落实好现有政策。细化、实化沼气工程用地用电、增值税即征即退等优惠政策，推动实现生物天然气全额保障性收购，争取将生物天然气纳入非常规天然气补贴政策，构建完善、可落地的扶持政策体系。③出台农村沼气减排固碳政策。明确农村沼气项目减排固碳项目属性，纳入碳减排支持工具支持范围。出台农村沼气项目减排固碳核算办法，加快推进农村沼气项目进入全国碳交易市场。探索开展农村减排固碳能源替代示范，建设一批低碳、零碳乡村。

1.3.2　中国生物天然气面临的机遇与挑战

中国生物天然气行业正在迅速地发展，生物天然气必须走工业化、商业化可持续发展道路，遵循市场规律，以企业为主体，发展新型工业。一方面要积极支持能源企业以及其他有实力的企业，实行专业化投资、建设和管理，开发建设生物天然气项目，另一方面要加快推进生物天然气项目设计、施工、技术、工艺、运营、服务、安全、环保等各环节专业化、工业化。此外，目前，中国针对生物天然气制定的标准还不完善，未形成完整的生物天然气行业标准体系，现有标准难以满足生物天然气行业的发展需求。

虽然目前沼气行业的发展仍然面临较多的问题和挑战，但是农业"双碳"目标的提出也给沼气发展带来了新的机遇。沼气的发展不仅解决了能源问题，也减少了甲烷的排放，甲烷排放在全球范围内大体上超过了 50 亿 t 二氧化碳当量，这相当于美国全部的温室气体排放量，而且甲烷是导致全球变暖的第二大因素。甲烷造成的温室效应强度是二氧化碳的 21 倍，甲烷对全球变暖的贡献率为 31%，人为甲烷排放量占甲烷排放总量的 60%。而且，因为甲烷在大气中能存留 12 年，远小于二氧化碳的滞留年限（数百年），所以控制甲烷排放是更快速高效的减排路径。

减少甲烷排放也是中国沼气发展的重要目的之一。2021 年 11 月 2 日，在第二十六届联合国气候变化框架公约缔约方会议（COP26）的第二天，包括美国、欧盟等在内的 105 个缔约方共同签署了《全球甲烷承诺》(Global Methane Pledge),即到 2030 年将全球甲烷排放量在 2020 年的水平上至少减少 30%。《全球甲烷承诺》的签署标志着甲烷减排已经引起了全球关注,甲烷减排从科学共识走向政府行动,中国政府和相关机构在甲烷减排方面已展开诸多行动。

(1) 机遇

"十三五"以来,国务院办公厅以及农业农村部、国家发展和改革委员会、生态环境部和国家能源局等部委相继发布了多项政策,支持沼气和生物天然气发展。"十三五"规划纲要中提到:实现发展目标,破解发展难题,厚植发展优势,必须牢固树立和贯彻落实创新、协调、绿色、开放、共享的新发展理念。绿色是永续发展的必要条件和人民对美好生活追求的重要体现。必须坚持节约资源和保护环境的基本国策,坚持可持续发展,坚定走生产发展、生活富裕、生态良好的文明发展道路,加快建设资源节约型、环境友好型社会,形成人与自然和谐发展现代化建设新格局,推进美丽中国建设,为全球生态安全作出新贡献。

中国生物天然气工程建设是新形势下推进农村能源革命的新探索,必将贯彻落实新发展理念、适应把握引领经济发展新常态,在适度扩大总需求的同时,着力推进供给侧结构性改革,使供给能力满足广大人民日益增长、不断升级和个性化的物质文化和生态环境需要。

"十四五"时期既是"双碳"目标实现的关键期,也是中央提出乡村全面振兴战略以来的第一个规划期,这将是沼气行业发展中至关重要的机遇期。在全面推进"高质量发展"要求、乡村振兴战略和实现"双碳"目标的背景下,包括沼气在内的生物质能行业将会发挥不可替代的作用。能源革命与高质量发展、绿色低碳清洁能源体系构建、农村生态环境保护与绿色宜居村镇建设将成为"双碳"目标和乡村振兴战略的重要着力点。与此同时,由于产业政策不完善、标准体系不健全、行业发展不均衡、现有政策补贴机制待完善、市场化动力不足等问题,沼气行业发展也面临巨大挑战。

从辩证的角度来看,"双碳"目标的实现过程,也是催生全新行业和商业模式的过程,中国应顺应科技革命和产业变革大趋势,抓住绿色转型带来的巨大发展机遇,从绿色发展中寻找发展的机遇和动力。

①促进低碳、零碳、负碳产业体系的构建

2010—2019 年,中国可再生能源领域的投资额达 8 180 亿美元,成为全球最大的太阳能光伏和光热市场。2020 年中国可再生能源领域的就业人数超过 400 万人,占全球该领域就业总人数的近 40%。在"双碳"目标的背景下,能源结构、产业结构等方面将面临深刻的低碳转型,能源技术也将成为引领能源产业变革、实现创新驱动发展的原动力，给节能环保、清洁生产、清洁能源等产业带来广阔的市场前景和全新的发展机遇，中国应借此机遇，催生零碳钢铁、零碳建筑等新型技术产品，推动低碳原材料升级、生产工艺升级、能源利用效率提升，构建低碳、零碳、负碳新型产业体系。

②推动绿色清洁能源发展的有利时期

在中国能源产业格局中，煤炭、石油、天然气等产生碳排放的化石能源占能源消耗总量的84%，而水电、风电、核能和光伏等仅占16%。目前，中国光伏、风电、水电装机量均已占全球总装机量的1/3左右，领跑全球。若在2060年实现碳中和，核能、风能、太阳能的装机容量将分别超过目前的5倍、12倍和70倍。为实现"双碳"目标，能源革命势在必行，加快发展可再生能源，降低化石能源的占比，巨大的清洁、绿色生物质能源产业发展空间将会被进一步打开。

③夯实中国低碳发展立法基础的关键时期

国家出台了诸多法律法规及政策以夯实低碳发展基础。自1998年以来，中国围绕低碳发展先后出台了《中华人民共和国节约能源法》《中国节能产品认证管理办法》《节能减排"十二五"规划》等，加速推动低碳工作有效运行。在国家的大力推动下，中国节能减排工作得以有效推进并形成了具有一般性、间接引导性等特点的节能减排政策工具。2007年6月，国务院制定了《中国应对气候变化国家方案》，这是首个由发展中国家制定的、国家层面的应对气候变化方案。该方案将植树造林、节能减排等手段作为中国低碳发展的主要政策措施。2020年，中央出台《中共中央关于制定国民经济和社会发展第十四个五年规划和二〇三五年远景目标的建议》，提出在"十四五"期间坚持绿色低碳发展原则，进一步完善节能管理制度内容，为节能减排提供法律保障，将控制温室气体排放上升到了国家发展战略的新高度。中国出台的低碳发展法律法规及政策如表1-2所示。

表1-2　中国出台的低碳发展法律法规及政策

时间	法律法规
1998年1月	《中华人民共和国节约能源法》
1999年2月	《中国节能产品认证管理办法》
2000年11月	《关于印发全国生态环境保护纲要的通知》
2007年6月	《节能减排综合性工作方案》《中国应对气候变化国家方案》
2010年5月	《国务院关于进一步加大工作力度确保实现"十一五"节能减排目标的通知》
2011年9月	《"十二五"节能减排综合性工作方案》
2012年8月	《节能减排"十二五"规划》
2013年11月	《国家适应气候变化战略》
2014年9月	《国家应对气候变化规划（2014—2020年）》

（续）

时间	法律法规
2016 年 10 月	《"十三五"控制温室气体排放工作方案》
2016 年 12 月	《"十三五"节能减排综合性工作方案》
2020 年 11 月	《中共中央关于制定国民经济和社会发展第十四个五年规划和 二〇三五年远景目标的建议》
2021 年 1 月	《关于统筹和加强应对气候变化与生态环境保护相关工作的指导意见》
2021 年 2 月	《碳排放权交易管理办法（试行）》
2021 年 5 月	《碳排放权登记管理规则（试行）》

④乡村振兴战略对沼气行业发展提出新要求

2021 年，中央 1 号文件《中共中央、国务院关于全面推进乡村振兴加快农业农村现代化的意见》提出，发展农村生物质能源，实施乡村清洁能源建设工程，加大农村电网建设力度，全面巩固提升农村电力保障水平。这是乡村清洁能源工程第一次被写入中央 1 号文件，包括沼气在内的生物质能源的重要性得到认可。

"十三五"以来，中国有关部委相继发布了 80 多项与沼气行业相关的政策，对畜禽粪污处理、秸秆综合利用、清洁供暖等美丽乡村建设和人居环境改善等提出了更高的要求，使沼气行业受到了全社会的重视与关注。在这一时期，中国沼气行业也初步实现了转型升级，从以传统的农业农村沼气为主变为以大型生物天然气工程为主，厌氧消化在城市垃圾分类和工业领域也得到了长足的发展，取得了积极的成效，为成功替代天然气等化石能源奠定了基础。

2016 年 12 月，国家发展和改革委员会、国家能源局印发的《能源生产和消费革命战略（2016—2030）》（发改基础〔2016〕2795 号）提出就近利用农作物秸秆、畜禽粪便、林业剩余物等生物质资源，开展农村生物天然气和沼气等燃料清洁化工程，到 2030 年，农村地区建成商品化能源服务体系。2019 年 12 月，国家发展和改革委员会等 10 部委的《关于促进生物天然气产业化发展的指导意见》（能源规〔2019〕1895 号）提出了生物天然气发展的方向、目标、任务和政策框架，到 2030 年，生物天然气实现稳步发展，规模位居世界前列，生物天然气年产量超过 200 亿 m^3，占中国天然气产量的一定比例。同时，明确了沼液沼渣是良好的有机肥料，需要将沼肥用于当地优势特色产业发展，大力推动以沼气为纽带的生态循环农业，提高农产品品质，打造一批赋能产业。

国家政策文件的一个突出重点就是要通过沼气行业的发展实现工农业协同

减污降碳，推动城市垃圾分类收集、无废城市的建立以及城市循环经济发展，为乡村振兴提供清洁、绿色、高效的能源物质基础，对实现产业兴旺、生态宜居，有效促进农业增效、农民增收、人们安居乐业，起到环境保护、循环利用和能源替代的"三重功能"协调作用。

⑤高质量发展为沼气产业发展创造了新空间

2021年，恰逢中国"两个一百年"奋斗目标历史交汇之时，习近平总书记在主持中共中央政治局学习和中央全面深化改革委员会会议时接连强调高质量发展的重大意义。2021年的全国"两会"上，李克强总理在政府工作报告中表示，2021年经济增速预期目标设定为6%以上，考虑了经济运行恢复情况，有利于引导各方面集中精力推进改革创新、推动高质量发展。与此同时，国务院和有关部门相继印发了一系列推动高质量发展的指导意见、"十四五"高质量发展实施方案等政策文件，都为沼气行业的发展指明了方向。推动沼气行业的高质量发展，需要找准切入点，打通市场渠道，提高沼气产品经济性，增强沼气工程盈利能力，盘活现有沼气工程设施，有效发挥沼气工程效益。在城镇化发展较快、用气需求较为迫切的地区，可以新建一批配套的沼气或生物天然气工程，开展集中供气供暖，在种植业集中连片和养殖业集约化较好的地区，应引导扶持社会资本建设以农业有机废弃物为主要原料的规模化沼气工程和生物天然气试点工程，形成区域有机废弃物处理中心，培育专业化运营主体，提升管护智能化、运行市场化水平，推动沼肥就地就近合理利用，实现区域内燃气自给自足。在城市或工业领域，配合《固体废物污染环境防治法》实施和城市垃圾分类处理要求，扩大沼气行业的应用领域和发展空间。

⑥天然气消费重回快速增长模式，消费规模再创新高

2023年，国民经济回升，市场调节作用增强，用气结构持续优化，多能互补成效初显，市场需求较快增长。全年天然气消费量3 945亿 m^3，增量282亿 m^3，同比增长7.6%；天然气在一次能源消费总量中占比为8.5%，较2022年提高0.1个百分点。从消费结构来看，城市燃气消费同比增长10%，占比为33%，公服商业、交通物流加快恢复，LNG（液化天然气）重卡销量爆发式增长，居民生活、采暖用气量稳定增加；工业燃料用气较快恢复，同比增长8%，占比为42%，主要受工业生产提速、轻工业、冶炼、机械等传统产业持续向好、锂电池、光伏板等新动能成长壮大等因素影响：发电用气同比增长7%，占比为17%，新增气电装机超过1 000万 kW，总装机规模达到1.3亿 kW，气电顶峰保供能力显著增强，在迎峰度夏、冬季保供中发挥了重要作用：化工化肥用气基本稳定，占比为8%。分省来看，广东、安徽、重庆等10个省（自治区、直辖市）消费增速超过10%，广东消费量超过380亿 m^3，江苏消费量连续3年保持在300亿 m^3 以上，北京、河北、山东和四川消费量为

200 亿～300 亿 m^3。

（2）挑战

2024 年，天然气行业将深入践行能源安全新战略，继续加大增储生产力度，持续推进产供储销体系建设，加速天然气与新能源融合发展，更好统筹高质量发展和高水平安全筑牢能源安全保障的根基。

2024 年是新中国成立 75 周年，也是实现"十四五"规划目标任务的关键一年。中国天然气行业将进一步全面践行"四个革命、一个合作"能源安全新战略，完整、准确、全面贯彻新发展理念，加快构建新发展格局，加强天然气产供储销体系建设，持续深化关键环节改革，促进天然气产业高质量发展，推动天然气在新型能源体系建设中发挥更大作用。

实现碳达峰、碳中和是一场广泛而深刻的社会经济变革。作为发展中国家，中国目前仍处于新型工业化、信息化、城镇化、农业现代化加快推进阶段，实现全面绿色转型的基础仍然薄弱，生态环境保护压力尚未得到根本缓解。当前中国距离实现碳达峰目标已不足 10 年，实现碳中和目标仅剩不到 30 年，与发达国家相比，中国实现"双碳"目标时间更紧、任务更重、困难更多。

第 2 章
中国生物天然气产业发展现状

2.1 中国生物天然气产业政策

2.1.1 建设支持政策

从生物天然气的产业政策来看,"十二五"以来,国家能源局出台了《生物质能发展"十三五"规划》,提出到 2020 年生物天然气年利用量要达到 80 亿 m^3。2016 年 12 月 21 日,中央财经领导小组第十四次会议指出:"要坚持政府支持、企业主体、市场化运作的方针,以沼气和生物天然气为主要处理方向,以就地就近用于农村能源和农用有机肥为主要使用方向,力争在'十三五'时期,基本解决大规模畜禽养殖场粪污处理和资源化问题"。2017 年中央 1 号文件《关于深入推进农业供给侧结构性改革加快培育农业农村发展新动能的若干意见》提出,大力推行高效生态循环的种养模式,加快畜禽粪便集中处理,推动规模化大型沼气健康发展。2019 年 12 月,国家发展和改革委员会等 10 部委联合下发了《关于促进生物天然气产业化发展的指导意见》,提出在新的历史时期生物天然气发展的方向、目标、任务和政策框架等。明确以生物天然气工业化商业化可持续发展、形成绿色低碳清洁可再生燃气新兴工业为发展方向,将生物天然气纳入国家能源体系,强化统筹协调,发挥市场作用,建立产业体系,创新体制机制,完善政策措施,以工业化思路和产业化方式推进,发展现代新兴产业。2022 年,国家发展和改革委员会、国家能源局印发《关于完善能源绿色低碳转型体制机制和政策措施的意见》,提出要创新农村可再生能源开发利用机制,鼓励支持生物天然气等清洁能源的发展,并完善规模化沼气、生物天然气等生物质能源开发利用的扶持政策和保障机制。2005 年以来中国有关生物天然气产业的政策的名称、支持范围及内容要点见表 2-1。

表 2 – 1　国家生物天然气产业政策

时间	政策发布部门	政策名称	支持范围	内容要点
2005 年	国家发展和改革委员会	《可再生能源产业发展指导目录》	大中型沼气工程	将"大中型沼气工程供气和发电"及"城市固体垃圾发电（包括填埋场沼气发电）"列为发展项目。将"高效、宽温域沼气菌种选育"列为原料发展项目
2007 年	农业部	《全国农村沼气工程建设规划（2006—2010 年）》	户用沼气	2010 年底，沼气用户达到 4 000 万户，规模化养殖场大中型沼气工程达到 4 700 处。 中央支持西北和东北地区户用沼气 1 200 元/户，西南地区 1 000 元/户，其他地区 800 元/户
2007 年	农业部	《农业生物质能产业发展规划（2007—2015 年）》	养殖配套沼气工程	到 2010 年，新建规模化养殖场、养殖小区沼气工程 4 000 处，年新增沼气 3.36 亿 m³；到 2015 年，建成规模化养殖场、养殖小区沼气工程 8 000 处，年产沼气 6.7 亿 m³
2007 年	国家发展和改革委员会	《可再生能源中长期发展规划》	大中型沼气工程	到 2010 年，建成规模化畜禽养殖场沼气工程 4 700 座、工业有机废水沼气工程 1 600 座，大中型沼气工程年产沼气约 40 亿 m³，沼气发电达到 100 万 kW。约 4 000 万户（约 1.6 亿人）农村居民生活燃料主要为沼气，年沼气利用量约 150 亿 m³。 到 2020 年，建成大型畜禽养殖场沼气工程 10 000 座、工业有机废水沼气工程 6 000 座，年产沼气约 140 亿 m³，沼气发电达到 300 万 kW，约 8 000 万户（约 3 亿人）农村居民生活燃气主要为沼气，年沼气利用量约 300 亿 m³
2011 年	国家发展和改革委员会、科学技术部、工业和信息化部、商务部、知识产权局	《当前优先发展的高技术产业化重点领域指南(2011 年度)》	沼气发电及农林废弃物综合利用	将农业废弃物生产高值生物燃气技术，垃圾、垃圾填埋气和沼气发电技术等生物质能列为优先发展产业化的重点领域。 将包括"垃圾分选、破碎、生化脱水等预处理和综合处理技术与装备，城市及农林固体废弃物处置及能源利用技术，厨余垃圾处理技术与配套设备"等在内的"固体废弃物的资源化综合利用"列为优先发展产业化的重点领域

（续）

时间	政策发布部门	政策名称	支持范围	内容要点
2012 年	国家能源局	《可再生能源发展"十二五"规划》	生物质燃气商品化	鼓励沼气等生物质气体净化提纯压缩，实现生物质燃气商品化和产业化发展，完善生物质供气管网和服务体系建设。到 2015 年，生物质集中供气用户达到 300 万户。到 2015 年，全国沼气用户达到 5 000 万户，年产气量达 190 亿 m³。工业有机废水和污水处理厂污泥等沼气工程 1 000 处，年产气量达 5 亿 m³
2013 年	国家发展和改革委员会	《产业结构调整指导目录（2011 年本）》修正版	沼气设备制造	将农林生物质资源收集、运输、储存技术开发与设备制造，以畜禽养殖场废弃物、城市填埋垃圾、工业有机废水等为原料的大型沼气生产成套设备、沼气发电机组、沼气净化设备、沼气管道供气、装罐成套设备制造等作为鼓励类列入目录
2015 年 4 月	农业部	《2015 年农村沼气工程转型升级工作方案》	大型沼气工程	根据农村沼气发展面临的新形势，调整了中央投资方向，重点用于支持规模化大型沼气工程和生物天然气工程试点项目建设，2015—2017 共支持了 60 多个生物天然气示范项目
2016 年 3 月	国家能源局	《2016 年能源工作指导意见》	生物天然气利用	加快生物天然气开发利用，推进 50 个生物天然气示范县建设
2016 年 9 月	国家能源局	《关于促进生物天然气产业化发展的指导意见》（征求意见稿）	生物天然气项目建设	提出到 2020 年，200 个种植大县建设生物天然气示范县，2025 年达到 400 个，2030 年具备资源条件的种植业大县基本完成天然气开发建设。产量和消费方面：2020 年达到 100 亿 m³，2025 年达到 200 亿 m³，2030 年达到 400 亿 m³
2016 年 10 月	国家能源局	《生物质能发展"十三五"规划》	生物天然气产业发展	到 2020 年，初步形成一定规模的绿色低碳生物天然气产业，年产量达到 80 亿 m³，建设 160 个生物天然气示范县和循环农业示范县
2016 年 12 月	国家能源局	《生物天然气发展"十三五"规划》	生物天然气原料供应及产品使用	大力发展生物天然气，促进农作物秸秆、畜禽粪便等农业废弃物资源的利用；鼓励符合产品质量标准的生物天然气进入天然气管网和车用燃气等领域

（续）

时间	政策发布部门	政策名称	支持范围	内容要点
2016 年 12 月	国家能源局	《可再生能源发展"十三五"规划》	生物天然气产业化发展	加快生物天然气示范和产业化发展，建立生物天然气输配体系，形成并入常规天然气管网、车辆加气、发电、锅炉燃料等多元化消费模式。到 2020 年，生物天然气年产量达到 80 亿 m³，建设 160 个生物天然气示范县
2016 年 12 月	中央财经领导小组	《中央财经领导小组会议》	畜禽粪污处理和利用与生物天然气结合	要坚持政府支持、企业主体、市场化运作的方针，以沼气和生物天然气为主要处理方向，以就地就近用于农村能源和农用有机肥为主要使用方向，力争在"十三五"时期，基本解决大规模畜禽养殖场粪污处理和资源化问题
2017 年 1 月	国家发展和改革委员会	《全国农村沼气发展"十三五"规划》	大型生物天然气工程	推动规模化生物天然气工程，新建规模化生物天然气工程 172 个，投资 181.2 亿元，大力发展生物天然气并入天然气管网、罐装和作为车用燃料
2017 年 12 月	国家发展和改革委员会、国家能源局	《关于促进生物质能供热发展的指导意见》	生物天然气供热	积极推进生物质燃气清洁供热，到 2020 年生物质燃气（生物天然气、生物质气化等）年利用量约 100 亿 m³
2017 年 12 月	国家发展和改革委员会、国家能源局、财政部、生态环境部等	《北方地区清洁取暖规划（2017—2021 年）》	生物天然气供热	积极推进符合入网标准的生物天然气并入城镇燃气管网，加快生物天然气产业化发展进程。到 2021 年，生物天然气与其他生物质气化供暖面积超 1 亿 m²
2018 年 6 月	中共中央办公厅、国务院办公厅	《关于全面加强生态环境保护坚决打好污染防治攻坚战的意见》	生物天然气供热	加强煤层气（煤矿瓦斯）综合利用，实施生物天然气工程
2018 年 7 月	国务院办公厅	《打赢蓝天保卫战三年行动计划》	生物天然气供热	在具备资源条件的地方，鼓励发展县域生物质能热电联产、生物质成型燃料锅炉及生物天然气

（续）

时间	政策发布部门	政策名称	支持范围	内容要点
2018年9月	中共中央办公厅、国务院办公厅	《乡村振兴战略规划(2018—2022年)》	生物天然气供热	加快推进生物质热电联产、生物质供热、规模化生物质天然气和规模化大型沼气等燃料清洁化工程
2018年12月	国家能源局	《关于请编制生物天然气发展中长期规划的通知》	生物天然气产业发展	规划编制的主要内容包括：全面评价生物天然气发展条件、提出到2030年生物天然气发展目标和分阶段目标、提出生物天然气规划项目布局、提出促进生物天然气发展的措施等
2019年2月	农业农村部	《2019年农业农村科教环能工作要点》	农村地区生物天然气发展	提出将研究生物天然气终端产品补贴、全额收购等政策，推动出台农村地区生物天然气发展的意见
2019年2月	国家发展和改革委员会	《关于促进生物天然气产业化发展的指导意见》	生物天然气产业发展	将生物天然气纳入国家能源体系，强化统筹协调，发挥市场作用，建立产业体系，创新体制机制，完善政策措施，以工业化思路和产业化方式推进，发展现代新兴产业
2021年10月	国务院	《2030年前碳达峰行动方案》	大力发展新能源	将碳达峰贯穿于经济社会发展全过程和各方面，重点实施能源绿色低碳转型行动、节能降碳增效行动、工业领域碳达峰行动、城乡建设碳达峰行动、交通运输绿色低碳行动、循环经济助力降碳行动、绿色低碳科技创新行动、碳汇能力巩固提升行动、绿色低碳全民行动、各地区梯次有序碳达峰行动"碳达峰十大行动"。能源绿色低碳转型行动中提出因地制宜发展生物质发电、生物质能清洁供暖和生物天然气。进一步完善可再生能源电力消纳保障机制
2022年1月	国家发展和改革委员会、国家能源局	《关于完善能源绿色低碳转型体制机制和政策措施的意见》	完善能源绿色低碳转型的体制机制和政策措施	目标是"十四五"时期，基本建立推进能源绿色低碳发展的制度框架，形成比较完善的政策、标准、市场和监管体系，构建以能耗"双控"和非化石能源目标制度为引领的能源绿色低碳转型推进机制。到2030年，基本建立完整的能源绿色低碳发展基本制度和政策体系，形成非化石能源既基本满足能源需求增量又规模化替代化石能源存量、能源安全保障能力得到全面增强的能源生产消费格局

（续）

时间	政策发布部门	政策名称	支持范围	内容要点
2022 年 5 月	农业农村部、国家发展和改革委员会	《农业农村减排固碳实施方案》	可再生能源替代	以清洁低碳转型为重点，大力推进农村可再生能源开发利用。因地制宜发展农村沼气，鼓励有条件地区建设规模化沼气（生物天然气）工程，推进沼气集中供气供热、发电上网、生物天然气车用或并入燃气管网等应用，替代化石能源。推广生物质成型燃料、打捆直燃热解炭气联产等技术配套清洁炉具和生物质锅炉，助力农村地区清洁取暖。推广太阳能热水器、太阳能灯、太阳房，利用农业设施棚顶、鱼塘等发展光伏农业

2.1.2　运营扶持政策

中国陆续出台多项具体扶持政策支持生物天然气发展。国家发展和改革委员会、农业农村部、国家能源局等部门对大中型沼气项目建设、户用沼气项目建设、畜禽养殖配套沼气项目建设方面发布了具体的支持政策，同时还在生物天然气的原料供应、产品使用以及相关设备生产方面给予了全方位的支持。在财税补贴方面，财政部、国家税务总局、农业农村部等部门制定和发布了一系列补贴措施，包括户用沼气建设补贴政策、生物质发电补贴政策、生物天然气供热补贴政策、有机肥补贴政策以及沼气服务体系补贴政策等，提高了农户和企业建设沼气项目和使用相关产品的积极性和主动性，为下一步进行大规模商业化运营打下了基础。中国生物天然气相关的财税鼓励政策见表 2-2。

表 2-2　中国生物天然气相关的财税鼓励政策

时间	政策发布部门	政策名称	支持范围	内容要点
2004 年	国家发展和改革委员会、农业部	《农村沼气建设国债项目管理办法（试行）》	农村沼气项目建设补贴	对农村沼气项目的建设内容与补助标准、申报与下达、组织实施及检查验收等做了详细的规定。一个"一池三改"基本建设单元，中央投资补助标准为：西北、东北地区每户补助 1 200 元，西南地区每户补助 1 000 元，其他地区每户补助 800 元。补助对象为项目区建池农户

（续）

时间	政策发布部门	政策名称	支持范围	内容要点
2006 年	国家发展和改革委员会	《可再生能源发电价格和费用分摊管理试行办法》	生物质发电补贴	生物质发电项目上网电价实行政府定价的，由国务院价格主管部门分地区制定标杆电价，电价标准由各省（自治区、直辖市）2005 年脱硫燃煤机组标杆上网电价加补贴电价组成，补贴电价标准为每千瓦时 0.25 元。 发电项目自投产之日起 15 年内享受补贴电价，运行满 15 年后，取消补贴电价。自 2010 年起，每年新批准和核准建设的发电项目的补贴电价比上一年新批准和核准建设项目的补贴电价递减 2%
2006 年	国家发展和改革委员会、国家税务总局、国家林业局、农业部、财政部	《关于发展生物质能源和生物化工财税扶持政策的实施意见》	生物质企业补贴	鼓励利用秸秆、树枝等农林废弃物，利用薯类等非粮农作物为原料加工生产生物能源。今后将具备原料基地作为生物质能源行业准入与国家财税政策扶持的必要条件。开发生物质能源与生物化工原料基地要与土地开发整理、农业综合开发、林业生态项目相结合，享受有关优惠政策。对以"公司＋农户"方式经营的生物质能源和生物化工龙头企业，国家给予适当补助。 鼓励具有重大意义的生物质能源及生物化工生产技术的产业化示范，以增加技术储备，对示范企业予以适当补助。对国家确实需要扶持的生物质能源和生物化工生产企业，国家给予税收优惠政策，以增强相关企业的竞争力
2007 年	财政部	《生物能源和生物化工原料基地补助资金管理暂行办法》	生物质原料补贴	林业原料基地补助标准为 200 元/亩，补助金额由财政部按该标准及经核实的原料基地实施方案予以核定。 农业原料基地补助标准原则上核定为 180 元/亩，具体标准将根据盐碱地、沙荒地等不同类型土地核定
2007 年	国家发展和改革委员会、农业部	《全国农村沼气服务体系建设方案（试行）》	农村沼气服务体系建设补贴	对农村沼气服务体系的建设内容、补贴标准、职责内容等制定了详细的方案。 沼气乡村服务网点建设中央及地方配套补助不低于 5 万元，县级服务站建设中央及地方配套补助不低于 30 万元

（续）

时间	政策发布部门	政策名称	支持范围	内容要点
2007 年	国家发展和改革委员会、农业部	《养殖小区和联户沼气工程试点项目建设方案的通知》	养殖小区沼气补贴	养殖小区集中供气沼气工程和畜禽粪便型联户沼气，按不超过国债户用沼气补助标准的 120% 予以补助。联户秸秆沼气按不超过国债户用沼气补助标准的 150% 予以补助
2008 年	财政部	《秸秆能源化利用补助资金管理暂行办法》	秸秆能源化企业补贴	对满足以下条件的企业：企业注册资金在 1 000 万元以上、企业秸秆能源化利用符合本地区秸秆综合利用规划、企业年消耗秸秆量在 1 万 t 以上（含 1 万 t）、企业秸秆能源产品已实现销售并拥有稳定的用户，根据企业每年实际销售秸秆能源产品的种类、数量折算消耗的秸秆种类和数量，中央财政按一定标准给予综合性补助
2008 年	国家税务总局、财政部	《关于有机肥产品免征增值税的通知》	有机肥产品补贴	自 2008 年 6 月 1 日起，纳税人生产销售和批发、零售有机肥产品免征增值税
2010 年	国家发展和改革委员会	《关于完善农林生物质发电价格政策的通知》	生物质发电补贴	未采用招标确定投资人的新建农林生物质发电项目，统一执行标杆上网电价每千瓦时 0.75 元（含税）。通过招标确定投资人的，上网电价按中标确定的价格执行，但不得高于全国农林生物质发电标杆上网电价
2011 年	国家税务总局、财政部	《关于调整完善资源综合利用产品及劳务增值税政策的通知》	沼气发电及供热原料补贴	以餐厨垃圾、畜禽粪便、稻壳、花生壳、玉米芯、油茶壳、棉籽壳、三剩物、次小薪材、含油污水、有机废水、污水处理后产生的污泥、油田采油过程中产生的油污泥（浮渣），包括利用上述资源发酵产生的沼气为原料生产的电力、热力、燃料。生产原料中上述资源的占比不低于 80%，则销售自产货物实行增值税即征即退 100% 的政策。对垃圾处理、污泥处理处置劳务免征增值税

（1）建设投资补贴

中国政府非常重视农村沼气建设，2004—2007 年的中央 1 号文件都对农村沼气的发展提出了明确要求。自 2003 年起，截至"十三五"末，累计安排近千亿元资金用于农村沼气建设。2015 年，农业部、国家发展和改革委员会出台了《农村沼气工程转型升级工作方案》，提出支持建设一批规模化大型沼气工程，并开展规模化生物天然气工程建设试点。生物天然气工程试点规模为日产生物天然气 1 万 m^3 以上，或者日产沼气 2 万 m^3 以上，提纯后的生物天然气主要用于并入城镇天然气管网、车用燃气、罐装销售等。对规模化生物天然气工程试点项目的补助标准：每立方米生物天然气生产能力的中央投资补助标准为 2 500 元，其余资金由企业自筹解决，对单个项目的中央投资补助额度上限为 5 000 万元。

2018 年，农业农村部、财政部出台了《关于做好 2018 年畜禽粪污资源化利用项目实施工作的通知》，中央投资重点支持内容将沼气工程建设纳入其中，并执行《农村沼气工程转型升级工作方案》的补贴标准。

（2）发电上网补贴

2006 年，国家发展和改革委员会会同国家电力监管委员会制定了《可再生能源发电价格和费用分摊管理暂行办法》，规定了包括农林废弃物直接燃烧发电、垃圾焚烧发电、沼气发电等生物质发电项目的电价标准，电价标准由各省（自治区、直辖市）2005 年脱硫燃煤机组标杆上网电价加补贴电价组成，其中补贴电价标准为 0.25 元/（kW·h）。发电项目自投产之日起，15 年内享受补贴电价；运行满 15 年后，取消补贴电价。

2010 年 7 月，《国家发展改革委关于完善农林生物质发电价格政策的通知》中要求，统一执行标杆上网电价每千瓦时 0.75 元（含税）。江苏省南通市各类沼气工程发电均可以入网，执行上网标杆电价。河北省规模化沼气工程发电上网执行每千瓦时 0.75 元的标杆电价标准，并在天然气、沼气、生物质燃气实现保供区域，扩大煤改气使用规模，每户补贴 2 700 元。

2021 年 8 月，国家发展和改革委员会、财政部、国家能源局联合印发了《2021 年生物质发电项目建设工作方案》，按照"按收入付费、中央和地方分担、分类管理、稳步发展"的思路，进一步完善生物质发电开发建设管理。2021 年生物质发电中央补助资金总额 25 亿元，其中 20 亿元用于安排非竞争性分配项目。山东省发展和改革委员会根据《关于积极运用价格政策支持生物质发电平稳健康发展的通知》（鲁发改价格〔2021〕234 号），对国家补贴到期生物质发电项目设置 3 年过渡期，对 2023 年底前达到全生命周期合理利用小时数（82 500h）的生物质发电项目（农林生物质、生物天然气）给予临时电价补贴。2021 年农林生物质发电项目补贴标准为每千瓦时 0.28 元（含税），以保障发电企业现阶段正常运营，尽快实施供热改造、拓展供热市场，增加收入来源；生物天然气（畜禽粪便、秸秆）发电项目补贴标准为每千瓦时 0.199 1元，实现发电企业由政府补贴向平价上网平稳过渡。对生物天然气发电项目，2023 年底前其上网电价在国家生物质标杆电价每千瓦时 0.594 元的基础上补贴至每千瓦时 0.75 元。

（3）用地用电政策

2014 年，国土资源部、农业部印发《关于进一步支持设施农业健康发展的通知》，指出附属设施用地包括设施农业生产中必需配套的畜禽养殖粪便、污水等废弃物收集、存储、处理等环保设施用地，生物质（有机）肥料生产设施用地。2017 年，国务院办公厅制定了《国务院办公厅关于加快推进畜禽养殖废弃物资源化利用的意见》，指出："新建或改扩建畜禽规模养殖场，应突出养分综合利用，配套与养殖规模和处理工艺相适应的粪污消纳用地，配备必要的粪污收集、储存、处理、利用设施，依法进行环境影响评价。"落实畜禽规模养殖用地，并与土地利用总体规划相衔接。完善规模养殖设施用地政策，提高设施用地利用效率，提高规模养殖场粪污资源化利用和有机肥生产积造设施用地占比及规模上限。将以畜禽养殖废弃物为主要原料的规模化生物天然气工程、大型沼气工程、有机肥厂、集中处理中心建设用地纳入土地利用总体规划，在年度用地计划中优先安排。

根据国家发展和改革委员会办公厅《关于优化电价政策发布机制的通知》（发改办价格〔2019〕487 号），为进一步改善营商环境，提高电费透明度，各省（自治区、直辖市）价格主管部门制定或调整涉及终端电力用户用电价格的政策文件，须提前一个月通过门户网站向社会公布，便于电力用户提前知晓电价政策信息。电网企业应做好电价政策信息的宣传、告知和解释工作，并严格遵守相关政策规定及执行时间。海南省发展和改革委员会于 2022 年 6 月 13 日印发《关于畜牧业用电价格有关问题的通知》，明确将海南省畜牧业用电范围确定为为了获得各种畜禽产品而从事的动物饲养活动用电，不包括专门供体育活动和休闲等活动相关的畜禽饲养用电；并以营业执照的营业范围为准，具备不同用电类别分表计量条件的，及时向电网企业申请变更用电。明确畜牧业用电执行农业生产用电价格。因海南省农业生产用电价格分为两个档次，而畜牧业不属于粮食作物排灌及种植业用电，参照海南省生猪、蚕种生产用电价格，将畜牧业用电价格定为电压等级不满 1 000V，每千瓦时 0.768 元，电压 1 000V 及以上，每千瓦时 0.738 元。

（4）财税优惠政策

根据《财政部、国家税务总局关于调整完善资源综合利用产品及劳务增值税政策的通知》（财税〔2011〕115 号）第三条（二）规定，以餐厨垃圾、畜禽粪便、利用上述资源发酵产生的沼气为原料生产的电力、热力、燃料可以享受增值税即征即退 100% 的优惠。同时，国家税务总局下发的《沼气综合开发利用享受企业所得税"三免三减半"》规定，纳税人从事沼气综合开发利用项目中"畜禽养殖场和养殖小区沼气工程项目"所得，自项目取得第一笔生产经营收入所属纳税年度起，第一年至第三年免征企业所得税，第四年至第六年减半征收企业所得税。将上述条款适用范围扩大至沼气发电和生物天然气工程。将生物天然气项目明确列入《基本建设贷款中央财政贴息资金管理办法》（财建〔2012〕95号）规定的贴息对象，列为农业供销总社所属为农服务以及再生资源回收利用等项目。

2.2　中国生物天然气工程常用工艺技术

传统意义上的沼气工程在中国已有多年的发展，在政策法规、行业标准、技术装备以及管理体系上积累了丰富的经验，但同时也存在综合利用率低、沼渣沼液利用接受度低等问题。根据2022年发布的行业标准《沼气工程规模分类》（NY/T 667—2022），沼气工程按厌氧消化装置总体容积（V）分为：规模化生物天然气工程（$V \geqslant 10\,000\,m^3$）、特大型沼气工程（$5\,000\,m^3 \leqslant V < 10\,000\,m^3$）、大型沼气工程（$1\,000\,m^3 \leqslant V < 50\,000\,m^3$）、中小型沼气工程（$V < 1\,000\,m^3$）。

相比于其他类型的沼气工程，生物天然气工程的本质特点是规模化、工业化和商业化，是一种新型的全产业链运作模式。因此，深入研究厌氧发酵工艺、沼气提纯工艺、有机肥生产装备，对生物天然气工程的顺利实施、投产达标以及行业快速健康发展具有重要意义。

2.2.1　典型工艺流程

生物天然气生产工艺流程主要分为预处理系统、厌氧发酵系统、沼气净化提纯系统、固液分离系统、有机肥生产系统、其他配套系统等（图2-1）。

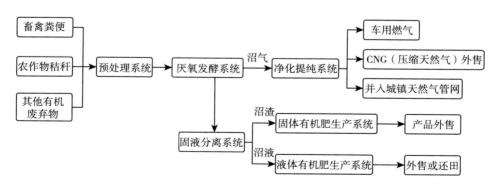

图2-1　生物天然气生产工艺流程

2.2.2　预处理系统

（1）畜禽粪污预处理

通常沼气站内的接收池前会设置格栅机对物料进行除杂，后通过除沙装置对粪污内的泥沙进行去除，再进入调节池，利用沼气锅炉或沼气发电机余热将水加热作为热媒，通过加热盘管对物料进行热交换，进行增温和匀浆。

物料进入厌氧发酵系统前，还需要对原料进行浓度的调节及碳氮比的调配。厌氧发酵物料比较适宜的碳氮比通常为（20～30）∶1，对于鸡粪等含氮量相对较高的畜禽粪污原料常通过添加部分秸秆等原料获得调节所需的碳源。

以粪污原料为例，对物料浓度的调节，根据不同的养殖种类、清粪工艺及粪污状态，通常可分为稀释和提浓两种。在规模化牛场、猪场养殖粪污中，由于粪污浓度较低，进入厌氧系统前，通常通过固液分离的方式来进行粪污的提浓，以达到厌氧发酵环节所需的浓度。前固液分离一般分为静置分离和机械分离两种，其优缺点如表2-3所示。

表2-3　粪污预处理前固液分离工艺优缺点

处理方法	方法描述	优点	缺点
静置分离	需要建设池体或罐体，满足物料静置时间	分离效果稳定，能耗低	不能满足连续来料要求，通常需配建一组或多组池体，分离时间长
机械分离	利用斜板筛、滚筛等设备对物料进行分离	效率高、处理量大，能够满足连续来料要求	设备需维护

（2）秸秆预处理

因秸秆为季节性产物，通常会在作物成熟季进行秸秆统一收储，通过建设青贮池等方式对物料进行储存。之后通过皮带输送机、铲车等将物料倒入预处理系统。同粪污原料一样，秸秆也需进行除杂、调节浓度、调配碳氮比、加热、匀浆等。

相较于不同种类畜禽粪污，秸秆原料的预处理更具复杂性。秸秆的有机成分以纤维素和半纤维素为主，在厌氧发酵过程中，木质素很难被厌氧微生物直接降解，从而导致产气率低、易结块等问题。采用合理的预处理方法，可以降低成本并有效地改变秸秆的纤维结构、提高厌氧发酵效率。常用的秸秆预处理方法包括物理方法、化学方法和生物方法（表2-4）。

表 2-4　秸秆预处理方法

预处理方法	方法描述	优点	缺点
物理方法 （破碎研磨法）	破碎成小颗粒，破坏纤维结构，增大比表面积	处理效果好，简单高效，技术成熟	处理能耗较高
化学方法 （酸处理法）	用稀硫酸、稀盐酸、丙酸与原料混合	处理效果好，适用范围广	对环境造成二次污染
化学方法 （碱处理法）	通过生化反应去除木质素，破坏晶体结构	处理成本低，有效提高发酵产气率	对环境造成二次污染
生物方法 （堆沤预处理法）	用沼液对秸秆进行堆沤	可利用部分沼液，降低后端压力	处理周期长，不适合大规模处理

①物理预处理方法

物理预处理主要是通过机械粉碎、微波处理、辐射处理、热水处理等方法，减小秸秆尺寸，增大微生物与基质的接触面积以及降低秸秆中纤维素的晶度和聚合度，进而提高沼气微生物对秸秆原料的转化效率。

常用的机械粉碎预处理方法有切碎、粉碎、磨碎、高温球磨等。在厌氧消化过程中，通过机械粉碎秸秆，减小其粒径，提高微生物与其接触面积，加快消化速率，通常可以提高 10%～20% 的气体产量。需要注意的是，在厌氧消化时，物料粒径并不是越小越好，当物料粒径在 5～20mm 范围时，减小物料粒径并不能使产气量显著提高。此外，秸秆的水分含量、成分以及最终尺寸均影响机械加工能量的消耗和后续的处理效率。原料的水分含量越高，粉碎的尺寸越小，需要消耗的能量越多。另外，粉碎处理可以提高秸秆中纤维素类物质的水解效率。

机械粉碎预处理通常应在密闭条件较好的粉碎车间进行，利用粉碎机和切碎机进行粉碎，干秸秆粉碎粒径不大于 10mm，青贮秸秆粉碎粒径 20～30mm。然后利用揉丝机对秸秆进行研磨，之后通过输送机将秸秆送至集料池。通过减小秸秆粒径，降低其结晶度，破坏半纤维素和木质素的结合层及秸秆表面的蜡质层，增大纤维素与降解微生物的接触面积，同时软化秸秆原料，将部分半纤维素从生物质秸秆中分离、降解，从而增加了酶对纤维素的可触及性，提高了纤维素的酶解转化率，加快原料的分解速度，通常可以增加 10%～20% 的气体产量。同时，更便于厌氧反应器出料。

②化学预处理方法

秸秆为富碳原料，纤维素之间充满了无定形的环状聚合物木质素。由于木质素本身很难降解，加之它严重阻碍了纤维素的降解，因此，纤维素的厌氧降解比碳水化合物和淀粉慢得多。化学预处理方法是使用酸碱有机溶剂等作用于秸秆，破坏其细胞壁中木质素与半纤维素间的共价键，断裂纤维素分子内或分子间的氢键，改变纤维素的结晶结构，增大纤维素与微生物或酶的接触面积，从而提高后续秸秆发酵产沼气的效率。常用的化学预处理方法主要有酸处理方法、碱处理方法、氨化方法、物理-化学方法等。

A. 酸处理方法

酸处理方法有稀酸处理方法和浓酸处理方法两种。室温下浓酸处理可以得到较高的糖产量，但是会产生抑制因子，影响后续反应，加上样品中较高浓度的酸对设备的腐蚀等问题，极大地限制了其在实际生产中的应用。稀酸处理的优势是使木糖类等主要的半纤维素溶解，并且转化为可溶性糖类。然而，在稀酸水解过程中，半纤维素在较低的温度下可以发生解聚，如果温度升高或反应时间增加，反应生成的单糖就被进一步水解成其他复合物；稀酸的高温处理通常会产生一些糖醛、酮和酚类等降解产物，抑制后续发酵过程中微生物的生长。因此，在稀酸的水解过程中最重要的是提高水解的效率，尽量避免单糖的水解，并减少抑制因子的生成。

B. 碱处理方法

碱处理就是用氢氧化钠、氢氧化钙或氢氧化钾等溶液浸泡秸秆或将其喷洒于秸秆表面，以打开纤维素、半纤维素和木质素之间的酯键，溶解纤维素、半纤维素和一部分木质素及硅酸盐，使纤维素膨胀，从而提高消化率。氢氧化钠处理利用较低的温度和压力，是水稻秸秆、玉米秸秆等农业废弃物预处理最合适的方法。

C. 氨化方法

秸秆的氨化处理就是用氨水、无水氨或尿素对秸秆进行预处理。氨化处理有 3 种作用：①氨为碱性，可起到与碱处理方法同样的作用；②氨与秸秆中的有机物发生反应，生成铵盐，成为厌氧微生物的氮来源，被微生物利用，并同碳、氧、硫等元素合成氨基酸，进一步合成菌体蛋白；③中和作用，氨呈碱性，可与秸秆沼气发酵中产生的有机酸反应，消除秸秆中潜在的酸，提高微生物的活性，从而提高秸秆的消化率。

D. 物理-化学方法

秸秆的主要成分为纤维素类，纤维素类的降解与温度、pH、压力等因素有关，通常是物理-化学因素综合作用的结果。许多热处理都是物理-化学综合处理。在热处理中，如温度升到 180℃以上，在纤维素类物质中，半纤维素（主要包括木聚糖和葡甘露聚糖）是对热最敏感的成分，首先开始降解，然后是木质素开始溶解，一部分半纤维素被水解并形成酸性物质，这些酸进一步催化半纤维素的水解。热处理在降解半纤维素的同时，会降解一部分木质素，产生的降解复合物通常包括酚类物质，这些物质在许多情况下是微生物生长的抑制因子。蒸汽爆破、液体热水处理和酸碱的热处理是常用的物理-化学预处理方法。

③生物预处理方法

生物预处理是在人为控制下，利用具有强木质素降解能力的微生物或酶对秸秆先进行固态发酵，将秸秆中的木质素预先降解成易被厌氧菌消化的水溶性小分子物质，以缩短厌氧发酵时间，提高干物质消化率和产气率。生物预处理与其他预处理方法相比，消耗较少的化学物质和能量，是一种生物安全、环境友好的秸秆处理方式，目前很多研究都在寻求一种可控制的、快速有效的生物处理方法。

在自然界中有许多的细菌和真菌可以转化利用天然的木质素类物质，能有效地降解秸秆中木质素的微生物是白腐菌类。白腐菌、褐腐菌和软腐菌等能够破坏植物细胞壁中最坚固的成分木质素，白腐菌具有独特的将木质素降解为 CO_2 的能力，褐腐菌能够使秸秆中的纤维类物质解聚而起到修饰木质素的作用，一些软腐菌能够腐蚀次生细胞壁，降低不溶物质的含量。

近年来，秸秆预处理复合菌制剂研发渐成热点。以复合菌剂处理后的玉米秸秆为原料的沼气发酵产气量较未预处理的对照组提高 29.54%。中国秸秆沼气工程多以添加复合生物菌剂和沼液回流浸泡为主。如内蒙古自治区杭锦后旗、四川省新津区、山西省高平市、河南省安阳市、江苏省淮安市、天津市静海区等地的秸秆沼气集中供气示范工程均采用生物预处理方法。

(3) 进料系统工艺

目前，常用的进料方式主要包括匀浆池＋泵、匀浆池＋负压系统、混合匀浆泵、复杂原料进料装置（干进）和干湿分离等（表 2-5）。

表 2-5　常用进料方式比较

进料方式	特性	优点	缺点
匀浆池＋泵	需要建设混凝土池体或罐体，适用于容易被搅拌的物料	具有良好的缓冲能力，设备磨损小	固体物质易堵塞泵，匀浆池需要定期清理
匀浆池＋负压系统	需要建设混凝土池体或罐体，适用于浓度较高、含杂率高的物料	具有良好的缓冲能力，原料适用范围广，系统运行稳定	设备及仪表较多，不便管理

（续）

进料方式	特性	优点	缺点
混合匀浆泵	在泵体内完成匀浆和输送，适用于含水率较低的物料	设备占地面积小，不浪费水资源	设备投资高、易磨损
复杂原料进料装置（干进）	适用于浓度较高的物料，如鸡粪、秸秆等	原料适用范围广，用水量小	设备易磨损
干湿分离	适用于浓度较低的物料，如牛粪、猪粪等	对物料进行前分离、分类利用，有利于提高后续发酵装置池容、产气率，节省投资	需配建不同的预处理及发酵设施

匀浆池＋泵进料方式是在发酵罐前设置匀浆池，由搅拌器将物料搅拌均匀并加热到预处理温度后通过泵送至厌氧发酵罐。匀浆池＋负压系统进料原理与匀浆池＋泵进料方式相同，不同之处为负压进料系统代替了进料泵，处理的物料在浓度及含杂率等方面较进料泵更宽泛。负压进料系统通常由负压罐、真空泵、空压机、压力表及控制阀门等组成。混合匀浆泵进料方式是采用特殊的混合输送泵将原料送入厌氧发酵罐，混合输送泵设有两个进料口，能够同时接受秸秆和畜禽粪污浆液，并在泵体内进行混合和输送，该泵常采用进口设备。复杂原料进料装置通常为干进料方式，适用于浓度较高的原料，该装置通常由搅拌槽、搅拌器及柱塞泵组成。干湿分离进料方式适用于浓度较低的原料，通常物料需先进行浓稀分离，分离后的浓、稀液分别进入不同的预处理系统和发酵设施进行厌氧发酵，常与匀浆池＋泵、匀浆池＋负压系统进料方式配套使用。

2.2.3　厌氧发酵系统

（1）厌氧发酵罐体
厌氧发酵罐是生物天然气工程核心设备之一，目前中国常用的发酵罐形式有钢筋混凝土罐、钢制焊接罐、搪瓷拼装罐、利普罐等。不同罐体形式的优缺点如表 2-6 所示。

表 2-6　常见厌氧发酵罐体形式的优缺点

罐体形式	优点	缺点
钢筋混凝土罐	防腐保温效果好，结构安全性高、维护费用低，使用寿命长	施工受季节影响大，施工周期长

（续）

罐体形式	优点	缺点
钢制焊接罐	施工方便、简单，工期较短。工艺管道开孔方便，相对造价低	需做好防腐措施，维护成本高，导热性好，需做好保温措施，施工技术要求较高
搪瓷拼装罐	防腐效果好，安装工期短	罐体容积受限制，罐体强度较小
利普罐	施工进度快，周期短，施工方便，节省材料	用于小型罐体施工时，单位造价较高

（2）厌氧发酵工艺对比

生物天然气工程常用厌氧发酵工艺的比较详见表 2-7。

表 2-7 常用厌氧发酵工艺的比较

序号	类别	全混式厌氧发酵工艺	竖向推流式厌氧发酵工艺	车库式干法发酵工艺	立式高浓度发酵工艺
1	原料范围	所有类型有机原料	所有类型有机原料	所有类型有机原料	所有类型有机原料
2	原料 TS 浓度	8%～15%	5%～12%	25%～50%	15%～25%
3	原料预处理	较复杂	仅需破碎	仅需破碎	仅需破碎
4	应用区域	全国各地	全国各地	全国各地	全国各地
5	水力停留时间	10～30d	90d	20～40d（单批次）	20～40d
6	单位能耗	较高	较低	低	较低
7	工艺用水	多	较少	少	少
8	单池容积	300～10 000m³	300～5 000m³	1 000～2 000m³	1 000～2 500m³
9	操作难度	中等	中等	中等	中等
10	容积产气率 [m³／(m³·d)]	0.5～1.5	0.5～1.5	1.0～3.0	1.0～3.0
11	经济效益	较高	较高	较高	较高
12	沼液处理难度	中等	低	无	低
13	优点	投资小、运行管理简单	不用考虑结壳问题，运行管理简单，容积负荷率较高，原料利用率高	不用考虑原料粒径问题，不会产生大量沼液	物料浓度高、处理效率高，容积负荷率高，不会产生大量沼液

（续）

序号	类别	全混式厌氧发酵工艺	竖向推流式厌氧发酵工艺	车库式干法发酵工艺	立式高浓度发酵工艺
14	缺点	容积负荷率低，处理效率较低，出水水质较差，能耗较大	出料要求技术条件较高	罐体密封、进出料要求技术条件较高，成本较高	进出料设备及搅拌装置要求条件稍高
15	适用范围	适用于 SS 含量很高的污泥的处理（畜禽粪污类）	浓度较高的秸秆发酵原料	适用于固体颗粒较大、含固量较高的有机废弃物的处理	浓度较高的秸秆及混合发酵原料

（3）厌氧发酵罐搅拌方式对比

搅拌方式对厌氧发酵效率、系统稳定性及项目收益有至关重要的作用。工程中常见的搅拌方式有顶置搅拌、侧搅拌、射流搅拌和低速卧式搅拌等（表2-8）。

表2-8 常见的厌氧发酵罐搅拌方式的比较

搅拌方式	搅拌器安装位置	优点	缺点
顶置搅拌	在反应器顶部中心安装，中心立轴搅拌	搅拌死角较少，确保发酵罐内物料、热能均匀分布	检修不易
侧搅拌	在反应器侧壁安装，侧向搅拌	可实现多方位搅拌	搅拌面积小，大型罐体需多层布置，能耗高；叶片和轴检修困难
射流搅拌	通过多台泵从罐内抽出浆液再循环打入罐内，形成扰动	罐内无搅拌设备，便于检修	不适合高浓度物料，搅拌效果受泵运行工况制约
低速卧式搅拌	卧式轴向搅拌，设有多个搅拌桨叶，搅拌均匀	适用于高浓度原料、能耗低	搅拌装置要求条件高

2.2.4 沼气净化提纯系统

（1）沼气净化工艺

沼气净化主要是对沼气进行脱水、脱硫处理，将水蒸气、硫化氢从沼气中分离。目前常见的脱硫工艺有干法脱硫、湿法脱硫和（碱法、酸法）生物脱硫

 中国生物天然气产业探索与实践

等，常见的沼气脱硫工艺比较如表 2-9 所示。

表 2-9　常见的沼气脱硫工艺比较

脱硫工艺	原理	处理成本	占地及系统管理
干法脱硫	采用活性氧化铁为吸附介质，通过氧化吸收硫化氢脱硫	高，需要定期换填料	占地面积小，运行简单，可无人值守
湿法脱硫	采用碱性溶液作为吸收剂，吸收剂进入脱硫塔与沼气中的硫化氢反应	较高	占地面积大，设备多，需专人管理
碱法生物脱硫	沼气通过脱硫塔将硫化氢从气相转化成液相，再通过循环水中的脱硫菌消化硫化物形成单质硫	较少	占地面积较小，加药系统需要定期补充碱液
酸法生物脱硫	在微氧条件下，利用氧化硫硫杆菌等多种脱硫菌把硫化氢脱除	低，少量电费	占地面积较小，全自动运行，可无人值守

（2）沼气提纯工艺

　　沼气提纯主要是对沼气进行脱碳处理，将沼气中的二氧化碳脱除，可以提高甲烷体积占比和沼气热值，经过有效提纯后的沼气中甲烷体积分数可达 95％以上。目前主流的沼气提纯技术主要有变压吸附法（PSA）、膜分离法、压力水洗法、化学吸收法、低温分离法。常见的沼气提纯工艺比较如表 2-10 所示。

表 2-10　常见的沼气提纯工艺比较

提纯工艺	原理	优点	缺点	甲烷纯度	甲烷损失率
变压吸附法	在 600～800kPa 压力下，由活性炭对二氧化碳进行吸附，随后沼气脱附	能耗低，提纯效率 95％～98％	系统复杂，控制难度大，甲烷损失率高	＞96％	3％～8％
膜分离法	利用膜材料对不同渗透率的气体实现气体分离，在 2MPa 压力下，二氧化碳可迅速透过气体膜	工艺简单，能耗低，提纯效率95％	操作压力大，运行费用较高	＞95％	1.0％～6.5％
压力水洗法	利用高压水洗，二氧化碳和甲烷在水中溶解度不同，进行物理分离	提纯效率97％	消耗大量净化水，产生的废水需要处理	＞97％	0.05％～6.00％

（续）

提纯工艺	原理	优点	缺点	甲烷纯度	甲烷损失率
化学吸收法	利用碱、醇等复合溶液与二氧化碳进行化学反应	提纯效率达99%	投资高，药剂有毒性	>99%	<0.1%
低温分离法	利用制冷系统对混合气体降温，二氧化碳凝固点比甲烷高，先被冷凝，从而被分离	提纯效率达98%	能耗高，需要低温高压环境	>99%	<0.1%

2.2.5　固液分离及沼渣沼液利用系统

厌氧发酵后产生的厌氧残留物经固液分离机分离为沼渣、沼液。沼渣可作为固体生物有机肥原料或用于制作牛床垫料，沼液可制成液体有机肥。

常用的固液分离机一般有螺旋挤压机、带式压滤机、沉降式离心机、板框式压滤机等。不同的固液分离机的优缺点如表 2-11 所示。

表 2-11　常见的固液分离机优缺点

固液分离机	优点	缺点
螺旋挤压机	动力消耗低，对含纤维性原料的分离效果好	处理后的物料含水率高，不能直接应用于有机肥生产，通常配套二次压榨机使用
带式压滤机	附属设备少，处理的污泥含固量较高	滤带冲洗耗水量大，冲洗不彻底影响分离效果，不适合密度很小或液相密度大于固相的物料脱水
沉降式离心机	自动、连续操作、可长期运行、维修方便，适用性强，应用范围广	沉渣含液量较高，离心机转速高，传动件加工精度要求高
板框式压滤机	操作简单，滤饼含固率高，原料适用性强	占地面积大

目前，中国常采用的沼液处理方式有两种：一种为提纯制作高浓度液肥，通常经过自动螯合、搅拌、过滤和灌装工序，形成浓度高、易储存的产品进行外销或还田；另一种为经过一级分离后的沼液，再经卧螺离心机、板框系统进一步分离后作为灌溉用水存储于氧化塘供农田灌溉。

固液分离后的沼渣通常被用于固体生物有机肥生产，但以规模化奶牛养殖场粪污为发酵原料的工程的沼渣，通常被用于制作牛床垫料。

（1）条垛翻抛

通过条垛翻抛设备对沼渣进行干燥处理的工艺，需要将沼渣堆放成长条形，用翻抛机对沼渣进行定时翻转，翻转过程中帮助氧气进入，使沼渣进行充分的高温好氧发酵。发酵时间根据季节、发酵中心温度等确定。

（2）机械烘干

沼渣从烘干设备的一端送入，与设备内的热风或加热壁面有效接触，从而被烘干，烘干时间根据设备的参数、烘干温度等确定，烘干后的沼渣可用作牛床垫料或用于生产生物有机肥。烘干设备主要有回转烘干机、滚筒烘干机、转筒烘干机等。

（3）半渗透分子膜发酵

半渗透分子膜发酵是利用分子膜的选择透过性特点，使气体水分子快速通过膜材表面降低物料含水率，同时能阻隔臭味分子通过，有刺激性气味的氨气与凝结水一起回落到物料中，这样无须外加除臭系统便能解决臭味的问题，同时也能提高肥效。干湿分离后将沼渣及其他混合原料存放于发酵槽内，向发酵槽底部通适量的空气或氧气，上方覆膜，确保沼渣在高温下进行好氧发酵，使其达到牛床垫料或有机肥指标要求，发酵时间根据发酵中心温度、湿度等确定。

2.2.6　中国生物天然气技术与装备应用现状

中国规模化沼气工程以畜禽粪污、秸秆和餐厨垃圾为主要原料，以全混式厌氧发酵为主要工艺，可针对不同原料在预处理、厌氧发酵、沼气输配、制肥、沼液后处理等方面开展设计、施工、建设和运行等，基本形成了"上游原料收集—中游沼气生产—终端产品应用"的沼气产业链。在沼气设备方面，中国已成功研制了沼气发电机组、厌氧发酵罐、自动控制系统、沼气脱硫脱水设备、沼液固液分离装置等，形成了系列化成熟产品。同时，随着规模化生物天然气产业的发展和专业化程度的提升，出现了一批大型养殖场粪污处理的第三方专业化团队，从畜禽养殖场投建开始便参与粪污处理工程的建设、运行与管理。

虽然中国生物天然气工程生产工艺与装备技术水平已基本能满足国内项目建设要求，但在系统整体效率、稳定性、装配可靠性等方面与国外先进水平仍存在较大差距，导致核心竞争力不足。同时，对于技术研发与科研创新等重视度不够，资源投入相对较少，致使技术创新与发展进程缓慢，未能对产业发展形成强有力的支撑。

目前，中国的大中型沼气工程仍以湿法发酵为主，存在沼液产量大、环境污染风险高等限制发展的问题。相比于干法厌氧发酵技术，湿法发酵技术还具有工程建设成本高、容积产气率相对较低等缺点。在欧洲，干法厌氧发酵技术已有 20 多年的发展史，干发酵技术已经较为成熟。主流的干法厌氧发酵技术有单项厌氧发酵和两相厌氧发酵，如德国 BIO－FERM 生物技术开发与生产有限公司的车库式干发酵系统、法国 Valogra 公司的仓筒型干发酵系统、瑞典的 Kompogas 干发酵系统、比利时 OWS（Organic Waste Systems）公司开发的 Dranco 竖式推流发酵工艺等。而现阶段中国干法发酵技术仍处于试验示范阶段，农业农村部规划设计研究院、农业农村部南京农机化所等均在这方面进行了研究，取得了一定的进展，但是缺乏实际的大型规模化、产业化的工程实施案例，在工程技术装备方面也有一定的欠缺。

与其他国家相比，中国生物天然气技术除在发酵技术方面存在差距外，还存在自动化程度低、相关技术装备及能源转化效率较低等问题。以德国的沼气产业为例，德国沼气产业经过多年的实践和发展，农业废弃物沼气生产工艺和技术装备已趋于成熟，相关技术水平处于世界领先地位，相关的发电设备、机械搅拌装置、自动控制系统、余热利用设备等已进入专业化设计和制造阶段，沼气工程设计和技术服务等专业服务组织已相当完善。中国沼气产业发展过程中比较重视厌氧消化工艺本身的研究开发，却忽视了设备的研制与引入，自动化程度较低，沼气工程运营过程中一些较重要的数据不能实时记录和统计，导致沼气生产运行效率不高，甚至造成劳动力、原料等资源的浪费。在已应用自动化控制的工程中，还存在在线控制与预警系统不完善、传感器精准度不高、使用寿命不长等方面的问题。

此外，中国产、学、研结合不紧密是影响沼气行业发展的一个重要因素，科技人员面向市场与产业需求开展科研和成果转化的积极性不高，企业的研发创新意识不强，导致行业发展不够迅速。与德国沼气产业通过沼气企业、学校、科研机构相互配合，形成强大的研究、开发、生产一体化系统·并在运行过程中体现出综合优势相比仍有很大差距。

中国生物天然气产业的发展，需要立足国内实际情况，引进并消化吸收国外成熟先进的技术，自主创新研究形成适合中国大中规模化天然气工程的技术和成套设备。

2.3　中国生物天然气项目商业模式及典型工程

在原有传统户用沼气和近年来以养殖场废弃物、工业废弃物原料为基础而建设的大中型生物天然气工程基础上，中国的生物天然气产业已经逐渐形成了几种商业模式。

2.3.1 集中式独立供气模式

集中式独立供气模式是生物天然气利用与村镇能源结构改善相结合的典型做法。农村生产和生活废弃物混合原料经过发酵和净化后产生的沼气，根据不同的管线铺设情况、用户数量和规模，既可通过村镇级燃气管线输送至农户家中直接利用，也可经过提纯再压缩后制成高纯度燃气，用高压槽车分别送至不同村庄周边建设的生物燃气站，再通过管线输送至用户家。该模式气体主要为沼气，民用沼气的质量标准是硫化氢含量≤20mg/m³，在脱水装置出口处的压力下，水露点比输送条件下最低环境温度低5℃。本模式在规模化集中供气方面具有较大的覆盖面。在稳定原料来源的情况下（如村镇周边的养殖场或淀粉厂等）可实现全年无间断供气，方便了农户生活，同时减少了粪污排放、秸秆燃烧所带来的环境问题，还可以利用规模效应降低成本，综合改善农村能源利用方式，对于促进农村经济可持续发展具有重要意义。

集中式独立供气模式典型工程为临漳县河北润泽致民农业科技股份有限公司利用世界银行贷款建设的特大型秸秆沼气供户项目，该项目已建成总容积8个罐体共2万m³的发酵装置，每年可处理玉米秸秆4.4万t、产沼气600万m³，可供周边7 000户农户常年炊事和冬季取暖用气。建成拥有自主知识产权的有机固体肥和沼液肥生产线各一条，年产沼渣固体有机肥8万t、沼液液体肥料5万t，为建成循环链条奠定了坚实的肥料基础。该项目应用后的效果：①通过特大型沼气工程把农作物秸秆转化为资源和商品，种植基地应用沼肥后，亩均节约投资约80元，不仅对秸秆禁烧工作意义重大、具有良好的经济效益，还化害为利、变废为宝，实现了农业废弃物资源化利用与美丽乡村建设紧密融合。②开展沼气联户集中供气工程是一举多得的好事，既为农民提供了清洁能源、提高了农民生活质量，又对农村散煤治理、防止大气污染提高空气质量起到了积极作用。③加强农业环境污染源头治理，关键是推行清洁化生产。沼渣、沼液有机肥的投入使用减少了化肥农药的使用，使病虫害得到绿色防控。实现了化肥零增长，减少了面源污染。

集中式独立供气模式的特点和启示：该模式适用于市政燃气管网覆盖程度低的农村地区，属于典型的分布式能源利用模式，不仅可以消化生物天然气站附近的废弃物资源，还能够为周边居民提供清洁能源。与其他模式相比，沼气可不经过提纯直接应用，降低了提纯投入，可实现区域性生态循环。

2.3.2　生物燃气提纯入网模式

生物燃气提纯入网模式是低值生物质资源转化为高值生物燃气的典型模式之一。在城镇周边的工业有机废弃物经过预处理和发酵产生的生物燃气，经过脱水、脱硫、净化、加压、提纯后直接并入城镇天然气管网。该模式可作为管道燃气的有益补充分销到居民用户，从而实现低值生物质的高值化利用，创造经济效益。同时也可作为城镇清洁能源整体解决方案的一部分，实现能源循环利用，对于城市高效节能、降耗减排有着积极的作用。

生物燃气提纯入网的主要为生物天然气，生物天然气的主要技术标准为甲烷含量≥85%、硫化氢含量≤15mg/m³、二氧化碳含量≤3.0%、氧气含量≤0.5%、氢气含量≤10%，在交接点压力下，水露点应比输送条件下最低环境温度低5℃。在天然气交接点的压力和温度条件下，天然气的烃露点应比最低环境温度低5℃，天然气中不应有固态、液态或胶状物质。作为民用燃气和车用压缩天然气，应具有可以察觉的臭味。

生物燃气提纯入网模式典型工程为内蒙古赤峰元易生物天然气循环产业项目，赤峰元易生物质科技有限责任公司（以下简称元易公司）成立于 2012 年，致力于生物天然气产业的开发，采取的是规模化、专业化、工业化、市场化的全产业链模式。所建设的生物天然气项目采用全混式厌氧发酵方式，将秸秆及禽畜粪污等多种原料的混合物转化为沼气，然后通过元易公司所拥有的水洗法提纯技术将沼气提纯为甲烷含量>96%的生物天然气，可作民用气、公服用户用气、工业用气以及 10 蒸吨以下煤改气用户用气等。一期工程日产沼气 2 万m³，提纯生物天然气 1 万 m³，年消纳农作物秸秆 1.6 万 t（TS）、禽畜粪污0.15 万 t（TS）。接通城市用户 11 090 户、村镇用户 10 500 户。建设城市中压管线 22km、低压管线 20km、农村低压管网 245km。

生物燃气提纯入网模式的特点和启示：该模式适用于项目周边市政燃气管网覆盖程度高的地区，提纯后的生物燃气达到天然气管道入网要求。可作为天然气的补充气源，对于解决化石能源紧缺问题能起到一定的促进作用。与其他模式相比，生物天然气利用更加直接，不存在储存风险，天然气管网是巨大的应用市场，不存在产品销售困难的风险。

2.3.3　生物燃气综合利用模式

生物燃气综合利用模式是对生物燃气终产品进行多样化综合利用。首先，将畜禽粪污、农作物秸秆、有机废水等原料通过厌氧发酵生产粗生物燃气，然后可以通过多种模式进行粗生物燃气产品的利用，具体工艺可以根据实际情况加以选择。通过组合可以实现生物燃气产品的综合利用，能够根据地区的需求对生产线产能进行调整，避免了某种产品的产能过剩或者不足，是未来生物燃气产业化的发展趋势，具有良好的社会效益、环境效益和经济效益。

生物燃气综合利用模式产生的气体主要为沼气，可以以生活源生物质、工业源生物质、农业源生物质为原料，通过厌氧发酵转化产生可燃气体，产生的沼气可用于发电、供气和提纯作生物天然气等。

生物燃气综合利用模式的典型项目为唐山市遵化市利用世界银行贷款建设的大型畜禽粪便及秸秆沼气工程项目，该项目总投资 23 217.89 万元，占地面积 150 亩，总建筑面积 11 621.19m²；建设 6 座 5 000m³ 的碳钢焊接结构厌氧发酵装置、2 座 2 500m³ 的聚酯纤维膜钢材储气装置；建设有 1 机 2 柱 CNG 加气机、1 套 1.2MW 分布式沼气发电系统；集中供气 1 368 户管道工程。该项目以产气及有机肥生产为主要目的，采用全混式厌氧发酵工艺，主要包括原料预处理及上料系统、厌氧发酵系统、出料系统、沼气储存利用系统、沼气提纯系统、CNG 加气站及其配套系统、有机肥生产系统、沼液肥深加工系统和菌剂加工系统、管网系统等。

生物燃气综合利用模式的特点和启示：该模式适用范围较广泛，可根据周边情况及市场行情确定产品方向。

2.3.4　车用生物燃气模式

车用生物燃气模式也是低值生物质资源高值化利用的典型模式之一。利用低值生物质原料进行预处理和发酵生产低纯度的生物燃气，经净化、提纯、压缩后制成符合车用纯度要求的高纯度压缩天然气，并利用高压槽车或者燃气管线送至车用加气站，作为车用清洁能源使用。该模式可以为出租车、公交车供应清洁燃料，减少燃油和天然气的消费，在节约成本的同时可产生良好的经济效益；同时，汽车使用压缩天然气还减少了尾气排放，具有非常良好的环境效益。

车用生物天然气的理化性质指标为甲烷含量≥96％，硫化氢含量≤15mg/m³，二氧化碳含量≤3.0％，氧气含量≤0.5％，在汽车驾驶的特定地理区域，在压力不大于 25MPa 和环境温度不低于 −13℃ 的条件下，水的质量浓度应不大于 30mg/m³、水露点应比最低环境温度低 5℃。车用生物天然气中固体颗粒物最大粒径应小于 5μm，无臭味或臭味不足的生物天然气应加臭，加臭剂的最小量应符合生物天然气泄漏到空气中达到爆炸下限浓度的 20％ 之前时可被人察觉。

车用生物燃气模式的典型工程为河北三河天龙集团生物天然气项目，该项目是 2015 年生物天然气试点工程，以农作物秸秆、畜禽养殖粪污为原料生产清洁能源生物天然气，将沼渣、沼液制成固态、液态生物有机肥，有效解决了区域秸秆等农业废弃物、畜禽粪污等环境污染问题，并探索了生态能源循环农业经济模式。项目总投资 11 280 万元，其中中央预算内投资 4 500 万元，年处理农作物秸秆 11 万 t、畜禽粪污 2.2 万 t，年产生物天然气 657 万 m³，年产沼渣固态有机肥 4.92 万 t、沼液液态有机肥 2.35 万 t，已建立了秸秆收、储、运体系和畜禽粪污第三方处置模式、付费处理机制。

车用生物燃气模式的特点和启示：该模式对于提纯后的生物天然气甲烷浓度的要求高于其他模式。同时需配套相应的压缩装置及槽车、管网，对于设备及配套设施要求较高，适用于周边燃气车辆较多的区域。与其他模式相比，设备投入较高，在目前电动汽车发展迅速的背景下，需充分考察市场情况。

2.3.5   气热电肥联产模式

不同纯度标准的生物天然气可直接供给户用或者用于发电，电能供生产过程再利用，或并入国家电网产生经济效益；将发电产生的热能导入余热锅炉，回收热量能够满足前端厌氧发酵单元的物料增温保温需求，同时将提热后的尾气导入沼渣沼液有机肥厂用于有机肥干燥，从而实现热能循环利用；所产生的肥料可用于绿色农业生产。2021 年，全国沼气发电年发电量达 37 亿 kW·h，其中沼气工程发电装机容量 291 794kW，年发电量 75 892 万 kW·h。

气热电肥联产模式产生的气体主要为沼气，民用沼气的质量标准是硫化氢含量≤20mg/m³，在脱水装置出口处的压力下，水露点比输送条件下最低环境温度低 5℃。沼气应具有可以察觉的臭味。

气热电肥联产模式的典型工程为裕丰京安沼气发电项目，该项目为日产 2 万 m³ 生物天然气工程，该沼气发电项目位于安平县城东的河北裕丰京安养殖有限公司，项目总投资 9 615 万元，占地 200 亩，设有 5 座 3 000m³ 的厌氧消化器、1 座 2 500m³ 的沼气柜、1 座 36 000m³ 的沼液储存池，收集存储处理河北裕丰京安养殖有限公司及安平县规模畜禽养殖企业所产生的畜禽粪污。粪污通过罐车被运至项目所在地，利用厌氧发酵技术，将畜禽粪污变为沼气进行综合利用。同时，在厌氧发酵过程中产生的沼液、沼渣被用作有机肥用于农业生产。该项目年利用养殖粪污 75 153t、尿液及冲洗水 167 024t、可生产沼气 657 万 m³，实现发电 1 494 万 kW·h、生产有机肥 19 641t、沼液 21 万 m³。

河北裕丰京安以先进的废弃物资源化利用技术为依托，通过沼气发电项目、生物天然气项目及热电联产项目，河北裕丰对京安养殖场及安平县域内畜禽粪污、废弃秸秆等农业废弃物进行综合治理，整县推进，通过发酵制沼、沼气发电、生物质直燃发电、城市集中供热、有机肥生产等产业，形成了完整的"热、电、气、肥"联产跨县循环模式。

通过气热电肥联产模式，可降低养殖成本，制成有机肥就近入田。降低种植成本，将项目所生产的有机肥用于农田替代化肥，有利于改善农作物生长环境，实现绿色耕种，提高农作物品质。生物燃气可解决 3 万户居民的生活用能，实现节能减排，促进农作物增效、农民增收，增加就业机会；养殖粪污、COD 和氨氮排放能得到有效控制，有效防止土壤板结，改善种植环境，建立种养结合机制。

气热电肥联产模式的特点和启示：该模式充分利用产能，将产生的粗沼气用于发电、产热，将产生的热量回用于工程加热，产品形式不单一，最大化利用资源。与其他模式相比，该模式有较强的可操作性，使用范围也较广，在种植业和养殖业发达的地区都可实施。

2.4　中国生物天然气工程分布情况

截至 2022 年 11 月，中国运行的生物天然气项目共有 57 处，总池容达132.68 万 m^3，年产生物天然气量 16 528.67 万 m^3，其中进管网生物天然气量2 987.09 万 m^3，进加气站生物天然气量 7 905.66 万 m^3。全国生物天然气项目分布统计如表 2 – 12 所示。

表 2 – 12　2022 年全国生物天然气项目分布统计

序号	地区	数量（处）	总池容（万 m^3）	年产生物天然气量（万 m^3）	进管网生物天然气量（万 m^3）	进加气站生物天然气量（万 m^3）
1	河北	8	20.23	6 535.00	0.00	4 499.00
2	山西	1	3.70	160.00		
3	内蒙古	4	11.00	330.00	320.00	9.60
4	吉林	5	8.00			
5	黑龙江	1	1.40	352.00	185.00	80.00
6	北大荒农垦集团有限公司	2	5.41	0.00		
7	江苏	1	1.40	500.00	500.00	
8	安徽	5	8.60	389.50	316.50	36.50
9	江西	1	1.74	370.00	370.00	
10	山东	7	11.30	2 286.00	376.00	1 386.00

（续）

序号	地区	数量（处）	总池容（万 m³）	年产生物天然气量（万 m³）	进管网生物天然气量（万 m³）	进加气站生物天然气量（万 m³）
11	河南	3	6.40	1 432.00	655.00	230.00
12	湖南	2	5.06	578.00	117.20	
13	广西	2	5.40	88.18	50.54	37.64
14	海南	1	4.10	401.80		401.80
15	重庆	2	4.60	452.60		
16	四川	2	6.30			
17	贵州	2	6.80	509.99	96.85	138.12
18	云南	3	9.24	2 065.00	0.00	1 050.00
19	陕西	1	2.00			
20	甘肃	1	2.60	78.10	0.00	36.50
21	宁夏	1	1.80	0.00		
22	新疆	1	3.60	0.00		
23	新疆生产建设兵团	1	2.00	0.50		0.50
合计	全国	57	132.68	16 528.67	2 987.09	7 905.66

2.5　中国生物天然气标准体系现状

目前，中国沼气、生物天然气标准体系初步构建，主要以沼气标准体系为基础，中国沼气标准体系包括标准体系编制说明、标准体系框架、标准体系表和标准目录4个部分，并从宏观方面制定了沼气标准化适用范围、确定了沼气标准化的工作方向和重点，为安排标准化工作主攻任务和标准提供依据。标准体系框架包括总层次和总序列两种形式，参照中国其他行业标准体系编制研究，沼气标准体系的构建以层次方法为主。根据沼气行业特征及适用范围将标准体系分为基础标准、通用标准和专用标准3个标准层次，每个层次由户用沼气、沼气工程、净化沼气池、综合利用、服务体系及方法与准则类通用标准组成（表2-13）。

表 2－13 中国沼气标准统计

序号	标准编号	标准名称
1	CECS 339—2013	《地源热泵式沼气发酵池加热技术规程（附条文说明）》
2	GB/T 4752—2016	《户用沼气池施工操作规程》
3	GB/T 26715—2011	《沼气阀》
4	GB/T 29488—2013	《中大功率沼气发电机组》
5	GB/T 30393—2013	《制取沼气秸秆预处理复合菌剂》
6	GB/T 3606—2001	《家用沼气灶》
7	GB/T 4750—2016	《户用沼气池设计规范》
8	GB/T 4751—2016	《户用沼气池质量检查验收规范》
9	GB/T 51063—2014	《大中型沼气工程技术规范》
10	JB/T 11792.3—2014	《中大功率燃气发动机技术条件　第3部分：沼气发动机》
11	NY/T 1220.1—2019	《沼气工程技术规范　第1部分：工程设计》
12	NY/T 1220.2—2019	《沼气工程技术规范　第2部分：输配系统设计》
13	NY/T 1220.3—2019	《沼气工程技术规范　第3部分：施工及验收》
14	NY/T 1220.4—2019	《沼气工程技术规范　第4部分：运行管理》
15	NY/T 1220.5—2019	《沼气工程技术规范　第5部分：质量评价》
16	NY/T 1221—2006	《规模化畜禽养殖场沼气工程运行、维护及其安全技术规程》
17	NY/T 1222—2006	《规模化畜禽养殖场沼气工程设计规范》
18	NY/T 1223—2006	《沼气发电机组》
19	NY/T 1496.1—2015	《农村户用沼气输气系统　第1部分：塑料管材》
20	NY/T 1496.2—2015	《农村户用沼气输气系统　第2部分：塑料管件》
21	NY/T 1496.3—2015	《农村户用沼气输气系统　第3部分：塑料开关》
22	NY/T 1638—2021	《沼气饭锅》
23	NY/T 1639—2008	《农村沼气"一池三改"技术规范》
24	NY/T 1699—2016	《玻璃纤维增强塑料户用沼气池技术条件》
25	NY/T 1700—2009	《沼气中甲烷和二氧化碳的测定　气相色谱法》

（续）

序号	标准编号	标准名称
26	NY/T 1702—2009	《生活污水净化沼气池技术规范》
27	NY/T 1704—2009	《沼气电站技术规范》
28	NY/T 1912—2010	《沼气物管员》
29	NY/T 1916—2010	《非自走式沼渣沼液抽排设备技术条件》
30	NY/T 1917—2010	《自走式沼渣沼液抽排设备技术条件》
31	NY/T 2065—2011	《沼肥施用技术规范》
32	NY/T 2139—2012	《沼肥加工设备》
33	NY/T 2141—2012	《秸秆沼气工程施工操作规程》
34	NY/T 2142—2012	《秸秆沼气工程工艺设计规范》
35	NY/T 2371—2013	《农村沼气集中供气工程技术规范》
36	NY/T 2372—2013	《秸秆沼气工程运行管理规范》
37	NY/T 2373—2013	《秸秆沼气工程质量验收规范》
38	NY/T 2374—2013	《沼气工程沼渣沼液后处理技术规范》
39	NY/T 2450—2013	《户用沼气池材料技术条件》
40	NY/T 2451—2013	《户用沼气池运行维护规范》
41	NY/T 2452—2013	《户用农村能源生态工程 西北模式设计施工与使用规范》
42	NY/T 2853—2015	《沼气生产用原料收贮运技术规范》
43	NY/T 2854—2015	《沼气工程发酵装置》
44	NY/T 2855—2015	《自走式沼渣沼液抽排设备试验方法》
45	NY/T 2856—2015	《非自走式沼渣沼液抽排设备试验方法》
46	NY/T 344—2014	《户用沼气灯》
47	NY/T 465—2001	《户用农村能源生态工程　南方模式设计施工和使月规范》
48	NY/T 466—2001	《户用农村能源生态工程　北方模式设计施工和使月规范》
49	NY/T 667—2022	《沼气工程规模分类》
50	NY/T 858—2014	《户用沼气压力显示器》
51	NY/T 859—2014	《户用沼气脱硫器》
52	NY/T 860—2022	《户用沼气池密封涂料》
53	NY/T 90—2014	《农村户用沼气发酵工艺规程》
54	NY/T 1220.6—2014	《沼气工程技术规范 第6部分：安全使用》
55	NY/T 1496.4—2014	《农村户用沼气输气系统 第4部分：设计与安装规范》
56	NY/T 2596—2022	《沼肥》
57	NY/T 2597—2014	《生活污水净化沼气池标准图集》

（续）

序号	标准编号	标准名称
58	NY/T 2598—2014	《沼气工程储气装置技术条件》
59	NY/T 2599—2014	《规模化畜禽养殖场沼气工程验收规范》
60	NY/T 2600—2014	《规模化畜禽养殖场沼气工程设备选型技术规范》
61	NY/T 2601—2014	《生活污水净化沼气池施工规程》
62	NY/T 2602—2014	《生活污水净化沼气池运行管理规程》
63	QB/T 4396—2012	《软体沼气池用聚氯乙烯涂覆织物膜材》
64	NY/T 3897—2021	《农村沼气安全处置技术规程》
65	NY/T 4064—2021	《沼气工程干法脱硫塔》
66	NY/T 1638—2021	《沼气饭锅》
67	NY/T 667—2022	《沼气工程规模分类》
68	NY/T 4172—2022	《沼气工程安全生产监控技术规范》
69	NY/T 4173—2022	《沼气工程技术参数试验方法》
70	NY/T 2596—2022	《沼肥》
71	ISO 22580：2020	《沼气燃烧火炬》
72	NY/T 4297—2023	《沼肥施用技术规范 设施蔬菜》

注：GB/T 表示强制性国家推荐标准；NY/T 表示农业农村部推荐标准；JB/T 表示国家机械部推荐标准；CECS 表示中国工程建设协会标准；QB/T 表示国家轻工业局推荐标准行业标准；ISO 为国际标准化组织标准。

沼气标准化是沼气行业发展的基础，是加强市场管理的重要依据，为此，2011 年 5 月，经国家标准化管理委员会同意，成立了全国沼气标准化技术委员会（SAC/TC255），归农业农村部农业生态与资源保护总站统筹管理，主要负责沼气领域的标准的制修订和归口管理工作（图 2-2）。

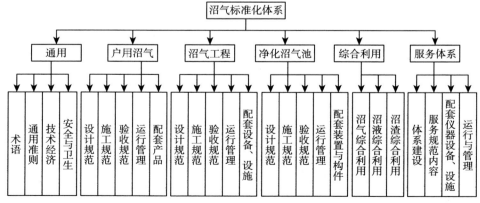

图 2-2　沼气行业标准化体系

到 2022 年底，中国已发布实施的沼气标准共 72 项，其中国家标准 8 项、行业标准 63 项、国际标准 1 项，涉及户用沼气、沼气工程等设计、施工、运行管理、安全及相关配套产品和设备等方面。

到 2022 年底，中国已发布实施的生物天然气标准共 11 项，其中国家标准 3 项、行业标准 8 项，涉及生物天然气工程的设计、施工、运行管理、安全及相关配套产品和设备等方面（表 2-14）。

表 2-14　中国生物天然气标准统计

序号	标准编号	标准名称
1	NB/T 10865—2021	《生物天然气工程可行性研究报告编制规程》
2	NY/T 3896—2021	《生物天然气工程技术规范》
3	NB/T 10489—2021	《进入天然气长输管道的生物天然气质量要求》
4	GB/T 41328—2022	《生物天然气》
5	GB/T 40506—2021	《生物天然气 术语》
6	GB/T 40510—2021	《车用生物天然气》
7	NB/T 10136—2019	《生物天然气产品质量标准》
8	T/CECS 654—2019	《提纯制备生物天然气工程技术规程》
9	Q/PWEG 3001—2018	《生物天然气项目建设与运行管理规程》
10	Q/PWEG 3002—2018	《生物天然气项目规划设计编制规程》
11	Q/PWEG 3003—2018	《生物天然气项目可行性研究报告编制规程》

第 3 章
国外生物天然气发展经验及启示

目前，全球沼气和生物天然气产量约为 700 亿 m^3，欧洲的生物天然气产业代表了世界的先进发展水平和模式，尤其是德国、瑞典、丹麦等国家是当前世界上沼气、生物天然气发展较为成熟和政策配套比较完善的地区。生物天然气产业发展比较典型的还是欧洲，值得我们对比借鉴，以下以欧洲为例进行叙述。

3.1 国外生物天然气产业管理政策

3.1.1 欧洲生物天然气产业政策

（1）《欧洲绿色协议》

欧盟委员会 2019 年 12 月公布了应对气候变化、推动可持续发展的《欧洲绿色协议》，确定了未来 5 年的政策重点，包括修订现有法案及提出新的条例。协议概述了欧盟委员会未来将在气候、能源、循环经济、交通、农业、生物多样性和环境等领域提出的所有倡议，希望能够在 2050 年前实现欧洲地区的碳中和，通过利用清洁能源、发展循环经济、抑制气候变化、恢复生物多样性、减少污染等措施提高资源利用效率，实现经济可持续发展。

（2）新循环经济行动计划（路径）

欧盟委员会面向全体利益相关方及社会公众征集关于新循环经济行动计划的意见，已于 2020 年 3 月提交，该行动计划包括减少废弃物的产生、修订现行废弃物管理法律（如废弃物清运条例）。该行动计划提出关注重点产品价值链循环，减少废弃物目标和计划，控制废弃物总量，设定具体废弃物总量减少目标，到 2030 年实现市政不可回收垃圾减少一半。还将支持发展欧盟再生材料市场，为生物材料的闭环发展寻求可能，并发布有关生物基及生物可降解塑料的条例。

（3）《欧盟气候法》立法建议

2020 年 2 月 6 日，欧盟委员会面向公众征集《欧盟气候法》的立法建议。

《欧盟气候法》将把欧盟委员会到 2050 年实现碳中和的目标写入法律文件，还明确了政府部门及私营企业的投资规则，要求资金的投入和使用更符合欧盟气候目标。该提案明确投资不会影响气候变化，这就意味着要将长期气候影响纳入投资战略的考量范围。此外，该法案还授予欧盟委员会进行气候影响评估的权力，计划 2030 年将温室气体减排率最高提高 50%。

（4）欧盟 2030 年生物多样性战略（路径）

2020 年 10 月，联合国召开了一次政府间会议，修订《联合国生物多样性保护公约》。欧盟委员会提议解决生物多样性减少的问题，包括推动建立可持续农业生态系统及修复受损的生态系统，如富碳生态农业。2022 年 12 月，在中国昆明举办了联合国《生物多样性公约》第十五次缔约方大会（CBD COP 15）第二阶段会议，通过了"昆明-蒙特利尔全球生物多样性框架（GBF）"及相关文件，在"框架"目标、资源调动、遗传资源数码序列信息等关键议题上达成了一致，确立了"3030"目标，即到 2030 年保护至少 30% 的全球陆地和海洋等系列目标。建立了有力的资金保障，明确了为发展中国家提供资金、技术等支持措施。

（5）可再生能源

欧盟许多指令已经在促进沼气等可再生能源的使用方面发挥着作用，主要包括《欧盟可再生能源指令》（2009/28/EC）（以下简称《"RED"指令》）、2015 年修订的促进可再生能源发展的《欧盟 2015/1513 号指令》，以及其中关于间接土地利用变化（ILUC）的指令。《"RED"指令》对可再生能源在各成员国整体能源结构及交通能源结构中的占比提出了明确的目标要求。发展生物能源、生物燃料和沼气有利于目标的实现。此外，《"RED"指令》规定了生物燃料及沼液〔包括压缩生物天然气（bio-CNG）〕的可持续性标准。《"RED"指令》附件 5 中提供了 3 种压缩生物天然气处理路径（处理城市有机垃圾、处理干粪及处理湿粪）以减少温室气体排放的默认值和典型值。相比于用能源作物生产沼气或生物燃料，废弃物处理产生的沼气、生物天然气可以加倍计入交通能源目标，这就激励了从废弃物到能源的发展。《"RED"指令》附件 9 的第一部分提供了不属于《间接土地利用变化指令》规定的基于粮食生产生物燃油的原料清单，其中包括粪污、垃圾填埋和污水污泥，以及在池塘或光生物反应器中种植的农作物和藻类。

欧盟清洁能源一揽子计划及由此产生的《欧盟 2014/94/EU 指令》制订了一项全面的替代性燃料战略，旨在增加压缩生物天然气（CNG）和液化天然气（LNG）加气站的分布，到 2020 年，在城市（郊区）及其他人口密集地区建设 CNG 加气站；到 2025 年，实现在全欧交通网络的核心枢纽建设 CNG 加气站，在船舶和重型车辆运输中增加 LNG 的使用。这项战略布局是增加 CNG

及 LNG 车辆市场份额的前提，还可以进一步激发交通运输领域生物天然气的市场潜力。另外一项相关的欧盟政策是《环境保护和能源援助指南（2014—2020）》（2014/C 200/01），这项政策旨在逐步引入市场机制，替代可再生能源补贴，并为可再生能源支持计划制定一系列指导方针，适用于沼气，包括废弃物层级管理的核心原则。此外，这些指导方针支持沼气生产与提纯发展、沼气在交通领域的应用以及在热电联产及区域供暖方面提供国家援助。

（6）气候变化

许多欧盟成员国将沼气列为其气候政策的一部分。其中最相关的欧盟指令是《欧盟碳排放交易指令》（EU ETS Directive，2003/87/EC）及非碳排放交易体系的《责任分担决议》。《责任分担决议》确定了各成员国未列入碳排放交易计划的所有温室气体减排目标，包括建筑行业使用天然气的排放、交通燃料及农业中的排放，以及土地使用和土地使用变化的排放。因此，利用垃圾填埋气和粪污作为沼气的生产来源，有助于减排目标的实现，将沼气用作车辆燃料也是如此。排放交易体系遵循"总量管制与交易"原则管控系统内设施所排放的温室气体量。如果将沼气用于这些设施的能源生产，则会被视为零排放，那么这部分温室气体排放则没有排放限额。欧盟的《燃烧质量指令》特别规定了道路运输燃料的减排目标，提高生物天然气在运输燃料中的市场份额有助于实现减排目标。《燃烧质量指令》采用"油井到车轮"的解决方案，由此方案生产的生物天然气（由粪污到沼气）所减少的温室气体贡献大于用能源作物产生生物天然气的方案。

（7）农业

欧盟共同农业政策（CAP）通过其农村发展举措鼓励生产沼气（利用畜禽粪污建立厌氧发酵厂）以替代化石燃料并减少动物粪便造成的甲烷排放。《欧盟硝酸盐指令》（91/676/EEC）旨在减少农业源和化肥施用造成的水污染。《化肥管理条例》（2003 年起生效）确保了传统非有机化肥在单一市场中的自由流动，传统的化肥是由矿物或化学提取制成的，但该条例没有涉及有机肥的生产及使用，从而阻碍了欧盟沼渣的跨境交易。《欧盟废弃物条例》中关于废弃物及其循环的规定也在一定程度上与沼气的生产有关，主要原因在于其将垃圾填埋气及其他原料（如污水、污泥及有机垃圾）视为沼气生产的来源。

（8）天然气

一些主要针对天然气的条例和指令，尤其是有关基础设施和贸易的条例和指令同样适用于生物天然气，包括《天然气内部市场共同规则指令》（2009/73/EC）和《天然气传输网络的准入条件》（715/2009/EC）。这些指令在保证质量的前提下，保证天然气系统准入的公平性，且该准入必须始终符合有关技术规范和安全标准。

3.1.2　欧洲生物天然气扶持政策

（1）大力支持技术研发

欧盟重视生物质能源技术研发，建立了联合研究中心，各个国家都支持国家级生物质能源技术研发机构建设，技术研发机构包括德国生物质能源中心、瑞典农业科技大学、瑞典隆德大学等，全面系统地对生物质原料培育、生产、转化技术、产品、市场需求进行研究和示范应用，特别强调产业化应用。

（2）全面实行投资补贴

为了鼓励生物天然气产业发展，1993—1997 年，瑞典政府对车用生物天然气研发的财政支持达到 3.15 亿克朗。1991—2001 年，德国联邦政府在生物质能源领域的投资补贴总计 2.95 亿欧元。从 1990 年开始，德国银行为私营企业从事生物质能源开发提供低息贷款，比市场利率低 50%。

（3）实施税费减免

欧盟国家对能源消费征收较高的税费，税的种类也比较多，有能源消费税、二氧化碳税和二氧化硫税，但对可再生能源利用免征各类能源税。为鼓励车用生物天然气，德国在能源消费税和二氧化碳超排税两方面给予优惠，使生物天然气的售价远低于汽油和柴油。瑞典对生物天然气免征化石燃油使用税、减征沼气企业增值税，对 2018 年 7 月 1 日后登记的二氧化碳排放量低于每千米 60g 的新车给予最高达 6 万瑞典克朗的奖励，斯德哥尔摩等大城市免征使用生物天然气车辆拥堵税和停车费。

（4）终端产品收购补贴

欧盟通过立法要求电网企业按国家核准的电价全额收购可再生能源电力。如瑞典在 1997 年起对生物质发电按照市场价格加 0.009 欧元/（kW·h）的价格收购，政府再额外给予 0.013 欧元/（kW·h）的补贴，并给予 10 年保证期。

（5）配额制

配额制规定电力公司在生产或供应时必须要有一定比例的可再生电力。2003 年，瑞典规定用户的可再生电力的购买比例是 7.4%，2010 年增加至 16.9%。

3.2　德国主要的能源政策

目前德国主要实施 3 种能源优惠政策：①基本补助政策；②可再生能源补助政策；③热电联产优惠政策。此外，还有鼓励创新等优惠政策。在德国，

15％的沼气工程享受基本补助政策；28％的沼气工程同时享受基本补助政策和可再生能源作物补助政策；4％的沼气工程同时享受基本补助政策和热电联产政策；46％的沼气工程同时享受 3 项能源优惠政策；只有 7％的工程除了享受3 项主要优惠政策外，还享受了鼓励创新政策。自 2009 年起，沼气工程基本发电并网补助为 7.79～11.67 欧分/（kW·h）。利用可再生能源作物发电的沼气工程可额外享受最少 3 欧分/（kW·h）的补助，这比 2004 年增加了1 欧分/（kW·h）。技术创新补助金额为 2 欧分/（kW·h）。装机容量低于70kW 的沼气工程还可获得 15 000 欧元的补助金及低息贷款。德国可再生能源法被认为是最有效的环境保护措施，2003 年在德国可再生能源对温室气体二氧化碳的减排量贡献已达到 5 300 万 t，而其中的 2 300 万 t 应归功于该法的推动作用。除了可再生能源法外，其他法规，如循环利用法（Kreislauf-wirtschaftsundAbfallgesetz）、生物废弃物条例（Bioabfallverordnung－Bio-AbfV）等都对沼气的发展起到了推动作用。此外，在解决沼气工程建设资金方面，政府可以为企业或农场主提供长期低息贷款。

3.2.1 德国沼气工程建设管理现状

（1）项目前期工作：方案及可研报告编制阶段（农场主或沼气咨询公司编制，农场主可咨询德国沼气协会并推荐相关沼气技术企业）。

（2）项目设计工作：设计报告编制阶段（沼气技术公司营业执照及信誉证书，公司设有专职沼气专家及沼气工程业绩）。

（3）项目立项审批工作：根据规模及环保要求将设计报告报送州政府或德国联邦食品及农业部（BMEL）审批，主要审批设计报告中环境影响、安全规则、垃圾处理、水源保护、肥料施用及建筑要求等事项。

（4）项目补贴申请工作：立项审批完成后，根据立项报告报政府相关补贴备案。

（5）项目贷款申请工作：根据立项报告申请商业银行低息贷款。

（6）项目合作方协议签订工作：用电企业、用气企业、用热企业、原料供应企业等签订合作协议。

（7）项目建设工作：交钥匙工程沼气技术公司负责建设（一般采取招投标方式，负责建设及启动维护）。

（8）项目建设验收工作：政府环保及建设部门进行验收，合格后方可投入使用。

（9）项目启动运营工作：建设验收完毕由交钥匙工程沼气技术公司配合沼气建设单位完成启动及满负荷生产，并培训相关操作管理人员，由沼气建设单位管理运行，但是交钥匙工程沼气技术公司负责长期维修服务。

3.2.2 德国政府对沼气工程的监管内容

（1）热电联产机组装机功率 1MW 以下。

（2）年产沼气量在 120 万 m³ 以下。

（3）粪污原料来源养殖场规模在 600 头牛或 2 000 头猪以下。

（4）日处理危险废物小于 1t 或非危险废物小于 10t 或养殖粪污小于 100t。

（5）临时存储处理危险废物小于每日 30t，或非危险废物小于 100t，或养殖粪污小于 6 500t；发酵剩余物存储容量小于 6 500t。

超过上述标准中的任何一条，项目均需要根据《联邦排放控制法》（BImSchG）规定的程序开展环境影响评价，并在国家层面进行审批，项目同时需要符合规划法和建设法相关的内容。在整个建设过程中，前期除了政府审批，业主还需要与原料供应商签订长期原料供应协议，与电、气网接入商签订能源产品供货协议。后期，除了需要聘请莱茵等独立评估机构进行技术验收外，还需要政府有关部门根据环保和建设法规进行验收，之后工程才能投入使用。

3.2.3 德国沼气工程主要质量监控体系

欧盟和德国沼气协会制定了一系列技术标准，以对沼气工程建设及运营进行质量控制，除对产品及设备通过检测或质量认证外，重点控制工程运行的安全和质量。德国政府在沼气工程申报、建设标准和工程质量监督验收以及运行管理方面建立了比较全面的管理体系和标准，如《沼气系统安全守则》（Safety Rules for Biogas Systems）、《沼气安全使用技术指南》（Guidelines for the Safe Use of Biogas Technology）、《欧盟机械指令》（EU Machinery Directive）、《德国工业标准》（DIN Standards）等都对沼气工程适用。例如，由于沼气是一种易燃易爆的气体，根据《安全操作规程》的要求，需要对沼气工程进行防爆监控。在易爆地点使用的设备，必须符合防爆要求，检查时只需看该设备是否贴有 Ex 标志，即防爆标志。根据《防爆认证手册》（ATEX Guidelines）要求只有通过 ATEX 认证的设备才允许贴 Ex 标志。对机械设备，根据 EU Machinery Directive 要求，生产商对该设备的说明必须与其实际性能一致，并粘贴 CE 标志，即实行 CE 标志强制认证制度。在德国，沼气工程从申请建设到投入使用有一套严格的程序：由于有质量控制法规作依据，检查人员对工程的检查和验收相对比较简单，基本不需要检测仪器，特别是对机械设备

的检查，只需检查工程是否按相关标准选用设备，判断的依据就是设备上的认证标志。

3.3 国外生物天然气发展现状

通过湿式生物质处理、废水处理及填埋气回收获得沼气的沼气工程在各国快速发展，发展中国家主要采用小型户用沼气池生产沼气，满足家用烹饪及照明所需。发达国家重点关注以农场为单位的大规模商业沼气厂，用于发电或者供热。更多的沼气经提纯后成为更高质量的生物天然气，被用作车辆燃料或并入天然气管网。

支持发展户用沼气系统，沼气作为替代能源可以满足家庭烹饪所需，以减少木材消耗，避免砍伐森林，减少空气污染，并改善土壤肥力。中国、泰国、印度、尼泊尔、越南、孟加拉国、斯里兰卡、巴基斯坦等亚洲国家也在大力发展户用沼气。

3.3.1 欧洲

据欧洲沼气协会统计，截至 2021 年年底欧洲拥有 18 843 座沼气工厂，同时。欧洲沼气与生物天然气工程数量（2009—2021）如图 3-1（A）所示，2011—2022 年的欧洲生物天然气工厂数量变化如图 3-1（B）所示。

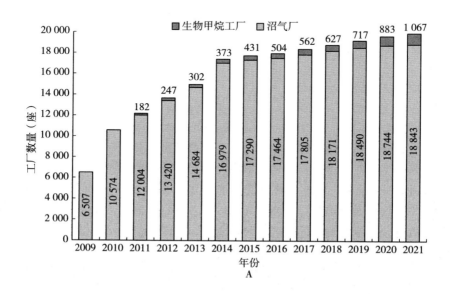

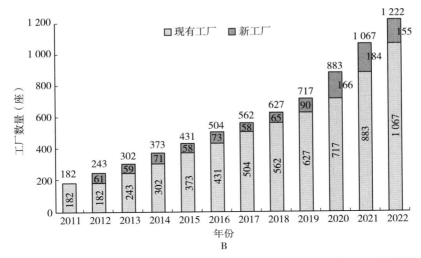

图 3-1 欧洲生物天然气（沼气）工厂的数量及生物天然气（沼气）工厂新增数量

A. 2009—2021 年欧洲生物天然气（沼气）工厂的数量

B. 2011—2022 年欧洲生物天然气（沼气）工厂新增数量

欧洲生物天然气（沼气）厂通常采用一体化发酵装置，如图 3-2 所示。

图 3-2 欧洲沼气厂

欧洲生物天然气（沼气）主要利用方式：

一是生物天然气（沼气）并入天然气管网。瑞典沼气提纯技术先进，以农林废弃物、食品加工剩余物以及能源植物等原料为主，年产沼气量约 1.96 亿 m³，主要用于提纯生物天然气。自 2004 年率先将生物天然气并入天然

气管网以来,哥德堡等城市已实现居民燃气由生物天然气全覆盖。瑞典提出到
2050 年,天然气将完全由生物天然气代替。2011 年,德国开始由沼气发电向
生物天然气并网转变。

二是车用燃气加气站销售。瑞典是率先开发车用生物天然气的国家,通过
减免环境税、增收高排汽车道路税等措施对天然气汽车(NGV)销售产生了
积极影响。据统计,瑞典有 195 个生物天然气加气站,44 000 辆小汽车、
1 800 辆公交车及 600 辆大型货车使用生物天然气,60%的生物天然气被用于
车辆,生物天然气在车用燃气中的占比达到 91.3%。

三是沼气发电并网。德国沼气技术处于国际领先地位,以青贮秸秆、畜禽
粪污等原料为主,沼气利用以分布式热电联产机组发电上网为主。2020 年,
德国沼气发电装机容量达到了 500MW 以上,年发电量达到 760 亿 kW·h,
约占整个德国发电量的 17%。沼气工程装备标准化、自动化水平高,沼气发
电能量转化效率高,每立方米沼气可发电 2.2kW·h,年稳定运行时间达
8 000h 以上。2011 年以后,德国开始由沼气发电向生物天然气利用方式转变。
德国沼气发电厂装机容量的发展情况如图 3-3 所示。

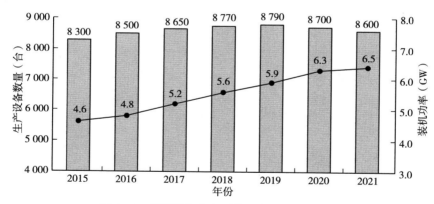

图 3-3　德国沼气发电厂装机容量的发展情况
注:2021 年数据为估计值。

在可再生能源政策的鼓励下,欧盟的沼气产量有所增加,除了气候、环境
和经济效益之外,2019 年沼气产量达到 158 亿 m³,占全球沼气产量的一半。
欧盟已经拥有超过 1 000 万 kW 的沼气发电装机容量,建设了超过 1.9 万个沼
气发电厂。2015 年,欧盟有 127 万亿 kJ 的热量及 61 亿 kW·h 的电量产自沼
气,欧洲约有一半的沼气被用于供热。欧盟在沼气的产量方面也是世界领先
的,用作车辆燃料或并入天然气管网。2020 年,欧盟 729 家沼气厂生产了 24
亿 m³ 的沼气,340 家沼气厂被并入天然气管网,输送能力为 150 万 m³,约有
694 个加气站,1.6 亿 m³ 生物天然气被用于车辆燃料。欧洲生物天然气(沼

气）产气量见图 3 - 4。

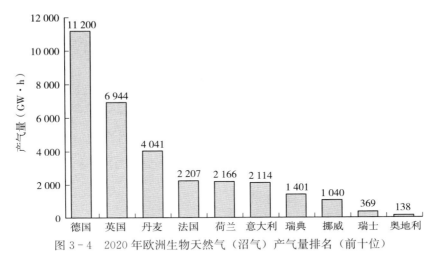

图 3 - 4　2020 年欧洲生物天然气（沼气）产气量排名（前十位）

长期以来，许多欧洲国家（尤其是德国），将发电或热电联产作为生物天然气项目的主要内容，这种模式在过去几年一直在发展，特别是在意大利、丹麦、瑞典和德国。根据欧盟在 2022 年 9 月 28 日发起的生物甲烷行业伙伴关系（BIP）中提出的目标，到 2030 年欧盟要实现年产 350 亿 m^3 生物天然气的目标，并在 2050 年进一步提高上述目标。

3.3.2　美国

第一次能源危机后，美国以生产能源为主要目的，大约建造了 140 座沼气工厂。但由于设计不规范、安装不合理、管理不善等问题，很多沼气工厂已报废或停止使用。2000 年以后，迫于环境保护的压力，为实现节能减排，美国农业部（USDA）、美国国家环境保护局（USEPA）、美国能源部（USDOE）共同推出"农业之星计划"（AgSTAR）项目，建立沼气项目发展服务管理平台，提供沼气工程建设的政策、法律、技术、设备和市场服务信息。美国政府和各州也制定鼓励发展沼气工程的项目和提供财政支持。因此，养殖场沼气工厂数量和沼气能源产量大幅增长，2014 年之后，沼气工厂数量和沼气能源产量趋于稳定（图 3 - 5、图 3 - 6）。据 USEPA 统计，2022 年全美正常运行的处理养殖废弃物的沼气工程约 320 处，但养殖场沼气工程潜力超过 8 000 处，其中约 66％为养猪场沼气工程。所以，美国养殖场特别是养猪场沼气工程还有很大的发展空间。2022 年，美国养殖场沼气工程发电量约 1 750GW·h，另有小部分不发电的沼气工程产生沼气能源约 750GW·h。

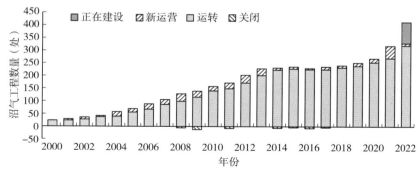

图 3-5　美国养殖场沼气工程数量（数据更新至 2022 年 5 月）

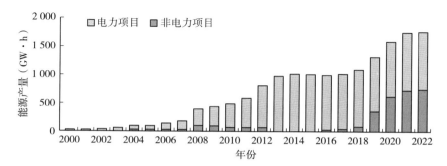

图 3-6　美国畜禽养殖场沼气工程能源产量

注：图中数据更新至 2022 年 5 月；非电力项目包括用于锅炉或管道分配的沼气；
CNG（主要用于车辆燃烧）不包括在这些数据内。

从沼气的用途来看（图 3-7），热电联产是最主要的应用方式，有 125
处，占比接近 50%，其次是发电，有 90 处，占比约 35%，其余用途还有用作

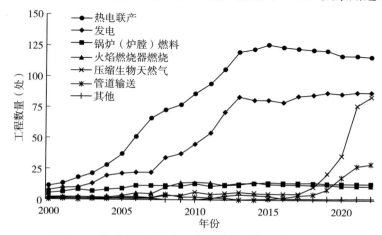

图 3-7　美国养殖场沼气工程生产的沼气用途发展趋势

锅炉（炉膛）燃料、生产压缩生物天然气、管道输送等。进入 21 世纪后，可再生能源政策的实施促进了热电联产和发电的沼气工程数量的大幅度增长。沼气发酵装置的工艺方面，42% 的沼气工程采用推流式发酵工艺、35% 的沼气工程采用完全混合式厌氧消化工艺、17% 的沼气工程采用覆膜式氧化塘，另外还有少量的厌氧序批式反应器、厌氧固定生物膜反应器等。

3.3.3 日本

日本的沼气建设、厌氧消化技术的研究已有多年历史，污泥厌氧消化技术在日本的应用要追溯到 1932 年日本第一座污泥厌氧消化池在名古屋投入运行，随后在东京、大阪和京都等地陆续开始建设。第二次世界大战期间，日本开始研究提纯沼气作为汽车燃料；20 世纪 70—80 年代日本出现能源危机时，日本政府更为重视沼气工程的建设；日本国会在 2002 年通过了《日本生物质综合战略》，其中明确提出要开发厌氧消化等将含水率较高的生物质转化成能源的技术。受此政策的影响，用厌氧消化技术处理有机废水和有机废弃物在日本越来越普及。目前，虽没有专门管理沼气工程的机构，但有关大学、科研单位都在进行研究，他们申报的研究项目一般均能被政府部门批准，如文部省、农林水产省、通产省、建设省等均有资助项目。能源资源研究会、水质研究会、微生物学会、农业工程学会、太阳能利用学会、畜产学会、环境学会、化学检验学会、发酵工业学会及卫生工学会等都把沼气研究作为自己的学术研究内容之一。

根据日本经济产业省出台的数据，2010 年沼气燃料电池市场规模达到 1 万亿日元，2020 年达到了 8 万亿日元，成为日本的支柱产业。日本主要利用垃圾、粪污、食品垃圾等生物质进行发电，以解决环境污染和能源紧缺的问题。据国际能源署（IEA）2010 年统计，2008 年和 2009 年日本可再生能源的贡献见表 3-1。

表 3-1 日本可再生能源的贡献

项目	可再生能源的贡献	
	2008 年	2009 年
主要能源供应总量（ktoe）	495 838	473 685
沼气能源的贡献（ktoe）	128	97
沼气、液体生物质能发电量（GW·h）	15 079	11 842

注：ktoe 为千万吨石油当量，1t 石油当量相当于 2 000m³ 沼气。

日本一些农民已经开始利用沼气技术将农业废弃物转化为盈利的生物质能

源，但与可再生能源（如太阳能或风能）相比，沼气工程的建设初期需要相当大的资金投入。尽管如此，日本地方政府还是对沼气发电技术非常重视，因为它既可以解决畜禽粪污的污染问题，又可以提供能源。据日本中央政府自然资源和能源局统计，截至 2016 年 11 月，日本全国共有 179 个沼气发电项目得到认证，其中 85 处设施已开始运营。

沼气工程在日本主要用于城市污水处理。20 世纪 60 年代和 70 年代，随着污水网在日本的迅速普及和铺设，厌氧消化技术在城镇污水处理厂得到了广泛应用，其间大约有 180 座城镇污水处理厂采用厌氧消化技术处理污泥。但是，根据日本环境省资料，厌氧处理污水工程的数量在逐年下降。这是因为，焚烧已经成为污泥处理的主要方式，许多污水处理厂都不再设有沼气池。

近年来，以畜禽粪污为主要原料的沼气工程在日本得到普及和推广。根据新能源产业技术综合研究机构 2005 年统计，日本 70 处以畜禽粪污为主要原料的沼气工程中有 66％ 的沼气工程在北海道。2010 年李玉友等发表的论文中给出了 2005 年日本以畜禽粪污为原料的沼气工程的分布图以及 2005 年日本畜禽粪污沼气工程运行情况统计。

3.3.4　印度

印度是亚洲沼气发展较早、水平也较高的国家。作为一个能源净进口国，在 20 世纪 70 年代石油危机之后，印度就出台了一些政策来扶持沼气技术的发展。1981 年，印度第一个国家层面的沼气项目（NPBD）颁布实施，规定国家对小型沼气工程的安装建设给予一部分补贴。1995 年，国家开始支持从市政、工业和农业废弃物中回收能源的项目。2006 年，印度新能源和可再生能源部将 NPBD 修改为"国家沼气和粪便管理项目"（NBMMP）。同年，为促进偏远地区分散式电能供给，印度新能源和可再生能源部启动了非上网沼气发电项目（3～250kW），财政资金主要为国有或私人企业建设沼气发电或电与生物天然气联产项目提供支持。2016 年，印度政府实施了新的税收政策，提倡电力生产企业大规模利用废弃物生产电能。在政策的引导下，虽然印度的沼气工程建设取得了一定的成绩，但有资料表明，在经济效益、社会文化、技术和施工水平等方面还存在一定的问题。

在印度，《国家沼气和粪便管理方案》鼓励户用沼气的发展，用于生产家庭燃料或有机肥料。2014 年，印度建设了 475 万座农场规模的沼气厂，但其建设潜能为 1 200 万座沼气厂，每年可产生超过 100 亿 m³（约 3 000 万 m³/d）沼气。到 2015 年印度沼气厂的装机容量达到 179MW，2016 年达到 187MW。

3.3.5　巴西

　　根据巴西国家沼气注册机构统计，2015 年巴西有沼气工程 127 处，这些沼气工程每天可以产生沼气约 164 万 m^3。此外，还有 22 处沼气工程正在计划或建设，有 10 处沼气工程正在改造。技术方面，正在运行的沼气工程中，有47% 采用农业废弃物作为发酵原料，34% 采用工业废弃物作为发酵原料。但从沼气的来源来看，则 43% 的沼气来自有机垃圾的发酵，29% 的沼气来自农业废弃物的发酵，22% 的沼气来自工业废弃物的发酵（表 3-2）。沼气的用途方面，49% 的沼气工程产生的沼气主要被用作燃料，44% 的沼气工程产生的沼气被用于发电。然而 65.5% 的沼气被用于发电，31.3% 的沼气被用作燃料。此外，还有部分沼气被用于转化机械能或生物天然气（表 3-3）。据专业机构估算，巴西的沼气发展潜力巨大，农业废弃物、工业废弃物、有机垃圾等原料的沼气产量和沼气发电机装机容量发展潜力均为目前数量的 10 倍以上。

表 3-2　巴西沼气工程发酵情况

原料类型	沼气工程数量（处）	数量占比（%）	沼气产量（m^3/d）	产量占比（%）
市政污泥	7	5	85 052	5
混合原料	8	6	13 905	1
农业废弃物	60	47	469 038	29
工业废弃物	43	34	368 206	22
有机垃圾	9	7	705 190	43
合计	127	100	1 641 391	100

表 3-3　巴西沼气工程产生沼气的主要用途

沼气用途	沼气工程数量（处）	数量占比（%）	沼气产量（m^3/d）	产量占比（%）
发电	56	44	1 075 627	65.5
燃料	62	49	513 507	31.3
转化机械能	6	5	45 377	2.8
生物天然气	3	2	6 880	0.4
合计	127	100	1 641 391	100

3.3.6　阿根廷

　　在阿根廷，沼气技术发展已有 20 余年。2000 年以后，阿根廷政府在可再生能源生产、温室气体减排和环境污染治理方面出台了一些激励政策，这些政策也促进了沼气工程的建设和沼气的大规模利用。但是相较于巨大的沼气生产潜力，沼气的发展还没有达到成熟的水平，有技术水平的原因，也有与能源价格相关的经济原因。根据国际工业技术研究所的一项研究统计，2016 年阿根廷有不同规模、不同技术水平、不同用途的沼气工程 109 处。在对其中 62 处沼气工程调研的过程中发现，有 33 处工程为企业投资建设、25 处为政府投资建设，其余为非政府组织投资建设。以工业废弃物为发酵原料的沼气工程数量最多，有 24 处，占比为 38.7%；17 处沼气工程采用市政废弃物作为发酵原料，占比为 27.4%；16 处沼气工程采用畜禽养殖废弃物作为发酵原料，占比为 25.8%；另有少量沼气工程采用农作物秸秆和其他生物质作为发酵原料。对 62 处沼气工程的沼气用途分析结果表明：27 处沼气工程产生的沼气被用作燃料；2 处沼气工程沼气被用于发电；7 处沼气工程的沼气一部分被用于发电，一部分被用作燃料；另有 26 处沼气工程产生的沼气没有被利用。

拉丁美洲农村地区建立起了很多农用或户用沼气厂，并且也从填埋气中提取沼气。拉丁美洲及加勒比地区沼气发展网络（RedBioLAC）促进玻利维亚、哥斯达黎加、厄瓜多尔、墨西哥、尼加拉瓜、秘鲁建设小型沼气池。玻利维亚是拉丁美洲最大的沼气生产国，建设有 1 000 多个户用沼气厂。哥伦比亚、洪都拉斯、阿根廷利用棕榈油磨坊和大型农场的废水为原料，已经建造了大规模的沼气厂。巴西有 127 个沼气厂，主要原料为农业和工业废渣、生物废料、污水污泥和填埋气，日产气量约为 160 万 m³（年产气量 58 400 万 m³），在 2015 年可提供能源 3 835kW·h。在过去几年中，沼气装机容量大幅增加，2015 年达到 196MW，2016 年达到 450MW。

3.3.7 东南亚与非洲地区

20 世纪 70 年代末，东南亚一些国家出台了一些政策以强化环境污染治理。此后，针对可再生能源生产和温室气体减排两方面问题，东南亚部分国家也颁布了一些激励政策。这些政策都间接地支持了沼气技术的推广应用。近些年，在欧洲沼气工程发展稳定后，东南亚逐渐成为沼气工程发展的新兴市场。在技术方面，农业废弃物仍然是东南亚国家沼气工程最主要的发酵原料，其中畜禽粪污占比很大。另外，东南亚国家中印度尼西亚的棕榈油产量常年占世界总产量的一半左右，马来西亚棕榈油产量占世界总产量的 1/3 左右，因此，棕榈油在东南亚地区也是一种重要的发酵原料。从发酵装置种类来看，东南亚大量沼气工程采用覆膜式氧化塘作为沼气发酵装置，还有与欧洲类似的产气储气一体化发酵装置。相对于欧洲、中国的沼气产业，东南亚沼气还处在快速发展的初期，预计将来沼气工程数量和沼气产品的产量将有迅速的发展。

越南的畜牧部门从 2003 年开始支持商用沼气发展，截至 2014 年底，支持建设了 183 000 座沼气厂。2006 年孟加拉国出台农村和电网外地区国家户用沼气及粪肥实施方案，截至 2014 年底，已建设 3.6 万口户用沼气池，用于生产家用燃气。据估计，孟加拉国目前有 500～600 个商业沼气工程正在大中型农场运营，主要用于发电。斯里兰卡已建成约 6 000 座家用沼气厂。巴基斯坦已建成 4 000 座沼气厂。

非洲地区废弃物产生量较大，但沼气技术却不如其他地区发达。布隆迪、博茨瓦纳、布基纳法索、科特迪瓦、埃塞俄比亚、加纳、几内亚、莱索托、肯尼亚、纳米比亚、尼日利亚、卢旺达、塞内加尔、南非、乌干达和津巴布韦等国家部分地区建设了沼气池，卢旺达、坦桑尼亚、肯尼亚、乌干达、埃塞俄比亚、喀麦隆、贝宁、布基纳法索等国家正在实行某些国家沼气计划。此外，荷兰外交部及荷兰发展组织（SNV）支持非洲实行沼气合作伙伴方案（ABPP），在埃塞俄比亚、肯尼亚、坦桑尼亚、乌干达和布基纳法索 5 个非洲国家支持发展沼气工程，该方案已支持这 5 个国家建立了近 1.6 万座沼气厂，其中肯尼亚16 419 座、埃塞俄比亚 13 584 座、坦桑尼亚 13 037 座、乌干达 6 504 座、布基纳法索 7 518 座。非洲"沼气改善生活"到 2020 年建设 200 万口家庭沼气池，以取代传统的木材和木炭等传统家用燃料，并为 1 000 万非洲人提供清洁家用能源。据估计，从技术角度来讲，非洲户用沼气厂的建设潜力为 1 850万座。

3.4　国外生物天然气发展特点及未来趋势

3.4.1　生物天然气快速发展

2021 年欧盟国家沼气和生物天然气的总产量达到 18.4 亿 m^3，占 2021 年欧盟天然气消费量的 4.5%，其中生物天然气产量达到 3.5 亿 m^3，比 2020 年增长了 20%。近年来，欧盟经历了化石天然气价格极度波动，已经决定加快可再生能源生产以减少对俄罗斯天然气的依赖。生物天然气是其中一条重要路径。目前，欧盟生物天然气产业模式主要有四种。一是生物天然气并入燃气管网。自 2004 年瑞典率先将生物天然气并入天然气管网以来，哥德堡等城市已实现居民燃气由生物天然气全覆盖。瑞典提出到 2050 年，天然气将完全由生物天然气代替。二是车用燃气加气站销售。瑞典率先开发车用生物天然气，据统计，瑞典有 195 个生物天然气加气站，44 000 辆小汽车、1 800 辆公交车及

600 辆大型货车使用生物天然气，生物天然气的 60% 用于车辆，生物天然气在车用燃气中占比达到 91.3%。奥地利大约有 1 万辆使用生物天然气的新能源汽车，建设了 149 个压缩天然气站。三是沼气、生物天然气发电。全球沼气、生物天然气主要用于热电联产发电，并进入国家电网系统。德国 8 400 个沼气厂每年供电能力达到 27.8TW·h。丹麦沼气、生物天然气发电占天然气总用量的 25% 以上。四是为农村住宅供给热能。德国有超过 1 200 家热电联产装置使用生物天然气，每年供热能力达到 13.6TW·h。2020 年，巴西约 8% 的沼气被用于产生热能，为住宅提供供暖服务。

3.4.2　技术装备持续升级

发达国家沼气产业市场化程度很高，从原料收集到终端产品输送，整个产业链上的相关技术、设施、装备都具有雄厚的制造业基础，并且龙头企业均拥有较强的技术创新意识，逐步推动沼气技术升级。一是原料范围逐步扩大，已不限于农业废弃物。欧洲沼气工程广泛将工业废水以及市政污泥、餐厨垃圾、畜禽粪污、能源植物等有机废物作为原料。以德国为例，德国农业沼气工程发酵原料主要有 54% 的能源作物（即青贮玉米）、41% 的粪污以及 4% 的其他农业废物。大约 95% 的农业废弃物沼气工程采用混合原料发酵。挪威沼气生产原料主要来自家庭和工业的污水污泥和食物废物，同时海洋废物逐渐成为挪威沼气产业的另一项原料来源。二是发酵工艺逐步升级，干法发酵成为重要方向。全球范围内厌氧发酵工艺以全混式厌氧发酵为主，占沼气工程总数的 90% 以上。目前运行的沼气工程可在含固率 10% 的条件下稳定运行，中温发酵装置产气率为 1.5~1.8m³/（m³·d），高温发酵装置产气率为 2.0~3.0m³/（m³·d）。但总体上来看，湿法发酵工艺沼液产生量大、占地广、投资较高，并且随着沼气原料逐步从高含水率的畜禽粪污向低含水率的秸秆、市政垃圾等拓展，原有的全混式湿法厌氧发酵工艺也逐渐不适应。采用干法厌氧发酵工艺，容积产气率可达到 2.0~6.0m³/（m³·d），并且基本不产生沼液，无二次污染风险。近年来，欧盟发达国家超过 60% 的新建沼气工程选用高含固率（干法）厌氧发酵技术，这已经成为处理固体废弃物的热门技术手段。三是全链条技术升级迭代，全链化、装备化、智能化成为发展趋势。德国、英国、瑞典等国家在厌氧发酵工艺装备开发、高效自控技术、装备标准化设计生产等方面均处于国际领先水平，并不断向规模化、集约化、工厂化的方向发展。2022年的国际畜牧展上，来自德国的 6 项沼气工程技术获得分布式能源（Energy Decentral）技术创新奖，分别从粪污固液分离、生物天然气提纯同步二氧化碳液化、高效离心泵和搅拌器、热电联产工程集成技术管理、沼气发酵过程监测、二氧化碳核证技术等方面取得突破性进展，推动行业技术进一步向集成化、智能化方面进步，系统提升沼气工程运行效率。

3.4.3　政策工具更加丰富

发达国家主要采用财政补贴、税费减免、配额控制等综合扶持政策，促进沼气行业发展，已经取得了较好成效。这些政策主要分为六类。一是实行沼气产品准入制度。2022 年欧盟通过《可再生能源指令》第三版，其中第十五条第六款规定，所有生物天然气必须签订来源担保证书，明确生物天然气来源。通过这种方法为部分或全部并入天然气管网的生物天然气发放绿色燃气证书，进一步加强生物天然气绿色生产，并将这些证书用作发放补贴的依据之一。二是终端产品收购补贴。欧盟通过立法要求电网企业按国家核准的电价全额收购可再生能源电力。三是配额制。配额制规定电力公司在生产或供应时必须要有一定比例的可再生电力。2003 年，瑞典规定用户的可再生电力的购买比例是7.4%，在 2010 年增加至 16.9%。四是实行投资补贴。奥地利每年为新建的沼气工厂提供 1 000 万英镑。美国加利福尼亚州政府每年拿出 9 000 万美元用于奶牛场新建厌氧消化系统的补贴，其中单个项目的补贴上限达到了整个系统建设成本的 50% 或者 300 万美元。五是实施税费减免。欧盟国家对能源消费征收较高税费，包括能源消费税、二氧化碳税和二氧化硫税等，但对可再生能源利用免征各类能源税。瑞典对生物天然气免征化石燃油使用税，减征沼气企业增值税，斯德哥尔摩等大城市免征使用生物天然气车辆拥堵税和停车费。六是碳排放交易制，通过清洁发展机制（CDM）交易，沼气工程能够获取更高的收益，政府也可以从 CDM 交易中获利，政府收入又可以反过来补贴沼气工程建设。

3.5　国外生物天然气典型工程

3.5.1　德国柏林市政废弃物管理公司 (Berliner Stadtreinigung, BSR)

柏林市政废弃物管理公司（BSR）是最早采用生物垃圾桶系统的公司之一，近 20 年来一直负责收集市政有机废弃物。BSR 利用柏林市的部分有机废弃物生产生物天然气，并以此为柏林市 150 辆垃圾收运车提供燃料。柏林的BSR 沼气厂如图 3-8 所示。

图 3 - 8 柏林的 BSR 沼气厂

沼渣、沼液多被用作肥料。生物天然气车辆的广泛使用提高了人们对有机废弃物作为能源利用潜力的认识。BSR 沼气装置关键数据详见表3 - 4。

表 3 - 4 BSR 沼气装置关键数据

项目	关键数据
开始运营时间	2012 年
并入管网生物天然气量	3 600 000m³/年
沼气净化提纯技术	氨洗涤塔
原料基质（市政有机废弃物）	60 000t/年
沼渣	19 000t/年
沼液	30 000t/年

3.5.2 德国 GraNott 公司（Grabsleben 村沼气厂）

Grabsleben 村的沼气和生物天然气厂由农民和区域燃气公司共同所有。其中，沼气厂和热电联产机组由农民所有并运营，沼气至生物天然气的净化提纯厂则由区域燃气公司所有并运营。Grabsleben 村沼气厂的原料来自农民合作社的农业废弃物以及当地农民和其他外部来源的鸡粪。生产的沼气中约有50％用于电网并网的本地发电，约有 50％用于净化提纯和天然气管网并网。Grabsleben 村沼气厂如图 3 - 9 所示。

图 3 - 9　Grabsleben 村沼气厂

Grabsleben 村沼气厂从电力市场购买其运营所需的电力，并收取其所发电力的上网电价。尽管沼气厂始终是净发电方，但通常情况下，沼气厂会以较高的价格出售全部发电电力，然后从电网购买电力。热电联产机组产生的部分热能（30%～50%，不同季节比例不同）并不用于出售，而是在现场用于干燥沼渣、沼液和运行有机朗肯循环（ORC）机组（低温余热发电），并为沼气净化提纯的氨洗涤塔提供运行所需热能。将生产的沼气出售给当地的一家燃气公司，而该公司经营的则是位于沼气厂的净化提纯厂，也就是说，现场即可转运。随后，燃气将被并入天然气管网并在德国各地出售。沼气厂关键数据详见表 3 - 5。

表 3 - 5　Grabsleben 村沼气厂关键数据

项目	关键数据
开始运营时间	2010 年
并入管网生物天然气量	约 6 000 000m³/年（仅部分沼气净化提纯）
沼气净化提纯技术	氨洗涤塔
原料基质	45 000t 年（能源作物）， 40 000t/年（猪粪）， 20 000t/年（鸡粪或牛粪）
沼渣、沼液肥料	约 95 000t/年

3.5.3　德国汉堡市污水处理厂

汉堡市污水处理厂的废水处理量居德国首位。为了促进沼气生产，厌氧发酵的污水污泥中额外添加了餐厨废弃物和生物柴油生产的副产品甘油等混合基质。生物天然气被以生物天然气或天然气混合气的形式出售给汉堡市居民。天然气燃机联合循环水处理厂如图 3-10 所示。

图 3-10　天然气燃机联合循环水处理厂

污水污泥不直接被用作肥料，而是在专用焚烧厂被单独焚烧。这样可提高焚烧灰中的养分浓度，并可通过养分分离技术进行农业方面的再利用（尤其是磷的再利用）。不过，养分循环利用技术仍在不断发展，并且在获得丰厚利润之前仍需不断改进。根据政府要求，规模等级大于 10 万人口当量的废水处理厂必须进行磷的再利用，而相关技术目前尚处于试验阶段。处理厂关键数据详见表 3-6。

表 3-6　汉堡市污水处理厂关键数据

项目	关键数据
开始运营时间	2011 年
并入管网生物天然气量	约 2 500 000m³/年
沼气净化提纯技术	氨洗涤塔
原料基质［污水和混合基质（餐厨废弃物和生物柴油生产的副产品甘油）］	158 700 000m³/年
焚烧污水污泥	35 400t/年

3.5.4　德国 BEB 柏林生物质能有限公司（BEB）

BEB 是车库式干发酵技术的典型案例，通常采用青贮秸秆混合牛粪作为

原料进行沼气发酵。发酵装置为车库式发酵仓，共计 8 座发酵仓，单座容积
1 000m³、堆填 2/3 容积，采用铲车进行进出料操作，每库 3d 循环操作一次，
发酵温度为 42℃，另配套一座 1 200m³ 的缓冲池作为车库式发酵仓循环液的
第二次发酵池（工程 60% 的产气来自该池）。工程建设了一座容积 1 000m³ 的
储气柜，两台单台 250kW 的发电机组进行沼气发电上网、余热回收加温发酵
池，另于工程 1km 外的村庄内安装一台 100kW 的发电机发电供给村民用电，
余热生产热水供村民使用，工程产生的沼渣、沼液作为周边 3 000hm² 农田的
有机肥使用。整个工程采用了在线监控系统，监控设备运行情况、发酵温度、
沼气成分、发电输出情况等，自动化程度很高，仅配备一名管理人员。

　　BEB 典型案例工程建设于一处拥有 300 头奶牛、400 头母猪以及 350hm²
农田的农场内，发酵原料有牛粪、猪粪、青贮秸秆，发酵方式采用车库式干发
酵与全混湿发酵相结合的方式，车库式干发酵仓单池宽 3.5m、高 3.5m、长
15m，共计 4 座，每周进出料 3 次，4 周一个循环，每库每次装填 20t 青贮秸
秆，每库顶部装设 8 个喷头、半小时循环水喷淋一次，发酵温度为 40~45℃，
湿发酵采用全混发酵池，单池容积 1 500m³ 的全混发酵池有两座，将干发酵后
的沼液也纳入全混发酵池进一步发酵处理，该工程安装两台单台 250kW 的发
电机组进行沼气发电上网、余热回收加温发酵池，目前根据德国《可再生能源
法》发电上网补贴 0.2 欧元/（kW·h）[约折合人民币 1.6 元/（kW·h）]。

3.5.5 国外生物天然气发展趋势

　　德国、英国、瑞典等国在干法、湿法厌氧消化工艺装备开发、高效自控技
术、装备标准化设计生产等方面处于国际领先水平，开发了系列干法发酵设
备，并且从原料收集到终端产品输送，整个产业链上的相关设施装备都具有雄
厚的制造业基础，并不断向规模化、集约化、工厂化的方向发展。

　　2009 年德国《可再生能源法》修正条例进一步鼓励扩大沼气产量。基于
《可再生能源法》结构下的补贴政策，小沼气厂的建设成为趋势，但大规模沼
气厂仍会继续建设。沼气或生物天然气通过天然气管网的输送和发电成为重点
关注领域。对于设计用于发电的沼气厂而言，在能源不被浪费的情况下，投入
热电联产设备在提高能效、增加收益方面也越来越重要。只要沼气厂附近没有
潜在的散热装置，那么热电联产装置就可安装在需要供热的地方。热电联产装
置既可以通过天然气管网输送提纯后的沼气，也可以通过微型沼气输送网传输
脱水脱硫后的沼气。

　　因此，广泛把沼气提纯为生物天然气然后并入天然气管网，不仅可以发
电，还可利用目前已有的生物天然气供热或用作车辆燃料。这样使用的灵活度

也是生物天然气相较于其他能源而言一个主要的优势。就供热功能而言，除了规模较小的污水处理厂将沼气用于工厂流程供热以外，生物天然气未来的发展趋势很大程度上取决于消费者的购买意向（目前生物天然气的价格高于沼气）以及未来的政策和法律走向。就用作车辆燃料而言，德国沼气行业 2010 年 10％的生物天然气被用作车辆燃料。2020 年，这一数字上升到 20％。

然而，生物天然气的发展也面临一些问题和挑战。首先，生产成本及公共补贴的相关成本使得生物天然气的价格大概是传统天然气价格的 4 倍。近期发布的法国中期能源战略计划（PPE）虽然为生物天然气行业的发展提供了很好的契机，但发展的前提是大幅下调成本。与此同时，需求量目标也由原来的到 2030 年占天然气总需求的 10％下降到 7％，这也限制了生物天然气的发展。PPE 希望到 2028 年生物天然气的产能达到 14 亿～28 亿 kW·h（目前是 1 亿 kW·h），它的上限取决于能否在 2028 年之前将成本从目前的 95 欧元/（MW·h）减少到 67 欧元/（MW·h），在 2030 年之前下降到 60 欧元/（MW·h）。但这却加剧了行业从业者及农业利益相关方的不满情绪，尤其是过快的转向拍卖方式使得很多工程没有足够的时间建立适当规模的生物天然气工程以降低成本，而且也没有考虑工程的其他外部积极影响，比如给农村地区创造就业等。总而言之，发展的挑战在于降低投资成本、降低运营成本、优化原料供求关系、提升可替代作物原料的供应能力、提高工厂效益、促进低碳发展，以及增加并量化经济及环保效益，例如沼液、沼渣的商业化利用。与其他再生能源不同的是，沼气与生物天然气对工程规模的要求不高，太阳能、风能等可再生能源都是规模越大成本越低。此外，如何准确评估资源的可使用性、优化原料供给以降低成本（需求量越大运输成本就越高）、保证原料的稳定性及充足性也是沼气和生物天然气行业面临的又一大挑战，尤其是面临进一步发展间作能源作物的知识和经验需求。

其他挑战还包括社会接受度：对臭气污染、土地并用及其他风险的担忧不仅会影响项目进度，还会导致项目被叫停或者遭受强烈反对。此外，对运输进料及沼渣的车辆的影响也不容忽视，因为它的整体碳排放足迹及社会接受度都有待考核。

在欧洲能源转型和沼气行业发展的这一转折点上，法国国际关系研究所（IFRI）能源中心召集众多一流专家，重点关注了 3 个在沼气和生物燃料方面拥有长期或非常先进经验的欧盟成员国。研究旨在更好地了解丹麦、德国、意大利的沼气发展情况，评估行业面临的机会和挑战，各利益相关方应如何处理这些问题，以及对未来有意向建设大规模生物天然气工程的国家有哪些借鉴意义。这项研究还讨论了下一个沼气发展市场，并旨在更好地评估 2030 年整个欧盟范围内的生物天然气生产潜力，欧洲沼气协会将其定为 500 亿 m³，为 27

个欧盟成员国目前需求量的 $10\%\sim15\%$，到 2050 年达到 980 亿 m^3。

3.6　欧洲生物天然气产业标准发展

2010 年建立了第一个国际标准委员会 ISO/TC255，制定了《沼气生产、调节、提纯和利用 术语、定义和分类方案》（ISO 20675：2018），该标准的制定工作始于 2015 年 6 月。美国国家标准协会 ANSI 制定了《沼气池、填埋气和沼气生产利用规范》（ANSI/CSA - B149.6 - 15，2015）。

奥地利制定了两项沼气标准——《沼气厂—第 1 部分：术语、定义和基础》（OENORM S 277 - 1：14 - 03 - 01）和《沼气厂—第 2 部分：技术规范》（OENORM S 277 - 2：14 - 03 - 01），两者均为沼气工程标准。

俄罗斯制定了沼气标准《非传统技术、有机废弃物热力学、沼气设备通用技术规范》（GOST R 53790—2010）。

瑞典标准化委员会（SIS）制定通过了《汽车燃料—富甲烷气体作为高速内燃机的燃料—要求及测试方法》（SS 155 438：2015）。该标准主要规定了生物天然气工程的产品车用燃气的质量要求和检测方法。

相比之下，德国的沼气标准体系更加完备。据调查，德国现行沼气标准共有 35 项：其中德国标准化协会（DIN）标准 3 项，德国燃气与供水工业技术和科学协会（DVGW）标准 12 项，德国水、污水和废弃物处理协会（DWA）标准 8 项，德国工程师协会（VDI）标准 8 项，德国技术规范（TRGS）标准 1 项，德国机械设备制造业联合会（VDMA）标准 2 项，德国专业安全协会（VdS）标准 1 项。这些标准涉及沼气工程的原料储存、设计、建设、运营和环境保护，厌氧发酵产气潜力测试和厌氧发酵技术，不同原料和不同产气规模的沼气工程的气体泄漏控制，沼气提纯技术，沼气并入天然气管网的输送管道和监测要求等。

欧洲标准化委员会（CEN）制定了两项生物天然气标准——《运输用天然气和生物甲烷以及注入天然气管网的甲烷·第 1 部分：注入天然气管网的甲烷的规范》（UNIEN16723 - 1 - 2016，2016 年 12 月 15 日发布）和《在运输中使用的天然气和生物甲烷以及在天然气管网注入生物甲烷·第 2 部分：机动车燃料规范》（NE16723 - 2 - 2017，2017 年 6 月 1 日发布）。编委会准备通过制定这两项生物天然气标准，对用作车用燃气和管道燃气的天然气和生物天然气进行规范。

国外沼气标准主要集中在工艺基础标准、通用标准和专业标准以及工艺设备标准方面，关于项目安全标准、环境标准以及后续沼气池浆体处理的标准较少。生物天然气净化技术标准、天然气管网标准、发电标准、车用燃气标准尚未形成较为系统的标准体系。

3.7　国外生物天然气发展的启示

3.7.1　政策上的启示

生物天然气产业的发展很大程度上取决于国家政策，凡是生物天然气产业发展迅速的国家，都有相应的激励政策。政府补贴是欧洲生物天然气产业化发展的主要推动力。以德国为例，其政府补贴贯穿生物天然气生产全过程，补贴类型也多种多样。除了基本的项目建设补贴外，还包括科技补贴、能源作物补贴、生态保护补贴、废弃物处理及污染物排放补贴等，这有效地弥补了生物天然气生产的成本劣势，激发了企业投资积极性。

中国的生物天然气发展始于农村沼气，早期的农村分散化小型沼气利用项目逐步向大型沼气发电项目和生物天然气厂发展。现阶段，中国生物天然气生产以城市垃圾、工业废弃物及畜禽粪污等为主要原料，以秸秆、农产品加工废弃物等为原料的大型生物天然气项目并不多，特别是结合农业废弃物资源化利用、农村环保与新型城镇化建设的项目，这与欧洲的生物天然气产业形成鲜明对比，有待国家法规政策的进一步引导和扶持。

欧洲的沼气发展主要以德国为例介绍：德国重视可再生能源的发展，把沼气产业发展提升为能源安全战略、环境、资源和可持续发展的重要目标来大力发展。

（1）德国的可再生能源发展决心和政策配套

德国可再生能源的发展目标：到 2050 年，一次能源消费总量比 2008 年降低 50%，电耗下降 25%。可再生能源年生产量比 2008 年提高 3 倍，生物质能提高 2.5 倍。温室气体排放比 1990 年减少 80%。到 2050 年，可再生能源发电量占总发电量的比例由 16% 提高到 80%，可再生能源占能耗的比例从 11% 提高到 60%，生物质能占可再生能源的比例由 17% 提高到 60%。

为了实现以上目标，早在 2000 年 4 月德国就颁布了《可再生能源法》，为可再生能源的优先生产、并网、传输与使用提供了法律基础，并制定了切实可行的补贴细则。在沼气领域，对生物废弃物加工厂产生的沼气、生物甲烷的补贴包括粪肥补贴、能源作物补贴、热能和电力补贴、特殊技术补贴（如生物废弃物、温室气体减排补贴）等。

值得指出的是，与中国的相关规定不同，该法案更支持小型农牧场沼气发电上网，实现了政策较好的覆盖性。法案规定小型沼气工程的单位容积投资高于大型沼气工程，减少对 500kW 以上沼气工程的补贴额度，增加对 75kW 以下且以粪污为主的小型沼气工程的补贴额度。基础入网电价补贴数额取决于沼气工程的规模（规模越小每度电价补贴数额越大），消费者支付传统电力与可再生能源之间的成本差价。

自 2000 年颁布《可再生能源法》后，德国于 2004 年和 2009 年分别进行了两次修订，第三次修订法案在 2012 年开始实施。该法案的要点是可再生能源具有进入能源供应系统的优先权；持续的长期补贴（20 年）保障投资者的利益；设置了为促进新技术应用的专门补贴，且新建的沼气工程每年基本补贴降低 1%；补贴计算简单，公众易接受；所有补贴费用来自用户电价的提高（约 5%），相较于传统电力的价格，可再生能源每度电较 2010 年提高 2.047 欧分（约合人民币 0.16 元）。

（2）"经济可行"是德国沼气发展的核心要素

《可再生能源法》经过多次修订，为德国沼气工程的发展提供了重要的政策支持，更好地指导了沼气工程的发展方向，促进了行业健康快速发展。优先生产、并网、传输、使用等保障了沼气的出路，长达 20 年不变的补贴政策使得农户可以向银行贷款并使用好的技术与设备，且保证了大、中、小型沼气工程盈利；其发电上网电价补贴从 0.104 欧元增加到 0.257 7 欧元（常规上网电价为 0.075 欧元）。银行为沼气工程投资业主提供了长期低息贷款，可以分 15～20 年归还，贷款额度可达工程建设总投资的 80%。目前，一个装机 250kW 的沼气发电工程，总投资 110 万欧元，每年获得利润约 60 万欧元，5～7 年可收回投资。

沼气工程建设带来的效益吸引了不同领域的人才和公司进入沼气行业，特别是调动了沼气生产商、电（管）网运营商、能源供应商投资的积极性，带动了沼气发酵装置、沼气发电系统及自动化控制系统等相关技术的发展和相关设备、产品工业化制造水平的提升，从而推动沼气产业迅速发展壮大。

沼气工程的发展速度主要取决于上网电价的补贴以及工程的盈利能力。由于发展沼气工程具有较强的盈利能力，多数农牧场建立沼气工程不仅是为了处理废弃物，更是为了生产可再生能源、增加收入。不断调整的政策导向促进了更多类型沼气工程的出现、更多新技术的应用及更加合理的农业种植结构的出现。因此在德国现有的沼气工程中，玉米青贮、秸秆等原料均作为沼气发酵原料不被浪费，有些农场甚至以青贮玉米为主体（占原料的 80%），形成以能源作物为主的沼气工程运行模式（图 3-11）。

2012 年实施的《可再生能源法》修订法案将提高运行效率、简化补贴方案、缩减核查成本、促进污染类原料应用、鼓励沼气工程分散布局以及利用沼气工程调整农业种植结构与增加农户收入等放在了首位。为规范沼气工程进一步健康发展，法案限制青贮玉米的利用量不得超过 60%，对粪污、园林修剪

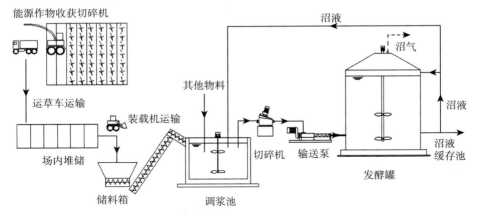

图 3-11　以能源作物为主的沼气工程运行模式

废弃物给予了更高的补贴额度；只对大型沼气工程提供沼气提纯补贴，不鼓励小型沼气提纯工程，同时保障大型沼气提纯工程的经济性。据德国银行（BBK）介绍，新的法案将有效提高沼气工程的效率，促进沼气工程分散布局，优化农业种植结构，未来农民的收入将有 1/4 来自沼气工程。

（3）由沼气发电向沼气提纯方向发展

①走非电领域应用之路

生物质能是唯一可直接转化为电、气、热、燃料等多种能源产品的可再生能源，对于生物天然气项目而言，还可以利用沼液、沼渣等副产物生产有机肥。放眼欧洲，生物天然气在产业起步阶段就确定了以规模化生物天然气工程替代传统化石能源的发展思路，坚持走高附加值发展道路，从需求侧为生物天然气创造优惠宽松的市场环境。随着可再生能源发电技术的进步，风力发电、光伏发电成本持续走低，据预测，到 2025 年其成本可低于燃煤机组上网电价，生物质能持续走发电之路不具备价格优势，因此，探索生物质能非电领域应用和循环梯级利用是未来生物质能发展的新方向。发展生物天然气、开创生物质能清洁燃气应用新领域、开发有机肥替代化肥巨大市场潜力是探索生物质能发展新道路的具体实践，有利于促进生物质能行业可持续健康发展。

②需规模化发展

德国沼气行业已经发展成集设计、生产、运营、服务、设备制造及出口于一体的专业化模式，大型沼气工程由专业公司运营管理，自动化程度高，运行成本低，这与德国以规模化沼气工程为重点的发展方向不无关系。根据欧洲沼气协会的调查报告，虽然德国《可再生能源法》对小型电站的补贴高于大型沼气电站，德国的单个沼气工程仍然朝着更大规模发展。推进全国生物天然气产业化发展，以规模化开发促进项目成本降低，通过提升系统效率、建立原料收集和产品销售商业模式，加快工程国产化进程，建立技术研发平台，健全装备制造体系，推动生物天然气工程技术进步和成本下降，形成全面战略性新兴产业。

③奖补政策设计须考虑退坡机制

德国《可再生能源法》在制定之初，以固定每千瓦时电入网电价的补贴模式支持可再生能源发展，没有设计与行业规模增长趋势相匹配的补贴退出机制，特别是《可再生能源法》出台后，技术储备和商业模式还未成形的背景下大量建设沼气发电项目，补贴政策的修订滞后于行业发展，补贴成本升高给国家财政带来巨大的负担。中国的生物天然气产业奖补政策设计需要考虑规模经济递增效应。随着生物天然气向着集约化、专业化、规模化的方向发展，有机肥替代化肥的市场潜力被开发，技术和装备体系逐步完善，生产运行成本逐渐降低，生物天然气产业可以发展形成自负盈亏的市场化商业模式，为了不给国家财政造成负担，同时避免补贴"闪退"对产业造成打击，生物天然气的奖补政策应设计合理的退坡机制。

④产业市场化须建立有机肥产业链

有机肥是生物天然气项目的两大产品之一，也是项目收益的重要来源，必须加以重视。一方面是因为绝大多数项目依靠单一生物天然气产品收入难以实现盈利，另一方面是因为沼液沼渣作为副产物必须进行回收利用，否则难以达到环保要求。生物天然气产业要探索市场化的商业模式，必须以有机肥产业链为突破口，依托国家有机肥替代化肥行动方案等产业利好政策，坚持以技术创新的方式提高有机肥产品品质，坚持以整县推进的方式建设配套设施设备，通过末端退坡补贴政策激励示范项目带动，循序渐进稳步培育有机肥市场，最终使生物天然气产业发展成为不依赖补贴政策的良性生态循环产业。

3.7.2　技术上的启示

从目前国外沼气工程发展来看，德国沼气工程质量可靠，工艺与管理成熟、规范，运行安全稳定，技术服务专业组织完善，质量标准检测体系健全。相关的发电设备、沼气的净化提纯、机械搅拌装置、自动控制系统、余热利用技术等具备专业化设计和市场化制造条件。沼气工程处理后的产品，发电并网热电联产或提纯生物天然气，主要注入天然气管网或供给加气站作为车用燃料。先进的沼气发酵与净化技术以及性能优良的配套设备支撑了德国沼气替代天然气的目标。

（1）原料种类丰富

欧洲沼气工程广泛使用能源作物、畜禽粪污、工业废水、市政污泥、餐厨垃圾等有机废弃物作为原料。以德国为例，德国农业沼气工程发酵原料有54％的能源作物（即青贮玉米）、41％的畜禽粪污以及4％的其他农业废弃物。大约95％的农业废弃物沼气工程采用混合原料发酵。

德国的沼气工程在很大程度上是由农业部门运作的。畜牧业产生的排泄物和残余物（所有类型的粪便）以及能源作物是主要的沼气原料。2004年和2009年《可再生能源法》中对能源作物发电的补贴、2009年《可再生能源法》中对粪污发电的补贴，以及2012年《可再生能源法》根据进料确认补贴等，都刺激了沼气厂使用这些原料。因此，以能源作物及粪污为原料的工程在2010—2011年得到发展。如今，德国固体粪污、液体粪污以及能源作物约占沼气原料的92％。根据原料的能量含量可知，能源作物的比例明显提高，因为其甲烷产量更高，沼气厂不同原料的质量和能量如图3-12所示。也就是说，沼气厂约78％的能源供应来自能源作物。在能源作物中，青贮玉米约占70％，用于生产沼气和生物天然气的能源作物分布情况如图3-13所示。其他部分主要是青草和全株青贮谷物，占8％。

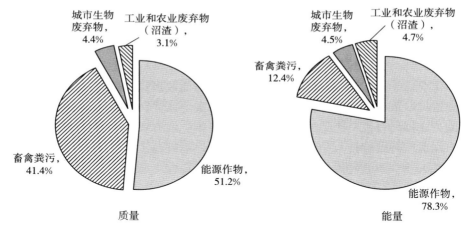

图3-12　沼气厂不同原料的重量和能量

注：数据为德国生物质能源研究中心（DBFZ）2015年的调查结果。

在德国，通过垃圾分类收集到的厨余垃圾以及餐厨垃圾（食堂、公司餐厅或餐饮业的剩饭剩菜）以及工业和农业废弃物对沼气的生产影响不大。就沼气厂的总数而言，厨余垃圾、餐厨垃圾的使用率不到3％。

分析表明，原料投入取决于工厂的装机容量。如果按平均原料投入计算，能源作物的比例随着工厂容量的增加而增大，而畜禽粪污的比例则相应减小。此外，城市有机废弃物、工业废弃物、商业废弃物和农业废弃物主要用于装机容量较大的工厂（＞500kW）。

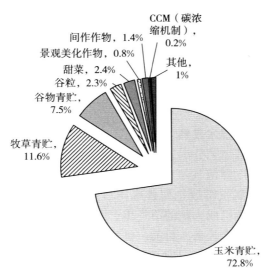

CCM（碳浓
缩机制），
0.2%
间作作物，1.4%
景观美化作物，0.8%
甜菜，2.4%
谷粒，2.3%
谷物青贮，
7.5%
牧草青贮，
11.6%
其他，
1%
玉米青贮，
72.8%

图 3-13   用于生产沼气和生物天然气的能源作物分布情况
注：数据为德国生物质能源研究中心（DBFZ）2015 年的调查结果。

在德国，建设沼气工程以获取能源为主要目的，在降低运行成本的同时追求最大原料产气率是这些工程最为重要的经济指标。从原料产气率角度分析，玉米、甜菜等的干物质产气率远远高于畜禽粪污的产气率。因此，德国沼气工程普遍为多种农业废弃物混合发酵，基本实现了农业废弃物的全利用。

（2）成熟的秸秆收集、储存、预处理配套技术

多种农业废弃物产沼气得以实现，与德国在秸秆的收集、储存、预处理等方面均开发了一系列成熟设备关系很大。以青贮玉米等青鲜秸秆为主的能源作物的收获、切碎、转运全部实现机械化。联合收获机在田间就把玉米等青鲜秸秆连秆带穗全部切成 10mm 长的碎段，并抛集到专用运草车的车厢中，再由运草车送到工厂青贮于堆储场。切碎后的青鲜秸秆堆密度提高了，减少了堆储空间，保障了青贮质量，也便于进行其他预处理。大型农场的小麦秸秆等干秸秆也在田间全部打成捆，然后运输到场区大型敞篷堆储场，堆储场配备完善的秸秆预处理设备系统，对秸秆进行破碎和其他预处理。为了降低秸秆收集、储存成本，不论是干秸秆还是新鲜秸秆，多数小型农场请专业的农机公司在田间打成圆捆，并且采用拉伸膜青贮或防雨。小型农场一般不建专用的秸秆储存场地，将打好捆包好膜的秸秆直接堆放在养殖场前后空地上，随用随取。也有部分小型农场把秸秆直接卖给沼气工厂。

秸秆原料和其他配料经过专用的干原料进料系统调节浓度和加热后，再被送入各个发酵罐。为了防止零星长草引起堵塞，开发出专用的管道切割装置。

预处理后，规模小一点的沼气工程将秸秆直接送入发酵罐与其他物料混合完成产气过程，因有搅拌装置，发酵池兼具调浆池作用。

从原料储存场到发酵原料调浆池之间，多数工程具有自动化的输送装置，降低了进料人工成本。输送装置主要有刮板输送链、螺旋输送器（有轴和无轴两种）、皮带输送机等几种形式，这一过程中的关键技术是确保原料自动定量、稳定顺畅地输送出去。

（3）厌氧发酵工艺技术成熟

欧洲主流厌氧发酵工艺分湿式发酵和干式发酵。湿式发酵的主流工艺为全混式厌氧反应器，占欧洲沼气工程的 90％ 以上。德国大型厌氧消化装置多为圆柱形立式全混式厌氧发酵罐，利普罐居多。针对高含固率物料，如市政垃圾、秸秆等，干式发酵已成为新的沼气生产发展方向，欧洲多家企业已经发展出成熟的生产工艺和成套装备。目前，已经能够成熟稳定运行的包括 Kompogas 中温、高温车库式干发酵，Bekon 中温、高温车库式干发酵、Dranco 竖向推流干发酵等。

根据所用原料的类型，采用不同的发酵技术进行生物质能转化。沼气生产技术通常是简单但高效的。最常见的技术是基于全混式反应器的湿法发酵。总的来说，大约 90％ 的沼气厂采用湿法发酵工艺，10％ 的沼气厂采用固体物质发酵工艺。其中大约有 1％ 的工厂是不连续运行的（批量操作、箱式或车库式发酵罐）。2016 年底，德国有 80～100 个间断运行的干式发酵厂（车库式或箱式发酵罐）。

除此之外，还有许多新的发酵系统。5％～9％ 的沼气厂采用水平推流的技术，主要用于能源作物的发酵。而环套环发酵系统等特殊技术只在少数沼气厂使用。产生的沼气经过收集和处理（干燥和去除硫化氢），通过热电联产装置提供电力和热能，或者提升到天然气质量并入天然气管网。

（4）沼气储存及利用

①气体储存调节

沼气储存系统被用于维持沼气生产和沼气利用之间的平衡。通常沼气应用的储气系统仅限于储存几个小时内生产的沼气，因为储存大量的沼气成本太高。现场沼气可以通过连接在沼气池上的柔性橡胶穹顶，利用外部气袋储存，或在加压罐中储存。到目前为止，沼气储存的容量是为短期的灵活性设计的，为沼气生产或沼气利用的浮动留有余地。沼气主要储存在沼气厂的储气罐中。也就是说，沼气储存在发酵罐内，沼液、沼渣储存在穹顶之下。其实只有大约 7％ 的沼气厂有外部沼气储存设施。2016 年（参考年份为 2015 年）的调查结果显示，约 30％ 的沼气厂安装了单层储存膜，另外 63％ 安装的储气膜是双层膜。

②发电

沼气可通过热电联产厂、燃气轮机、燃料电池和燃气锅炉来实现气体转换。在德国，热电联产是最广泛应用的技术，因为涡轮机和燃料电池的投资成本要高得多，而且在使用沼气时仍然会遇到技术问题。燃气锅炉很少使用，因为供电的收入远远高于供热的收入。因此，只有在极少数情况下才会使用沼气供热。

③提纯

另外，可以通过将沼气提纯为天然气并随后将其并入天然气管网来实现更高程度的灵活利用。在这种情况下，通过分离沼气生产和沼气利用过程来实现最大的灵活性。最后，提纯后的沼气可以通过天然气管网被输送到天然气转换点。想要将沼气提纯为生物天然气，基本上需要对水蒸气、硫化氢和二氧化碳进行分离，最大的挑战是去除二氧化碳。人们已经研究了不同的工艺将沼气提纯为生物天然气。自 2006 年以来，德国最主要的工艺是化学洗涤、水洗涤和压力摆动吸附，偶尔也有采用物理吸收的提纯方式。除此之外，与前几年相比，近年来膜分离提纯技术的应用越来越多。2016 年，德国用于提供生物天然气的技术如图 3 - 14 所示。

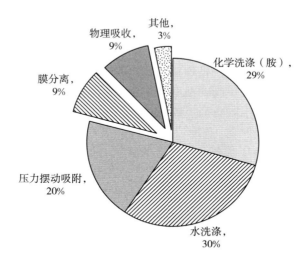

图 3 - 14　2016 年德国提纯生物天然气的技术
注：数据来源于德国生物质能源研究中心生物天然气工厂数据库。

（5）沼液、沼渣直接还田

德国等发达国家制定了粪肥还田的相关标准，养殖场一般按照"以地定畜"的原则配套沼气工程，沼液、沼渣直接还田，开发了系列专用运输、施肥机具装备。欧洲各国根据实际情况积极采取养分管理政策体系，运用法律和经济等措施鼓励和刺激农户采取更加有利于环境保护的耕作方法，控制养分投入量，最大限度减轻氮、磷等养分对环境的污染。

沼液在一定区域内可完全无成本或低成本消纳，这是政府准入条件，也是商业计划的一部分，沼渣加工后的有机肥市场认知度很高。根据德国的最新研究，沼肥中含有的氮可以直接替代 60％ 的化肥用量，而磷和钾可以替代更多的化肥用量。

从种植制度方面来看，德国一年一熟、连片种植的农艺制度为能源作物机械化收获创造了很好的条件，从而节省了大量的原料收集成本。从农业经营模式来看，德国的土地非常集中，考察的大型农场农田拥有量在 1 000～2 000hm²，小型家庭农场也在 100～200hm²。这种土地集中经营的模式为大型沼气工程建设提供了原料保障。多数沼气工程由农场主自己建设。近年来为了发展沼气提纯替代天然气，特大型沼气工厂的建设成为趋势，由于农场较大、经营规范，沼气工厂很容易与当地的农场主签订长期合作协议，农场主提供秸秆等原料，使沼气工厂有长期而稳定的原料供应渠道，而沼气工厂为农场主提供腐熟的沼液、沼渣肥料，双方互利互惠。

（6）生物天然气技术创新

气化是一种将以有机燃料或化石燃料为基础的碳质材料转化为一氧化碳、氢气和二氧化碳的过程。这是通过在高温（＞700℃）条件下，在不燃烧的情况下，使材料与一定量的氧气或蒸汽发生反应来实现的。所产生的混合气体称为合成气，合成气本身就是一种燃料。气化的优点是使用合成气比直接燃烧的效率更高，因为它可以在更高的温度下甚至在燃料电池中燃烧，因此卡诺规则所定义的效率的热力学上限更高，或者在燃料电池的情况下不适用。合成气可以在燃气发动机中直接燃烧，用于生产甲醇和氢气，或者通过费托工艺转化为合成燃料。气化也可以从本来会被处理的材料开始，如可生物降解的废弃物。此外，高温工艺还可以提炼出灰分元素，如氯化物和钾，从而用原本有问题的燃料生产出清洁气体。化石燃料的气化目前在工业规模上被广泛用于发电。生物质气化是一种生产可再生能源的技术。生物质气化的关键工艺参数之一是生物质的稳定质量，为此可以使用火炬处理等预处理方法。气化器可分为以下几类：流化床气化器，用于干流，工作温度较低；夹带床气化器，用于干流，工作温度较高，规模比流化床气化器大；超临界气化器，用于湿流（如湿粪和污水污泥），在 30MPa 的高压和 400℃ 的温度下进行；等离子体气化器，用于干流和湿流，在标准大气压和 600℃ 的温度下进行。生物质气化经过了长期持久的发展，可以追溯到 18 世纪，但商业化实施仍存在问题。虽然技术稳步发展，但经济上可行的工艺还很少。未来沼气、生物天然气市场的气化器的一个重要特点是能够从家庭或重要的木质颗粒中大规模地生产沼气或生物天然气。

①燃气动力

随着国内间歇性可再生资源（风能、太阳能）发电量的增加，终有一天，来自太阳能和风能的额外电力中越来越多的部分不能再直接被用于电力市场，所以人们必须利用某种形式的灵活性解决方案进行存储或"时间转移"。这种情况取决于具体国家。储能和大规模的灵活性方案需要投资，也可能降低能源效率，但却增加了所产生的可再生能源的价值，对于拥有大量波动性可再生能源的能源系统来说，是一个至关重要的推动因素。

②技术创新和前景

利用沼气原料生产生物天然气，为开发各种创新技术提供了潜力，而不仅仅是生产初级能源载体。

甲烷和二氧化碳是应用范围广、价值高的产品，特别是在气体纯净的情况下，尤其是低温气体处理时对所产生的产品进行替代利用的最佳基础。低温气体处理技术采用高压和温差以及优良的整流方法，生产出高纯度的甲烷以及二氧化碳。仅仅是这种纯二氧化碳就可以为工厂经营者带来额外的收入。例如，在该过程中分离出的二氧化碳可以作为干冰进行销售。干冰由温度为$-78.5℃$的气态二氧化碳制成。然而，与传统的干冰不同的是，这种干冰在加热过程中不会融化，而是无残留地蒸发。因此，这种干冰在广泛的工业应用中是一种很有吸引力的替代品。例如，干冰可用于清洗大型工业厂房。当干冰被注入时，脂肪和油类的残留物会变脆并爆裂。由于干冰会立即变为气态，因此不会出现随后腐蚀金属部件的情况。

当二氧化碳可以出售或使用时，提纯技术也可以带来额外的收入。农村地区空气中的二氧化碳含量为$400mg/L$，然而研究表明，植物最佳生长范围远远高于这一数值。特别是在温室中，小气候可以根据植物的要求进行最佳调整，提高空气中的二氧化碳含量，人为地提高潜在的产量，并使分离出的二氧化碳得到经济上可行的利用。通过改善植物的生长，可以获得额外的收入，这对系统的操作者来说是额外的收益。二氧化碳还可以进一步用于加工生产许多领域所需的碳酸钙。

如前所述，沼气升压和天然气并网注入的另一个优势是为可再生能源的系统集成提供了巨大的灵活性和优化潜力。一方面，输入电网的生物沼气可以根据需求，在热电联产中可以发挥最大效果的地方转化为能源。这就保证了现有系统的能源利用效率，更不用说在电网结构调整中节省大量成本了。这些电网不再需要为了分配大量的电力而进行昂贵的提纯，达到高电压时代的运行水平。现有的燃气网可以作为能源分配的替代手段，从而为基础设施扩建提供相应的节约潜力。另一方面，在气体处理过程中产生的二氧化碳可以作为电解风能和光伏发电（电-气）产生的氢气甲烷化的起始产品。

然后，可以将其输入天然气管网或作为汽车燃料使用。作为甲烷化路径的替代，沼气、生物天然气也可以作为生产氢气的原料。氢气可用于燃料电池等，从而将储存的能量转化为电能或作为燃料使用。

除能源利用外，氢气生产还为各行业的系统运营商提供了可能性。例如，在生产氨的过程中，需要氢气和氮气，以便为农业生产提供重要的肥料。同样，氢气也可以直接吹入沼气池，以获得甲烷含量显著增加的沼气。试验结果表明，可以获得甲烷体积含量大于85％的沼气。

总的来说，生物天然气技术为沼气运营商提供了广泛的机会以挖掘潜在收入。利用二氧化碳生产干冰，优化温室中栽培植物的生存条件，以及甲烷化制氢，只是运营商可以从这种副产品中获益的众多应用中的一部分。氢气的生产或将动力用于气体的合成，为企业家提供了更多的机会，使工厂成为电力供应系统的贡献者，而电力供应系统最适合可再生能源的整合。这可以成为在电力或热力生产以外的部门可持续和无环境危害地使用能源和资源的一个重要方面。

第4章
生物天然气发展情况预测与分析

4.1 生物天然气项目的潜力分析

为明确中国生物天然气原料资源量，通过查阅相关统计年鉴和文献资料确定有关估算参数，计算了 2010—2019 年中国有机废弃物产生量情况，分析了其"十四五"末期、2030 年以及 2060 年的中长期发展趋势。生物天然气的原料包括农业有机废弃物、城市有机固体废弃物和工业有机废水。

中国近年来进一步加大了工农业生产和城市化建设的发展力度，始终保持着世界第二大经济体的地位，2020 年全年国内生产总值（GDP）101.6 万亿元，按可比价格计算，比 2019 年增长 2.3%，不仅成为全球唯一实现经济正增长的主要经济体，还实现了百万亿的历史性突破。2020 年全国粮食播种面积 175 152 万亩，比 2019 年增加 1 056 万亩，增长了 0.6%。2020 年全国粮食总产量 66 949 万 t，比 2019 年增加 565 万 t，粮食生产再获丰收，产量连续 6 年保持在 1.3 万亿斤[①]以上。

中国城镇化水平稳步提高，农业转移人口市民化进程加快。2020 年城镇化率达到 63.9%，与 2010 年第六次全国人口普查结果相比，城镇人口占比上升 14.2 个百分点。工业生产持续稳定发展，2020 年全国规模以上工业增加值比 2019 年增长 28%，高技术制造业增加值增长 7.1%，工业经济回稳向好是中国经济实现正增长的强有力支撑。2010—2020 年，中国经济延续稳中有进、稳中向好的发展态势，经济增长率稳步提升。中国粮食耕种面积基本保持稳定，城镇化率持续快速发展，工业持续稳定生产，废弃物资源总量稳步提升。

---

① 斤为非法定计量单位，1 斤＝0.5kg。——编者注

4.1.1 农业有机废弃物

农业有机废弃物是指在整个农业生产过程中被丢弃的有机类物质，主要有农业生活生产和畜禽养殖业等产生的废弃物，包括农作物秸秆、果蔬废弃物、畜禽粪污和农村生活垃圾等。

中国是世界最大农产品生产国和消费国，农业有机废弃物资源量极大，对环境的影响不容忽视。由于处理不当，秸秆等有机废弃物就地焚烧产生大量烟气，同时由于随意堆积，在自然条件影响下，有机废弃物中的一些有害成分转入大气、水体和土壤，参与生态系统的物质循环，具有潜在的、长期的危害性。因此，对农业有机废弃物进行综合治理是十分必要的，它们均可作为厌氧生物发酵的原料。

厌氧发酵的产物为高热值的能源沼气，可在一定程度上缓解农村能源紧张的矛盾，而农业有机废弃物是最大的沼气生产原料之一。

（1）畜禽粪污

畜禽粪污主要是指畜禽养殖业产生的一类农业有机废弃物，如猪粪、牛粪和禽类粪污等。

根据《农业农村部办公厅关于做好畜禽粪污资源化利用跟踪监测工作的通知》中的养殖畜禽粪尿产生系数计算畜禽粪污的产量变化。2010 年中国畜禽粪污年产量约 33.2 亿 t，之后呈现先增长后降低的趋势，到 2018 年全国猪、牛、家禽三大类畜禽粪污年产量约为 24 亿 t。2021 年全国畜禽粪污资源量约为 30.5 亿 t。

（2）农作物秸秆

农作物秸秆是成熟农作物茎叶（穗）部分的总称，通常指小麦、水稻、玉米和其他农作物收获籽实后的剩余部分。

《第二次全国污染源普查公报》显示，2017 年全国秸秆产生量为 8.1 亿 t，秸秆可收集资源量为 6.7 亿 t。依据 2019 年《农业农村部办公厅关于做好农作物秸秆资源台账建设工作的通知》中公布的草谷比计算农作物秸秆的产生量变化，2010 年农作物秸秆年产生量约为 8.1 亿 t，2020 年农作物秸秆产生量约为 8.6 亿 t，其中，2010—2020 年水稻、玉米和小麦秸秆产生量占农作物秸秆总产生量的 75％左右，在 6.5 亿～8.0 亿 t 范围内波动。2021 年全国秸秆产生量达 8.65 亿 t，五料化（肥料化、饲料化、燃料化、基料化、原料化）总利用量为 6.47 亿 t，综合利用率达 88.1％，五料化利用率分别为 60％、18％、8.5％、0.7％和 0.9％。

（3）果蔬废弃物

果蔬废弃物是指蔬菜和瓜果种植和加工过程中产生的秸秆、藤秧、根、茎叶、烂果等废弃物。

国家统计局统计数据显示，2010—2019年蔬菜瓜果播种总产量明显提升。2018年瓜果产量为5 442.5万 t，与2010年相比增加了近5%；2019年蔬菜产量为72 102.6万 t，与2010年相比增加了25.91%，全国蔬菜、水果面积及产量统计见表4-1。

表 4-1　全国蔬菜、水果面积及产量统计

年份	蔬菜（含菜用瓜）		瓜果类	
	播种面积（万亩）	产量（万 t）	播种面积（万亩）	产量（万 t）
2010	17 431.2	57 264.9	2 227.3	5 232.9
2011	17 909.9	59 766.6	2 200.9	5 237.2
2012	18 496.9	61 624.5	2 156.8	5 289.5
2013	18 836.3	63 198.0	2 174.7	5 408.9
2014	19 224.1	64 958.7	2 165.0	5 447.9
2015	19 613.1	66 425.1	2 194.3	5 576.9
2016	19 553.1	67 434.2	2 119.1	5 495.6
2017	19 981.1	69 192.7	2 112.9	5 556.0
2018	20 439.0	70 346.7	2 117.2	5 442.5
2019	20 863.0	72 102.6		

（4）农村生活垃圾

农村生活垃圾是指在农民日常生活中或为农村日常生活提供服务的活动中产出的固体废弃物。

根据《第七次全国人口普查公报》，2020年中国农村剩余人口约为5.2亿人，比2019年减少了0.3亿人，若人均生活垃圾产生量基本稳定在0.86kg/d，2020年农村生活垃圾理论产生量约为1.63亿 t，比2019年减少了0.38亿 t，全国农村地区生活垃圾理论产生量、清运量及处理量统计见表4-2。

表 4-2　全国农村地区生活垃圾理论产生量、清运量及处理量统计

年份	理论产生量（亿 t）	人均产生量（kg/d）	农村人口数量（亿人）	清运量（亿 t）	处理量（亿 t）
2010	1.80	0.50~1.00	6.7	0.6	
2011	—	—	6.6	0.7	
2012	1.40	0.60	6.4	0.7	0.6
2013	1.70	0.40~1.10	6.3	0.7	1.3
2014	1.70	0.76	6.2	—	1.0

（续）

年份	理论产生量 （亿 t）	人均产生量 （kg/d）	农村人口数量 （亿人）	清运量 （亿 t）	处理量 （亿 t）
2015	—	—	6.0	0.6	0.6
2016	—	—	5.9	0.7	0.6
2017	—	—	5.8	—	—
2018	2.10	0.70～1.30	5.6	0.7	0.7
2019	2.01	0.70～1.30	5.5	0.7	0.7
2020	1.63	0.86	5.2	—	—

整体上来看，农村有机废弃物产生量呈现缓慢上升趋势，截至 2018 年，畜禽粪污产生量约为 33.2 亿 t，生猪、肉牛、奶牛、禽类的年粪污产生量占比分别约为 44.94％、23.5％、12.6％和 19％；2020 年农作物秸秆产生量约为 8.6 亿 t。其中，水稻、玉米和小麦秸秆产生量占农作物秸秆总产生量的 75％左右，果蔬废弃物年产生量大约为 2.5 亿 t，农村生活垃圾产生量约为 1.63 亿 t。

4.1.2 城市有机固体废弃物

城市有机固体废弃物是指在城市日常生活中或为城市日常生活提供服务的活动中产出的有机固体废弃物，主要包括餐厨垃圾、厨余垃圾和市政污泥等。

这些富含有机质的垃圾在自然堆放、人工转运的过程中极易降解腐败、滋生蚊蝇、释放各种气体和液体污染物，已成为造成城市垃圾中转站、压缩站以及垃圾填埋场污染的重要原因，也是当前城市及周边环境受到污染的重要源头。厌氧消化产沼气可以有效解决城市有机固体废弃物污染问题，将是中国未来生活垃圾资源化处置的重要方向。

（1）餐厨垃圾

餐厨垃圾是指从事餐饮经营活动的企业和机关、部队、学校等单位集体食堂在食品加工、饮食服务、单位供餐等活动中产生的食物残渣、食品加工废料和废弃食用油脂。

随着餐饮行业的高速发展和城镇化水平的提高，中国餐厨垃圾的产生量激增。据中国城市环境卫生协会有机固废专业委员会统计，截至 2019 年底，中国餐厨垃圾产生量为 0.75 亿 t，比 2010 年增加了 0.45 亿 t，年复合增长率为 4.9％。餐厨垃圾产量情况如图 4-1 所示。

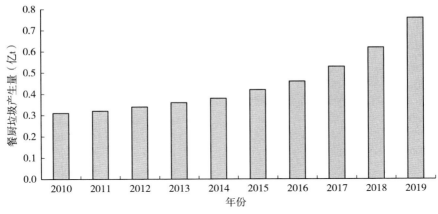

图 4-1　中国餐厨垃圾产生量

（2）厨余垃圾

厨余垃圾是指家庭日常生活中丢弃的菜叶、剩菜、剩饭、果皮、蛋壳、茶渣、骨头等易腐有机垃圾。

中国城市生活垃圾产量和处置量逐年增加，其中厨余垃圾占比最高。据中国城市环境卫生协会有机固废专业委员会统计，截至 2019 年底，全国厨余垃圾的产生量约为 1.3 亿 t，比 2013 年增加了 0.36 亿 t，年复合增长率达到 7.1%。厨余垃圾产生量情况如图 4-2 所示。

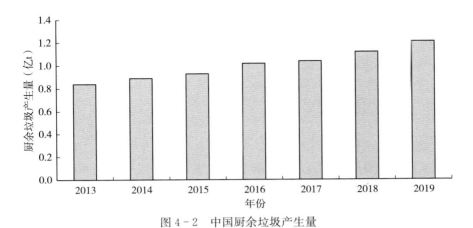

图 4-2　中国厨余垃圾产生量

（3）市政污泥

市政污泥是指城市污水处理厂在水处理过程中产生的无机或有机可沉淀物质。《2018 年城乡建设统计年鉴》和《2019 年中国污泥处理处置行业市场分析报告》显示，2018 年中国城市污水处理率达到 95.5%，县城污水处理率达到

91.2%。随着污水处理产生的污泥体量同步增长。根据 E20 研究院的数据,2019 年城镇湿污泥产生量接近 5 000 万 t,为 2010 年的近 2 倍,2010—2019 年平均复合增长率达到 7.3%。2010—2019 年城镇污水量与湿污泥产生量如图 4-3 所示。

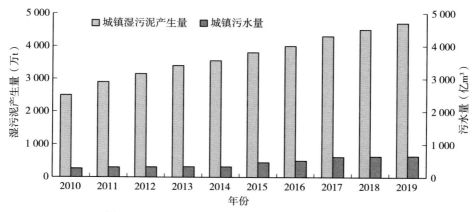

图 4-3　2010—2019 年城镇污水量与湿污泥产生量

2019 年全国生活垃圾清运量为 2.42 亿 t,无害化处理量为 2.41 亿 t,无害化处理率达 99.6%。填埋处置在中国环卫处理系统中一直处于主导地位,填埋量在 10 000 万～12 000 万 t。2017 年以前,填埋处置量呈现缓慢增长的趋势,增长率小于 5%;2017 年以后,填埋处置量逐渐下降。2019 年卫生填埋处理量为 1.09 亿 t,占比为 45%,焚烧处理量首次超过填埋处理量。随着焚烧处置的广泛推广,预计未来一段时间,全国生活垃圾填埋量将会继续下降。

4.1.3　工业有机废水

工业有机废水包括轻工行业和非轻工行业产生的有机废水。工业有机废水是我国水污染主要的污染源之一,随着近些年工业的飞速发展和经济的腾飞,高浓度有机废水污染日益严重。

这些高浓度的有机废水中含有大量的有机污染物,如果直接排放,对环境的危害十分大,厌氧消化工艺是一种可以快速、高效处理高浓度有机废水的技术,对有机废水处理技术发展和工业生产的可持续发展产生了重大影响。

(1) 轻工行业有机废水

轻工行业有机废水包括酒精、制糖、酿酒、淀粉、淀粉糖、氨基酸、造纸、柠檬酸、酵母、乳制品、皮革、食品添加剂 12 个轻工行业的废水。

　　根据 2009—2019 年的中国轻工业年鉴以及各行业年鉴统计数据，截至 2019 年年底，上述 12 个行业废水总量约 45.56 亿 t，比 2009 年增加了 22.0%，2009—2019 年的年均增速为 2.2%。轻工行业中，废水年产生量最多的是造纸行业，占总废水产生量的 35.0%，其次是酿酒、淀粉和食品添加剂行业，废水年产生量分别占 20.0%、13.0% 和 14.0%，上述 4 个行业的废水年产生量占本次统计的轻工行业废水总产生量的 82.0%，2009—2019 年轻工行业废水资源量统计如图 4-4 所示，2019 年轻工各行业废水产生量量占比如图 4-5 所示。

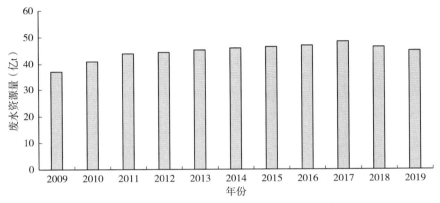

图 4-4　2009—2019 年轻工行业废水资源量统计

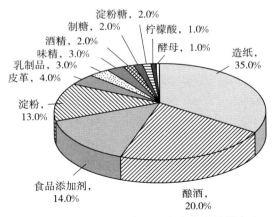

图 4-5　2019 年轻工各行业废水产生量量占比

（2）非轻工行业有机废水

　　非轻工行业有机废水是指制药、屠宰、石化精对苯二甲酸（PTA）、天然橡胶 4 个非轻工行业的有机废水。

根据 2009—2019 年的行业年鉴统计数据，2019 年中国非轻工行业有机废水年产有机废水约 19.8 亿 t，比 2009 年增长了 70.8%，2009—2019 年的年均增速为 7.0%。非轻工行业中，2019 废水年产生量最多的是制药（化学药原药）行业，废水产生量最大，占 4 个行业总产生量的 54.1%。其次是石化 PTA 行业，废水年产生量占 36.9%。制药（化学药原药）和石化 PTA 行业废水产量占 4 个行业总量的 91.0%。2009—2019 年非轻工行业废水资源量统计如图 4-6 所示，2019 年非轻工各行业废水量占比如图 4-7 所示。

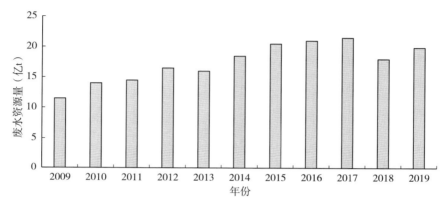

图 4-6 2009—2019 年非轻工废水资源量统计

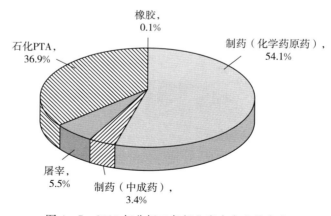

图 4-7 2019 年非轻工各行业废水产生量占比

截至 2019 年年底，轻工 12 个行业和非轻工 4 个行业的废水总产生量分别约为 45.56 亿 t 和 19.8 亿 t，2009—2019 年的年均增速分别为 2.2% 和 7.0%。轻工和非轻工行业废水年产生量最多的分别是造纸行业和制药（化学药原药）行业，分别占轻工和非轻工行业总废水产量的 35.0% 和 54.1%。

4.2　沼气潜能及减排潜力预测

4.2.1　农业有机废弃物

（1）畜禽粪污

《中国有机肥养分志》显示，猪与牛的粪便含水率大约为 70%、尿液含水率为 95%，其中猪粪中有机物占比约为 20%、牛粪中有机物占比约为 15%。禽类的粪污含水率占比约为 50%，有机物占比为 20% 以上。因此，不同种类的畜禽粪污产沼气潜力差异较大，中国畜禽粪污产沼气能力为 $100 \sim 480 m^3/t$（挥发性固体），德国畜禽粪污产资源沼气化利用率在 70% 以上，单位畜禽粪污产沼气能力可达 $300 m^3/t$ 以上（挥发性固体）。

基于当前中国总体不超过 10% 的资源沼气化利用率，按照单位粪污可产沼气 $16 m^3/t$（鲜重）计算，当前畜禽粪污的沼气生产量约为 26.9 亿 m^3。

预计至 2025 年，中国畜禽养殖规模化率和畜禽粪污综合利用率分别达到 70% 和 80% 以上，估算利用量约为 25.6 亿 t，按照资源沼气化利用率为 30%、单位粪污产沼气 $25 m^3/t$（鲜重）计算，沼气生产潜力约为 191.6 亿 m^3。

预计至 2030 年，中国畜禽养殖规模化率和畜禽粪污综合利用率分别达到 75% 和 85% 以上，畜禽粪污可利用量可达 29.9 亿 t，按照资源沼气化利用率为 50%、单位粪污产沼气 $30 m^3/t$（鲜重）计算，沼气生产潜力约为 447.8 亿 m^3。

预计至 2060 年，中国畜禽养殖的主要畜种将全部实现规模化养殖，即粪污可利用量为 35.7 亿 t，按照资源沼气化利用率为 80%、单位粪污产沼气 $50 m^3/t$（鲜重）计算，沼气生产潜力约为 1 428.0 亿 m^3。

（2）农作物秸秆

2015 年全国范围内已建成大中型秸秆沼气工程共 458 处，每个沼气工程日产气量为 $1 000 \sim 2 000 m^3$，全部秸秆沼气工程全年运行的沼气产量为 2.5 亿 m^3。中国农作物秸秆产沼气潜力为 $200 \sim 350 m^3/t$（挥发性固体），而沼气工程发达的国家（如德国）采用以能源作物（青贮玉米、小麦）为主的发酵原料，产气率较高，干物质产气率为 $600 \sim 1 000 m^3/t$，采用以能源作物青贮为主的全混合发酵结合热电联产工艺，保证了较高的产气率，中温和高温产气率分别为 $1.2 \sim 1.8 m^3/d$ 和 $2.0 \sim 3.0 m^3/d$。

预计至 2025 年，农作物秸秆综合利用率将保持在 86% 以上，资源沼气化利用率约为 15%，可用于沼气生产的作物秸秆资源量为 0.77 亿 t，单位秸秆产沼气能力为 $280 m^3/t$，估算农作物秸秆可获得沼气生产潜力 321.3 亿 m^3。

预计至 2030 年，全国将建立完善的秸秆收储运体系，形成布局合理、多元利用的秸秆综合利用产业化格局，资源沼气化利用率提升至 20%，可用于沼气生产的作物秸秆资源量为 1.9 亿 t，单位秸秆产沼气能力为 300m³/t，估算农作物秸秆可获得沼气生产潜力为 513.0 亿 m³。

预计至 2060 年，资源沼气化利用率约为 40%，可用于沼气生产的作物秸秆资源量为 3.6 亿 t，单位秸秆产沼气能力为 320m³/t，估算农作物秸秆可获得沼气生产潜力为 1 094.0 亿 m³。

（3）果蔬废弃物

目前，中国果蔬废弃物产沼气潜力为 200~350m³/t（挥发性固体），世界各国主要采用就近填埋、堆肥、饲料化等方式消纳果蔬废弃物，较少将其应用于沼气生产方面。

相较于《全国农村沼气发展"十三五"规划》中的可收集利用率（约40%），果蔬废弃物当前利用量不足 1.0 亿 t，资源沼气化利用率不足 1%，按照单位果蔬废弃物产沼气能力为 20m³/t（鲜重）[即约 200m³/t（挥发性固体）] 计算，当前可利用果蔬废弃物生产沼气量小于 0.2 亿 m³。

参考《"十四五"城镇生活垃圾分类与处理设施发展规划》，2025 年，全国垃圾资源化利用率达到 60% 左右，即到 2025 年中国果蔬废弃物资源化利用量可达 1.6 亿 t，预期资源沼气化利用率提升至 5%。以单位果蔬废弃物产沼气能力为 25m³/t（鲜重）计算，沼气生产潜力约为 2.0 亿 m³。

预计至 2030 年，全国垃圾资源化利用率进一步提升到 80%，则果蔬废弃物可利用量达 2.2 亿 t，预期资源沼气化利用率提升至 10%。单位果蔬废弃物产沼气能力按 30m³/t（鲜重）计算，沼气生产潜力达到 6.7 亿 m³。

预计至 2060 年实现全量资源化利用，即果蔬废弃物可利用量约为 2.5 亿 t，按照资源沼气化利用率为 15%、单位果蔬废弃物产沼气能力为 35m³/t（鲜重）计算，沼气生产潜力达到 13.1 亿 m³。

（4）农村生活垃圾

目前，中国农村生活垃圾产沼气潜力为 80~270m³/t（TS 为 5%~10%），而世界银行《垃圾何其多 2.0：2050 年全球固体废弃物管理一览》报告显示，北美洲偏重填埋，欧洲偏重焚烧和堆肥，两者的农村生活垃圾中可回收物占比过半，德国甚至超过 80%。

2020 年中国农村生活垃圾资源量约为 1.63 亿 t，其中可收集量约占 85%，有机物占比仅为 30%，目前农村生活垃圾的资源沼气化利用率不足 1%，每吨平均可产沼气 100m³，据此估算 2020 年的沼气产量约为 0.4 亿 m³，暂不考虑将其作为沼气化的原料。

根据近 20 年来中国城市生活垃圾有机组分的变化趋势（年均增长率为

0.75%）推算，到2025年，中国农村生活垃圾中有机物的占比可达35%，可收集率为90%。通过《"十四五"城镇生活垃圾分类与处理设施发展规划》的实施，可有效推动农村生活垃圾无害化处理和沼气工程的建设，2025年的农村生活垃圾沼气化利用率预期可提升至5%。按照每吨平均可产沼气105m³计算，沼气生产潜力约为2.6亿m³。

预计至2030年，全国农村生活垃圾中有机物的占比为40%，可收集量为95%。根据《城镇生活垃圾分类和处理设施补贴短板强弱项实施方案》和《关于进一步推进生活垃圾分类工作的若干意见》等政策，农村生活垃圾的沼气化利用率可进一步提升至10%，按照每吨平均可产沼气110m³计算，沼气生产潜力约为5.8亿m³。

预计至2060年，随着全面实现乡村振兴和城乡高度融合发展，全国农村生活垃圾可能将逐步进入城市垃圾系统进行处理处置。

4.2.2　城市有机固体废弃物

（1）餐厨垃圾

餐厨垃圾的化学成分主要包括糖类、蛋白质、脂类、无机盐类等，含水率为85%左右，盐分（湿基，0.8%～1.5%）和油脂含量高（干基，20%～30%）。目前，中国餐厨垃圾单位产沼气能力在50～120m³/t，瑞典等水平先进国家餐厨垃圾产沼气能力可达100～190m³/t。

2019年，中国餐厨垃圾产生量为20.6万t/d，据中国城市环境卫生协会有机固废专业委员会统计，2019年全国餐厨垃圾处理量为7.2万t/d，其中餐厨垃圾厌氧处理量为5.9万t/d，按照每吨餐厨垃圾产沼气80m³计算，年产沼气量为16.8亿m³。

在"碳达峰、碳中和"目标的引导下，厌氧处理技术也会得到高速发展，预计2025年、2030年、2060年中国餐厨垃圾收集系数分别可达50%、70%、90%，资源沼气化利用率分别可达80%、90%、90%，平均单位餐厨垃圾产沼气能力分别按照80m³/t、150m³/t、200m³/t计算，则沼气生产潜力分别约为27亿m³、85.1亿m³、166亿m³。

（2）厨余垃圾

厨余垃圾具有产生源固定且量大、有机质含量高、含水率高、油脂含量和含盐量高、营养丰富、有毒有害物质少等特性。厨余垃圾的含水率在80%左右，营养物质主要为糖类。粗脂肪占比为14.2%～25.2%，粗蛋白占比为13.92%～23.4%，粗纤维占比为2.3%～14.1%。目前，中国厨余垃圾产沼气能力为50～100m³/t，瑞典等水平先进国家单位厨余垃圾产沼气能力为100～190m³/t。

根据中国城市环境卫生协会有机固废专业委员会统计，2019年全国厨余垃圾处理量为2.25万t/d，按每吨厨余垃圾产沼气能力80m³计算，年产沼气量6.4亿m³。

预计至2025年，全国生活垃圾中厨余垃圾占50%，产量约为1.39亿t。按照厨余垃圾收集系数50%、资源沼气化利用率90%、单位厨余垃圾产沼气能力100m³/t计算，厨余垃圾沼气生产潜力约62.3亿m³。

预计至2030年，按厨余垃圾占比50%计算，约为1.58亿t。按照厨余垃圾收集系数70%、资源沼气化利用率90%、单位厨余垃圾产沼气能力150m³/t计算，厨余垃圾沼气生产潜力为148.8亿m³。

预计至2060年，按厨余垃圾占比50%计算，约为1.9亿t，按照厨余垃圾资源化率80%、资源沼气化利用率90%、单位厨余垃圾产沼气能力200m³/t计算，厨余垃圾沼气生产潜力为342亿m³。

（3）污泥

2003年中，国污泥中有机质含量为36.4%、2008年为41.2%、2013年为51.4%，表明污泥中有机质含量呈现逐渐增加的趋势。目前，中国污泥产沼气潜力为40~45m³/t，德国污泥产沼气资源利用率为50%。每吨污泥产沼气能力为60m³，2019年，中国污泥无害化处置率70%、资源沼气化利用率15%、每吨污泥产沼气量40m³、沼气产量为2.0亿m³。根据《"十四五"城镇污水处理及资源化利用发展规划》，预计2025年全国污泥无害化处置率90%，资源沼气化利用率20%，每吨污泥产沼气40m³，沼气生产潜力为5.2亿m³。预计2030年污泥无害化处置率95%，资源沼气化利用率30%，每吨污泥产沼气50m³，沼气生产潜力为14.6亿m³；预计2060年污泥无害化处置率98%，资源沼气化利用率达到50%，每吨污泥产沼气60m³，沼气生产潜力为27.1亿m³。

（4）填埋气

中国生活垃圾中可降解有机组分主要分为厨余、纸类、织物和竹木4个部分，生活垃圾中有机组分含量较高，约占59.5%，其中厨余占47.4%，纸类占6.5%，织物和竹木在生活垃圾中占较小的比例，分别为2.8%和2.8%。根据实际工程案例，填埋场理论产气潜力为120~150m³/t，当前取150m³/t。随着原生垃圾零填埋以及垃圾分类的推进，进入填埋场的垃圾将以无机物为主，有机易腐垃圾逐渐减少，因此填埋场产气潜力也随之降低。

2019年，城市生活垃圾清运量为24 206万t，填埋处置量为10 948万t，填埋处置占比为45%，填埋产气率为150m³/t，填埋气产量为164.2亿m³。随着焚烧处置设施的大范围推广，城市生活垃圾填埋量将急速下降，预测2025年、2030年、2060年城市生活垃圾填埋处置量占比约为35%、25%、

10%，填埋量为 0.97 亿 t、0.79 亿 t、0.46 亿 t（包括农村生活垃圾），填埋产气率为 130m³/t、100m³/t、80m³/t，可获得填埋产气量为 126.0 亿 m³、78.8 亿 m³、36.8 亿 m³。

4.2.3　工业有机废水

根据中国《第二次全国污染源普查产排污系数手册 工业源》中单位产品的废水产水率和 COD 排放系数，参考相关文献及工程实践中厌氧工艺对工业废水的去除率，折算每吨废水的产沼气率，得到不同行业的沼气资源量。不同行业的工业有机废水水质差异较大，产沼气潜力也有较大差别。酒精、葡萄酒、淀粉、氨基酸、柠檬酸、酵母等行业产沼气潜力在 12~30m³/t，制糖、酿酒、造纸等行业产沼气潜力在 0.23~3.00m³/t（部分数据取同行业加权平均值），通过分析预测每个行业不同时期产品的产生量，可测算其废水产生量和对应的沼气产生量，分别得到废水和沼气的总产生量，可测算每吨废水的平均沼气产生量。

2019 年，中国轻工业 12 个行业沼气生产潜力为 228 亿 m³，每吨水沼气产量为 5m³；非轻工业 4 个行业总沼气生产潜力为 39.6 亿 m³，每吨废水沼气产生量为 2m³。废水总沼气生产潜力为 267.6 亿 m³，年温室气体减排潜力为 0.48 亿 t 二氧化碳当量。

预计至 2025 年，中国轻工业 12 个行业沼气生产潜力为 300 亿 m³，每吨废水沼气产生量为 6m³；非轻工业 4 个行业沼气生产潜力为 48.2 亿 m³，每吨废水沼气产生量为 2m³。工业废水年产生量将达到 74.1 亿 t，沼气生产潜力约为 348.2 亿 m³。

预计至 2030 年，中国轻工业 12 个行业沼气生产潜力为 331.8 亿 m³，每吨废水沼气产生量为 6m³；非轻工业 4 个行业沼气生产潜力为 57.4 亿 m³，每吨废水沼气产生量为 2m³。工业废水年产生量将达到 84 亿 t，沼气生产潜力约为 389.2 亿 m³。

预计至 2060 年，中国轻工业 12 个行业 67.1 亿 t 废水沼气生产潜力为 331.8 亿 m³，每吨废水沼气产生量为 8m³；非轻工业 4 个行业 31.1 亿 t 废水沼气生产潜力为 62.2 亿 m³，每吨废水沼气产生量为 2m³，工业废水沼气生产潜力将达 599 亿 m³。

综上所述，中国当前可用于沼气生产的农业有机废弃物、城市有机固体废弃物、工业有机废水资源量分别约为 42.7 亿 t、3.6 亿 t、65.4 亿 t。如果将上述资源全部用于沼气高效生产，沼气生产潜力为 5 400 亿 m³，可实现温室减排 9.6 亿 t 二氧化碳当量，减排潜力巨大。

考虑到不同阶段社会经济发展状况、技术进步水平，预测了 2025 年、2030 年沼气生产潜力分别约为 1 040 亿 m³、1 690 亿 m³，可实现温室气体减排量分别为 1.8 亿 t 二氧化碳当量、3.0 亿 t 二氧化碳当量。

预计至 2060 年，中国沼气生产潜力及温室气体减排潜力分别为 3 710 亿 m³、6.6 亿 t 二氧化碳当量，相当于可以替代 2020 年全国 68% 的天然气消费量，或 2020 年天然气进口量的 1.5 倍以上；如全部用于发电可形成 7 420 亿 kW·h 发电量，相当于 2020 年全国用电量的近 10%；若折算成能源，则相当于 2020 年全国近 6% 的能源消费量。这不仅可以为中国有机废弃物资源化综合利用、生态环境保护作出贡献，还可以为国家能源安全提供充分保障。

如果再考虑上述有机废弃物甲烷和氧化亚氮等温室气体的减排，其应用潜力将会更大。因此，以厌氧消化工艺为主的沼气生产与应用将会对中国"双碳"目标的实现发挥重要作用。

4.3　生物天然气产业模式及发展预测与分析

目前中国的生物天然气年产量约为 30 亿 m³，工业化、规模化、商业化的大型工程屈指可数，应该说正处于产业起步阶段。根据产业发展特点，该阶段需以强刺激政策为主，发挥国家产业政策的激励引导作用，给予原料和后端产品补贴支持，吸引大型投资主体进入，在帮助企业降低成本的同时，鼓励企业打通沼渣沼液生产有机肥的下游产业链，统一产品标准，出台配套政策解决好产品消纳问题，提高投资收益，有利于行业的快速发展。2025 年以后，中国生物天然气年产量将发展至 100 亿 m³，该阶段可视为产业快速发展阶段，产业政策需适度调整，由强刺激政策过渡为弱刺激政策，建立补贴退坡机制，逐渐将生物天然气纳入与页岩气、煤层气等同属的非常规天然气管理并适时实行配额制，提高生物天然气的市场消纳能力。当生物天然气年产量达到 200 亿 m³ 以上后，产业进入稳定发展期。产业政策更加完善，建立成熟的生物天然气营商环境，实行"谁污染谁付费，谁处理谁受益"的环境治理机制。国家产业政策需处理好生物天然气产业的社会属性与商品属性二者间的关系，前端处理有机废弃物环节需建立有偿处理机制，后端产品（生物天然气、有机肥料）走市场化发展道路，让生物天然气产业走在健康可持续发展的轨道上，以创新和市场驱动方式为主要手段高质量发展。

基于中国的创新驱动发展战略，生物天然气产业要实现产业模式创新，就要以科技创新为基础，确定生物天然气产业产业模式创新目标，积极建设生物天然气产业科技基地和示范企业，培养更多的创新人才，以科技和人才力量协同创新产学研用，推动产业链的社会化、规模化和商业化运营，在科技的支撑下构建环境友好型、资源节约型循环经济形式。中国生物天然气产业目前已经历过 3 种产业模式，即公私合营模式（PPP 模式）、融资模式、第三方处理模式。

4.3.1　公私合营模式

公私合营模式（PPP 模式：public - private - partnership），将部分政府责任以特许经营权的方式转移给社会主体（企业），政府与社会主体建立"利益共享、风险共担、全程合作"的共同体关系，政府的财政负担减轻，社会主体的投资风险减小。

该模式典型工程为阜南县农业废弃物沼气与生物天然气开发利用 PPP 项目，该项目是目前中国唯一经财政部批准立项并实施的以整县农业废弃物利用全量、全覆盖与沼气、生物天然气开发为核心内容的 PPP 项目。该项目 2016 年 4 月立项，2017 年 7 月完成前期规划论证及财政部 PPP 项目入库。项目分 3 期建设：一期实施年限为 2018—2021 年，项目投资 10.44 亿元。2020 年 11 月 30 日，项目公司接管县域城市燃气设施，"四站贯通"，阜南模式成功运营。2021 年 3 月 1 日，皖能集团牵头控股五方共同签署生物天然气产业阜南模式推广合作框架协议并成立安徽省生物天然气开发股份有限公司。阜南模式的核心内容主要有 3 个方面：一是通过多元化的处理技术，促进有机废弃物全量利用。林海生物天然气项目能将全域畜禽粪污、农作物秸秆、蔬菜藤蔓、病死动物、厨余垃圾等生产和生活有机物质废料全量消纳。项目投产后，可处理 177 万头猪当量畜禽粪污、20 万 t 秸秆及其他有机废弃物。二是通过全域化的统筹布局，促进县域利用全覆盖。按照"8＋1 站田式"模式，在全县布局 8 个生物天然气生产站和 1 个中心站。建成后，每年可供应生物天然气 4 000 万 m³。三是通过一体化的产业联动，促进复合利用全循环。林海生物天然气项目为全县种植业和养殖业打造了全新的有机废弃物清洁能源生产新行业，促进了种植、养殖大户加快产业结构调整。同时，项目投产后，可年产有机肥 15 万 t，有力推动了全县有机农业发展。

4.3.2　融资模式

融资模式是近几年兴起的一种融资手段，是以项目的名义筹措一年期以上的资金，以项目营运收入承担债务偿还责任的融资形式。该模式典型工程为霍邱县秸秆及畜禽废弃物综合利用产业项目和太和县年处理 20 万 t 粪污制取有机肥及沼气发电项目。

霍邱县秸秆及畜禽废弃物综合利用产业项目位于霍邱县石店镇工业园区，由北京西拓联合环境工程有限公司、新中水（南京）再生资源投资有限公司共同投资建设运营，项目建设总投资 1.1 亿元，总占地面积 50 亩。项目采用德国先进厌氧发酵技术协同处理各类有机废弃物，项目投产后可年产沼气 720 万 m³，年产固态有机肥 4 万 t，沼气发电机组装机 1MW，可为工业园区用气企业年供气 365 万 m³，年发电并网 800 万 kW·h；项目的实施不仅可以为当地 30 余人提供工作岗位，上下游产业链还可带动 300 余户农民就业，同时每年可减排二氧化碳 7.4 万 t，年节约标准煤 3.2 万 t。图 4-8 为霍邱县秸秆及畜禽废弃物综合利用产业项目鸟瞰。

图 4-8　霍邱县秸秆及畜禽废弃物综合利用产业项目鸟瞰

太和县年处理 20 万 t 粪污制取有机肥及沼气发电项目位于阜阳市太和县双浮镇，项目总投资 1.04 亿元，采用"预处理＋匀浆酸化＋全混式厌氧发酵＋热电联产＋有机肥"工艺模式对项目周边的畜禽粪污、秸秆、厕所粪污等废弃物进行集中收集处理并资源化利用，助力农村人居环境改善。项目年发电量 2 112 万 kW·h，年产固态有机肥 5.3 万 t，年产液态肥约 16 万 t。

项目利用有机肥厂、办公楼等厂房建设屋顶分布式光伏发电项目，装机规模为 600kW，年发电量为 130 万 kW·h，产生的电自用，余电并网。通过产业延伸，深化农业资源化利用。项目已在马集镇马北村和大庙镇和谐新村承租鱼塘 300 余亩，采用鱼菜共生技术进行池塘改造，种植水生植物，用于沼气厂沼液的消纳吸收，实现种养结合，同时产生了额外经济效益。

项目对粪污进行综合处理，产生沼气清洁能源，用于发电并网，将产生的沼渣加工为固态有机肥，将沼液作为液态肥为鱼菜共生项目提供液态肥料并施用于高标准农田，促进项目区水土资源的合理利用和生态环境的良性循环。通过有机肥替代化肥发展绿色农业，打造有机生态循环农业，打通农业有机固体废弃物循环产业模式。图4-9为太和县年处理20万t粪污制取有机肥及沼气发电项目鸟瞰。

图4-9　太和县年处理20万t粪污制取有机肥及沼气发电项目鸟瞰

4.3.3　第三方处理模式

第三方处理模式是通过采购周边秸秆及粪污的形式建立的项目。该模式典型案例为河北聚碳生物科技有限公司生物质能项目。

河北聚碳生物科技有限公司生物质能项目建设地点为河北省衡水市武强县，公司致力于中国畜牧养殖业粪污环保处理与清洁能源生产，遵循减量化、资源化、无害化、生态化的原则。全部采用国内国际先进设备，技术团队及工艺水平居行业之首。项目处理并资源化利用了牧场牛粪污、生产污水、餐厨垃圾以及周边农作物等固体废弃物，实现了大型畜牧养殖场"奶牛养殖—奶牛粪污环保处理—生物沼气生产—生物沼气发电—牛卧床垫料再生系统—生物质有机肥生产—生物质沼液还田—有机饲草种植—有机原奶生产供应"的生态畜牧业循环经济产业链建设。

该项目建设了大型中温厌氧沼气综合利用项目、污水处理项目、有机肥生

中国生物天然气产业探索与实践

产项目和沼液还田项目，全程采用 PLC 自动控制系统，在 2017 年 12 月 31 日正式并入国家电网，是河北省第一个、中国第二个规模化奶牛养殖业沼气发电并网项目。项目二期工程于 2020 年 6 月竣工，目前年生产沼气 1 000 万 m^3、年发电 2 000 万 kW·h，年处理奶牛粪污 30 万 t 以上，年处理生产污水约 18.6 万 t，年生产牛卧床垫料 6 万 m^3、沼液 25 万 t。

4.4 阜南县农业废弃物沼气与生物天然气开发利用 PPP 项目发展情景预测与分析

国家生物天然气试点项目启动同期，在农业农村部畜禽粪污整县推进和安徽省绿色循环农业项目的共同支持下，同济大学、上海林海生态技术股份有限公司、中国化学工程第三建设有限公司、安徽省阜南县合作探索了一种整县域有机废弃物全量化生物天然气产业。阜南县农业废弃物沼气与生物天然气开发利用 PPP 项目自 2020 年 11 月开始运营，第一批实现了稳定持续运营及预期目标。项目的成功引起社会各界的重视，农业农村部、财政部均给予高度肯定。安徽省人民政府明确提出阜南模式，并落实全省推广事宜。

4.4.1 阜南县农业废弃物沼气与生物天然气开发利用 PPP 项目基本情况

（1）投资主体性质

阜南县农业废弃物沼气与生物天然气开发利用项目按照 PPP 模式组建项目公司，是由技术支撑方、政府投资平台、大型国有企业组成的混合所有制类型，是生物天然气产业投资模式的创新。国有资本占主导地位的混合所有制可以解决中国县域经济投资能力不足的客观困境。

（2）技术、设计及相关项目施工单位性质

阜南县农业废弃物沼气与生物天然气开发利用 PPP 项目的技术、设计、建设和运营由上海林海生态技术股份有限公司与中国化学工程第三建设有限公司组成技术共同体完成，同济大学作为研发支撑。

（3）原料适应性及核心技术指标池容产气效率

阜南模式解决了多源有机废弃物协同发酵问题，可以实现区域有机废弃物全域全量化处理。阜南县政府给予项目畜禽粪污处理、病死动物处理方面特许经营权，原料可靠。政府协调项目方与养殖企业签订畜禽粪污处理协议，给予有机生活垃圾、农村污水粪便及农业加工废弃物的处理权，既保障了原料的收集，又达到了从源头治理的目的，也增加了项目的收益。

（4）运营模式、产品出路及运营效益

在天然气方面，阜南县政府给予全县域特许经营权，解决了燃气消纳的问题。在有机肥方面，政府给予了保底消纳政策，也解决了短时间内产品在市场上的竞争难题。

（5）市场核心竞争指标规模产能投资系数

项目总投资 10.44 亿元，按照有效发酵池容计算，平均投资 5 800 元/m^3，按照生物天然气产能计算，平均投资 8 700 元/m^3。

①原料收储设施

占整个项目的 12%。基于中国农业家庭联产承包责任制种养分离的客观现实，系统配套原料收储设施。

②生物天然气生产设施

含原料预处理、厌氧发酵系统、沼气净化、生物天然气提纯设施，占项目投资的 45%。

③沼渣沼液营养回收和生态保障

占总投资的 15%。项目在开展沼渣固体有机肥生产的同时，配套沼液营养回收，尾水生态保障农田系统。

④燃气营销配套设施

占整个项目的 20%。项目持有全域燃气特许经营权。全县燃气市场空间 5 000 万～7 000 万 m^3，项目产能 5 000 万 m^3，属于以销定产的谨慎设计。但是，要设置全县燃气覆盖模式，意味着燃气配套设施将投资巨大。

⑤配套设施

含土地征迁、办公楼等，占项目总投资的 8%。

4.4.2　基于阜南县农业废弃物沼气与生物天然气开发利用 PPP 项目的生物天然气发展情景预测

根据市场实际可能面临的情景，针对生物天然气产业发展的 12 种情景方案，进行每种情景的财务测算。结果表明，在政策性机制匹配的情况下，12 种情景绝大多数都具有商业盈利能力，这是生物天然气产业具有强大复制推广效应的关键所在。

（1）情景设置考虑因素及 12 种测算情景

影响生物天然气项目商业模式的因素包括：①所产燃气是售气还是发电；②运营期是否有政府补贴；③是否有燃气特许经营权；④燃气直接就近纳管还是一定要终端直销；⑤项目是否能够争取到国家政策性贷款。根据以上因素，按照 12 种情景（表 4 - 3）进行分析，所有情景的分析均坚持体现动态调整与匹配变动、收益与成本分摊匹配、客观核算市场化不确定产品收益的会计原则。

表4-3　阜南模式推广情景分析

情景编号	因素组合	关键要素
情景1（可研）	有特许经营权，有政府补助	气电并举，电价0.75元/（kW·h），燃气平均售价3.2元/m³，秸秆和病死动物处理有补贴，银行贷款利率4.90%
情景2	有特许经营权，无政府补助	气电并举，电价0.384元/（kW·h），燃气平均售价3.2元/m³，秸秆和病死动物处理无补贴
情景3	纯发电，无特许经营权，有政府补助	燃气纯发电并网，电价0.75元/（kW·h），无燃气销售，秸秆和病死动物处理有补贴，银行贷款利率4.90%
情景4	纯发电，无特许经营权，无政府补助	燃气纯发电并网，电价0.384元/（kW·h），无燃气销售，秸秆和病死动物处理无补贴，银行贷款利率4.90%
情景5	燃气站田式纳管，有政府补贴	燃气不发电并网，不进行用户售气，只能在城区外围建管网把燃气销售给地方燃气公司，国家主干网门站价加省网输配费综合单价2.27元/m³售气，秸秆和病死动物处理有补贴，银行贷款利率4.90%
情景6	燃气站田式纳管，无政府补贴	燃气不发电并网，不进行用户售气，只能在城区外围建管网把燃气销售给地方燃气公司，国家主干网门站价加省网输配费综合单价2.27元/m³售气，秸秆和病死动物处理无补贴，银行贷款利率4.90%
情景7	燃气场站纳管，有政府补贴	燃气不发电并网，不进行用户售气，地方燃气公司把管网修建到生物天然气场站，参照国家主干网门站价1.97元/m³售气，秸秆和病死动物处理有补贴，银行贷款利率4.90%
情景8	燃气场站纳管，无政府补贴	燃气不发电并网，不进行用户售气，地方燃气公司把管网修建到生物天然气场站，参照国家主干网门站价1.97元/m³售气，秸秆和病死动物处理有补贴，银行贷款利率4.90%
情景9	纯发电，无特许经营权，无政府补助，政策性贷款	燃气纯发电并网，电价0.384元/（kW·h），无燃气销售，秸秆和病死动物处理无补贴，银行贷款利率3.0%
情景10	燃气站田式纳管，无政府补贴，政策性贷款	燃气不发电并网，不进行用户售气，只能在城区外围建管网把燃气销售给地方燃气公司，国家主干网门站价加省网输配费综合单价2.27元/m³售气，秸秆和病死动物处理无补贴，银行贷款利率3.0%

（续）

情景编号	因素组合	关键要素
情景11	燃气场站纳管，无政府补贴，政策性贷款	燃气不发电并网，不进行用户售气，地方燃气公司把管网修建到生物天然气场站，参照国家主干网门站价1.97元/m³售气，秸秆和病死动物处理有补贴，银行贷款利率3.0%
情景12	纯发电，无特许经营权，有政府环境治理购买服务	燃气纯发电并网，电价0.384元/（kW·h），无燃气销售，秸秆和病死动物处理无补贴，银行贷款利率4.90%，每年政府给予3 000万元的环境治理购买服务

（2）情景测算中相关参数变动及依据

①把售气售电并举改为全部发电

假设站点内部的燃气提纯与发电设施投资可以动态平衡，其他投资成本要进行相应调整。一是发电上网不需要投资燃气管网和燃气营销附属设施，在考虑建设期贷款利息的情况下，项目总投资从109 361.00万元降到94 516.14万元，降幅达到13.57%（表4-4）。二是由售气改为售电，各生物天然气生产站点即可实现直接发电并网，项目公司不需要配置燃气终端销售队伍，运营期年管销费用可以从原方案的3 852.19万元降低到3 527.04万元，每年减少8.44%（表4-5）。一方面，建设总投资减少，运营期年度折旧、维修费用和财务成本也应做相应调减。另一方面，运营期年管销费用减少，核算方案中也应做相应调减。

②成本问题

因为燃气特许经营权，项目存在燃气的贸易经营（包括LPG、CNG），但是这些靠贸易采购并非生物天然气站点生产的产品，成本基本锁定为采购成本，不需要参与生产成本分摊。模型核算中，如把该部分成本与生产成本混合，将造成生产成本每年净增4 320万元。

③贸易成本

阜南模式强调生物天然气是环境治理项目，要求有机废弃物产生业主必须接受有偿付费的环境服务，每年该项收益高达3 655.05万元（表4-6）。按照有收益即应摊成本的原则，既然畜禽粪污等有机废弃物处理需要收费，需要按照收益比例摊销成本。部分投资者的测算方案中不仅未考虑该部分市场化收益的成本分摊，甚至还把这部分市场收益归类到政府补贴中，会造成其他产品成本分摊虚高的假象。

表 4-4 总投资构成及燃气设施投资占比

工程或费用名称		可研方案情景（万元）	投资占比（%）	仅发电情景（万元）	投资占比（%）	仅纳管情景（站田式）（万元）	投资占比（%）	仅纳管情景（单点式）（万元）	投资占比（%）	仅纳管情景（单点式+政策贷款）（万元）	投资占比（%）	仅纳管情景（站田式+政策贷款）（万元）	投资占比（%）
总投资		109 361.00	100.00%	94 516.14	86.43%	103 107.17	94.28%	94 516.14	86.43%	92 536.61	82.20%	100 947.71	91.10%
节省投资占比					13.57%		5.72%		13.57%		15.38%		7.69%
注册资本金		21 924.00	20.05%	18 776.31	19.87%	20 482.98	19.87%	18 776.31	19.87%	18 776.31	19.87%	20 482.98	19.87%
项目贷款		82 476.00	75.42%	70 634.71	74.73%	77 055.04	74.73%	70 634.71	74.73%	70 634.71	74.73%	77 055.04	74.73%
建设期利息（3.5年）		5 961.00	5.45%	5 105.12	5.40%	5 569.15	5.40%	5 105.12	5.40%	3 125.59	3.31%	3 409.69	3.31%
建设投资合计		104 400.00	0.95	89 411.02	0.94	97 538.02	0.94	89 411.02	0.94	89 411.02	0.94	97 538.02	0.94
铺底流动资金		1 000.00	0.91%	1 000.00	1.06%	1 000.00	0.97%	1 000.00	1.06%	1 000.00	1.06%	1 000.00	0.97%
非工程投资		7 754.67	7.09%	7 754.67	8.20%	7 754.67	7.52%	7 754.67	8.20%	7 754.67	8.20%	7 754.67	7.52%
原料收储与生物天然气生产站投资		79 312.35	72.52%	79 312.35	83.91%	79 312.35	76.92%	79 312.35	83.91%	79 312.35	83.91%	79 312.35	76.92%
中心站	土地征用费	400.00	0.37%	200.00	0.21%	200.00	0.19%	200.00	0.21%	200.00	0.21%	200.00	0.19%
	调度中心大楼	1 000.00	0.91%	1 000.00	1.06%	1 000.00	0.97%	1 000.00	1.06%	1 000.00	1.06%	1 000.00	0.97%
	调峰气源及配套	1 243.98	1.14%	0.00	0.00%	0.00	0.00%	0.00	0.00%	0.00	0.00%	0.00	0.00%
	维抢修中心	144.00	0.13%	144.00	0.15%	144.00	0.14%	144.00	0.15%	144.00	0.15%	144.00	0.14%
	小计	2 787.98	2.55%	1 344.00	1.42%	1 344.00	1.30%	1 344.00	1.42%	1 344.00	1.42%	1 344.00	1.30%
燃气管	站田联络燃气干网	8 127.00	7.43%	0.00	0.00%	8 127.00	7.88%	0.00	0.00%	0.00	0.00%	8 127.00	7.88%
	城区供气燃气干网	5 418.00	4.95%	0.00	0.00%	0.00	0.00%	0.00	0.00%	0.00	0.00%	0.00	0.00%
	小计	13 545.00	12.39%	0.00	0.00%	8 127.00	7.88%	0.00	0.00%	0.00	0.00%	8 127.00	7.88%

表 4-5　可研方案与两种情形方案管销费用对比

项目	原方案 管销费用	售气改发电 管销费用	节省	燃气直接纳管 管销费用	节省
年度管销费用（万元）	3 852.19	3 527.04	325.15	3 690.41	161.78
节省比例			8.44%		4.20%

表 4-6　贸易产品成本单列信息

成本类别	单位	采购数量（个）	单价（万元）	金额（万元）	备注
LPG 专属成本	万 t	0.8	4 200	3 360.00	夕购成品
CNG 专属成本	万 m³	300	3.2	960.00	夕购成品
合计				4 320.00	

④有机肥销售收入测算

有机肥销售收入测算要客观，很多投资者在有机肥效益测算上存在过度悲观和过度乐观两种极端现象，进而造成财务测算结果的极端差异。曾有投资团队测算时因担心肥料市场销售出路不确定而直接删除肥料收益，进而测算出生物天然气成本 4～5 元/m³，过于悲观。但是，在有些投资者的测算方案中，对有机肥收益的测算又直接依据当前有机肥市场价的 80%，确定有机无机复混肥售价为 1 300 元/t，相比于一般有机肥售价 600 元/t 又过于乐观了。因为有机肥营销不像网络化输配的发电并网和管道燃气销售，中间仍需要很多营销环节，项目营销费用难以准确测算。目前，最有效的办法是按照出厂价测算收益，仅考虑简单的推销费用，省去复杂的营销费用，不仅产品收益预期可靠，而且后续具有拓展潜力。因此，根据全国和阜南县有机肥市场分析，确定有机无机复混肥出厂价为 1 100 元/t，有机肥出厂价为 450 元/t。

⑤生态补偿机制

阜南模式把畜禽粪污处理、病死动物处理、生物天然气设施营建、全域燃气供应 4 项组合特许经营权与项目捆绑，支撑了项目可持续运营，这是典型的生态补偿机制创新。很多投资者过于强调"全域燃气供应"这一特许经营权，得出该模式"能够获得燃气特许经营权是偶然的，多数地区是难以获得的，阜南模式难以有效复制推广"的结论。然而，在捆绑的 4 项特许经营权中，畜禽粪污处理、病死动物处理以及生物天然气设施营建这 3 项，目前多数县域均无人提及，从可行性来说，在全国推广阜南模式时，均应获得政府的相关授权。"全域燃气供应"的特许经营权由于多年的发展，在各地已经形成既定的市场主体，并非所有市场均能够获得是客观事实。在不能获得许可的条件下，生物天然气的营销就不得不面对原有燃气经销商。然而，对于燃气特许经营主体已经明确的大部分地区，已有把项目所产生的生物天然气直接销售给现有燃气公司的成功案例。如江苏大丰的苏港和顺生物天然气项目，在大丰区人民政府的协调下，港华燃气便直接将燃气连接管铺设到生物天然气生产站，项目所产的生物天然气被全部纳管。盐城地区中石油天然气门站价为 2.0 元/m³，港华给苏港和顺现代农业有限公司的生物天然气支付价为 2.5 元/m³。国家也已经明确，现有燃气管网必须开放接纳生物天然气项目所产的生物天然气。对于燃气设施及经营已经非常完备的区县而言，县级政府决策特许经营后，只要实事求是地建立一种协调机制，就不存在燃气出路不畅问题。原因是特许经营权是公益性事业，经营主体必须配合地方公共事业的目的，在不损害经营者利益的前提下，政府要求现有经营者配合，经营者也必须持合作态度。

⑥PPP 项目的可行缺口补贴

不同于传统的政府补贴，PPP 项目的可行缺口补贴实际上是政府购买服务的行为，本身是一种市场交易。单纯依赖使用者付费的基础设施的收益机制是有风险的。然而，建立基于效益评价的可行缺口补贴是增加项目收益的一个重要途径。阜南县农业废弃物沼气与生物天然气开发利用 PPP 项目可行性缺口补贴包括 4 个方面：病死动物处理补贴、秸秆收储补贴、有机肥销售补贴、绿电差价补贴。绿电差价补贴就是应对燃气销售量不足、发电并网收益不足的风险而设定的。这一风险与把生物天然气直接销售给其他燃气公司时价格低、收益不能覆盖项目成本的逻辑是一致的。既然基础设施项目能够帮助政府解决问题，政府就应当给予相应的补偿机制，否则项目就不可持续，公益事业就会面临风险。生物天然气产业是区域人居环境、清洁能源革命、现代循环农业有机肥替代、乡村振兴产业支撑的县域经济高质量转型发展的重要新型基础设施，对各级政府的支撑是刚性的，项目获得的补贴已经不是传统的或有或无的上级财政补贴了。

政府政策扶持：一是原料供给的稳定，一县一法人才能保障原料市场的可靠稳定。二是项目产品的出路，不论是发电并网还是燃气纳管，或是燃气特许经营，均来源于政府的授权。三是经营环境的可靠性，环保执法和乡、镇、村及职能部门配合才能消除与群众交易成本的不确定性。四是项目开发的高效性，政府可以参照产业政策简化项目流程，提高项目开发效率。五是政府补贴的兑现，政府重视和全面参与，政策资金才会有效倾斜和及时兑现。

（3）情景测算结果

情景测算结果见表 4-7。

表 4 - 7　生物天然气单南模式 12 种推广情景测算结果

序号	项目	情景 1（可研）	情景 2	情景 3	情景 4	情景 5	情景 6	情景 7	情景 8	情景 9	情景 10	情景 11	情景 12
1	运营成本												
1.1	总成本费用（万元）	26 194.90	26 194.90	20 800.12	20 800.12	21 713.12	21 713.12	21 549.75	21 549.75	20 698.82	21 711.66	21 548.41	20 800.12
1.2	生产成本（万元）	17 921.21	17 921.21	17 171.58	17 171.58	17 921.21	17 921.21	17 921.21	17 921.21	17 071.62	17 921.21	17 921.21	17 171.58
1.4	贸易购置成本（万元）	4 320.00	4 320.00										
1.5	管销费用（万元）	3 852.19	3 852.19	3 527.04	3 527.04	3 690.41	3 690.41	3 527.04	3 527.04	3 525.70	3 688.95	3 525.70	3 527.04
1.6	财务费用（万元）	101.50	101.50	101.50	101.50	101.50	101.50	101.50	101.50	101.50	101.50	101.50	101.50
1.7	扣补贴及贸易成本后成本（万元）	19 819.77	21 874.90	14 437.01	20 800.12	20 078.12	21 713.12	19 914.75	21 549.75	20 698.82	21 711.66	21 548.41	17 800.12
2	运营收入（万元）	37 522.56	35 467.42	29 086.79	22 723.67	27 818.47	26 183.47	26 401.29	24 766.29	22 723.67	26 183.47	24 610.20	25 724.67
2.1	自产产品及销售收入（万元）	26 945.37	26 945.37	19 068.62	19 068.62	22 528.42	22 528.42	21 111.24	21 111.24	19 068.62	22 528.42	20 985.15	19 068.62
2.2	环保服务收入（万元）	3 655.05	3 655.05	3 655.05	3 655.05	3 655.05	3 655.05	3 655.05	3 655.05	3 655.05	3 655.05	3 655.05	3 656.05
2.3	贸易产品销售收入（万元）	4 867.00	4 867.00	0.00	0.00	0.00	0.00	0.00	0.00	0.00	0.00	0.00	0.00
2.4	各类补贴收入（万元）	2 055.14	0.00	6 363.12	0.00	1 635.00	0.00	1 635.00	0.00	0.00	0.00	0.00	3 000.00
3	产品成本和售价												
3.1	调整后自发电成本 [元/（kw·h）]	0.25	0.33	0.26	0.38					0.37			0.32
3.2	销售价格 [元/（kw·h）]	0.38	0.38	0.38	0.38	0.38	0.38	0.38	0.38	0.38	0.38	0.38	0.38
3.3	绿色电能价 0.5817 元测算国补金额（万元）	230.13		3 728.12									
3.4	按全补助电价 0.75 元测算县补金额（万元）	190.01		1 000.00									

（续）

序号	项目	情景1（可研）	情景2	情景3	情景4	情景5	情景6	情景7	情景8	情景9	情景10	情景11	情景12
3.5	自产天然气成本（元/m³）	2.15	2.37			1.74	1.88	1.58	1.71		1.88	1.65	
3.6	天然气售价（元/m³）	3.20	3.20			2.27	2.27	1.97	1.97		2.27	1.97	
3.7	有机无机复混肥成本（元/t）	712.47	786.34	698.86	1 006.89	843.51	912.20	884.52	957.14	1 001.98	912.13	921.21	861.66
3.8	有机无机复混肥销售价	1 100.00	1 100.00	1 100.00	1 100.00	1 100.00	1 100.00	1 100.00	1 100.00	1 100.00	1 100.00	1 100.00	1 100.00
3.9	有机肥料成本（元/t）	291.46	385.21	285.90	411.91	345.07	373.17	361.85	391.56	409.90	373.15	376.86	352.50
3.10	有机肥料销售价格（元/t）	450.00	450.00	450.00	450.00	450.00	450.00	450.00	450.00	450.00	450.00	450.00	450.00
4	税收与利润												
4.1	应交增值税（万元）	1 226.46	1 085.58	907.05	1 042.51	0.00	0.00	0.00					0.20
4.2	总盈利（万元）	11 327.66	8 253.24	7 983.06	1 486.13	5 253.08	3 846.32	4 135.54	2 741.84	1 589.57	3 847.58	3 431.27	4 549.22
4.3	所得税（万元）	2 831.91	2 063.31	1 995.77	371.53	1 313.27	961.58	1 033.89	685.46	397.39	961.89	857.82	1 137.31
4.4	净利润（万元）	8 495.74	6 189.93	5 987.30	1 114.60	3 939.81	2 884.74	3 101.66	2 056.38	1 192.18	2 885.68	2 573.45	3 411.92
5	投资与投资回报												
5.1	总投资（万元）	109 361.00	109 361	94 516.14	94 516	103 107	103 107.17	94 516.14	94 516.14	92 537	100 947.71	92 536.61	94 516.14
5.2	资本金（万元）	21 924.00	21 924.00	18 776.31	18 776.31	20 482.98	20 482.98	18 776.31	18 776.31	18 776.31	20 482.98	18 776.31	
5.3	全投资IRR-税前（%）	12.82	10.84	10.58	3.12	8.49	6.59	7.56	5.40	3.21	6.37	5.16	6.95
5.4	全投资IRR-税后（%）	10.35	9.00	8.19	2.54	7.08	5.48	6.31	4.47	2.58	5.27	4.01	5.45
5.5	项目资本金IRR-税后（%）	18.59	14.23	13.43	1.93	8.60	5.77	7.20	4.22	3.05	6.86	4.75	6.95
5.6	含税投资回收期（年）	11.33	12.40	12.80	23.24	14.72	16.92	15.74	18.73	23.10	17.03	18.88	16.27
5.7	不含建设投资回收期（年）	7.83	8.90	9.30	19.74	11.22	13.42	12.24	15.23	19.60	13.53	15.38	12.77

4.4.3 情景结果分析

第一，情景 1 项目条件全部继承，资本金内含报酬率达到 18.59％，即使没有补贴，情景 2 也能够达到 14.23％。12 种情景中有 9 种情景是具有投资价值的，只有 4 种情景（情景 4、情景 8、情景 9、情景 11）资本金收益率达不到基准利率，这说明补贴不是阜南模式的核心，阜南模式的核心是政策扶持机制的建立。阜南模式能够破解政府面临的区域社会经济发展困境是能够与政府谈妥各种政策扶持机制的基础。当然，扶持政策本身就包括燃气特许经营权和可行缺口补贴。政策性机制有了，即使没有补贴也能照常运营；如果政策机制没谈好，即使短期内得到政府补贴，运营也不会长久。

第二，情景 4 纯发电上网，且无政府补贴，资本金内含报酬率仅 1.93％，即使在得到 3％的政策性贷款的条件下，情景 9 的资本金内含报酬率也仅为 3.05％，毋庸置疑投资肯定是失败的。如果政府有需求，就应当给予一定的扶持，但是必须谈妥可以稳定运行的机制方可投资。即使国家绿电补贴不到位，项目属地政府的环境治理补贴也必须到位，应按照每年环境治理补贴到位 3 000 万元左右（如情景 12），资本金内含报酬率也能够达到 6.95％，项目仍具有商业价值。因此，12 种情景设计不可能全都不合理，很多达界条件可能是多重妥协和相互组合的情景。

第三，在同样没有燃气特许经营权和政府补贴的情景中，情景 4 纯发电的资本金投资收益率仅 1.93％，而情景 5 站田式并网纳管的资本金投资收益率仍能够达到 8.60％，这说明生物天然气的出路是优先售气。中国是煤炭资源丰富的国家，燃煤电价的竞争优势在短期内是无法突破的。同时，中国又是油气资源贫乏的国家，燃气是各地均可能面临的短缺资源，如何把生物天然气与传统天然气融合是解决问题的关键。燃气特许经营权是最优选择，在多数县域燃气设施也不完善的情况下，具有融合发展的基础。即使在燃气已经发展充分的地区实行通过站田模式纳管，或者通过原有燃气公司铺管到站，均是可行的。

第四，情景 6 中，站田式纳管无补贴资本金投资收益率为 5.77％，但是在能争取到年化率 3％的政策贷款的条件下，即情景 10 的资本金投资收益率也会上升到 6.86％，投资收益明显优化。说明 12 种情景设计并非要论证后期项目开发一定要坚持何种模式或拒绝何种模式，而是为后期推广项目与政府洽谈商业模式的设计时提供可以灵活应对的谈判依据。只要针对政府所面临的不同困境和发展现状，抓住不同情景下可能面临的财务风险，在后期项目推广中，就可以根据不同地区的具体问题，有针对性地与政府洽谈应对策略。只要机制设计有针对性，项目后期的运营就是可靠的。

第 5 章
"双碳"背景下生物天然气产业的发展

5.1 "双碳"背景

5.1.1 "双碳"目标的提出

应对气候变化挑战和推进碳达峰、碳中和已成为全球共识。2020 年 9 月 22 日,习近平总书记在第七十五届联合国大会一般性辩论上宣布:"中国将提高国家自主贡献力度,采取更加有力的政策和措施,二氧化碳排放力争于 2030 年前达到峰值,努力争取 2060 年前实现碳中和。"

2021 年 9 月 22 日,《中共中央 国务院关于完整准确全面贯彻新发展理念做好碳达峰碳中和工作的意见》再次提到关于碳达峰、碳中和的主要目标:到 2025 年,绿色低碳循环发展的经济体系初步形成,重点行业能源利用效率大幅提升。单位国内生产总值能耗比 2020 年下降 13.5%;单位国内生产总值二氧化碳排放比 2020 年下降 18%;非化石能源消费占比为 20% 左右;森林覆盖率达到 24.1%,森林蓄积量达到 180 亿 m^3,为实现碳达峰、碳中和奠定坚实基础。

到 2030 年,经济社会发展全面绿色转型取得显著成效,重点耗能行业能源利用效率达到国际先进水平。单位国内生产总值能耗大幅下降;单位国内生产总值二氧化碳排放比 2005 年下降 65%;非化石能源消费占比为 25% 左右;风电力发、太阳能发电总装机容量 12 亿 kW 以上;森林覆盖率 25% 左右,森林蓄积量达到 190 亿 m^3,二氧化碳排放量达到峰值并实现稳中有降。

到 2060 年,绿色低碳循环发展的经济体系和清洁低碳安全高效的能源体系全面建立,能源利用效率达到国际先进水平,非化石能源消费占比 80% 以上,碳中和目标顺利实现,生态文明建设取得丰硕成果,开创人与自然和谐共生新境界。

5.1.2 碳中和之路

碳中和的基本概念是在 21 世纪中叶至 21 世纪下半叶实现人类活动排放的温室气体与大自然吸收的温室气体相平衡,这就要求我们大幅度减少化石能源的消费而大幅度增加非化石能源特别是可再生能源的消费。只有做到这一点,才能够实现真正的发展转型。同时世界各国在走碳中和之路的时候,一个共同的愿景就是走低排放发展之路,虽然每个国家提出的目标方式措施不同,但是大的方向都是一致的,比如欧盟要构建绿色可持续的能源体系、可持续的交通业和可持续的工业,美国提出零碳建筑、零碳交通和零碳电力等。这些愿景中一个最主要的目标就是要从对化石能源的依赖转变为对技术的依赖。中国虽然现在还没有明确制定碳达峰、碳中和的路线图,但是在 2021 年 3 月 15 日中央财经委员会第九次会议上,已经提出了 7 项大的任务和 23 项小的任务,把能源转型作为最重要的任务,其中包括努力控制化石能源消费总量、推动煤炭消费早日达峰、大力发展可再生能源替代、在实现能源双控等制度的基础上又增加了"十四五"期间严控煤炭消费、严控煤电项目、"十五五"期间争取煤炭消费有所下降等明确的目标。根据这些要求,国家发展和改革委员会等相关部门正在利用"1+N"政策体系,即碳达峰、碳中和的顶层设计内容总目标是明确 2030 年前如何实现碳达峰,同时在各个分领域也要制定详细的目标。现在各个部门,包括国务院国有资产监督管理委员会、工业和信息化部、科学技术部、国家市场监督管理总局、交通运输部等部门都已经制定了各自行业碳达峰、碳中和的行动方案。

5.1.3 "双碳"目标是深思熟虑的战略部署

"双碳"目标是中央经过深思熟虑作出的战略决策部署。早在 20 世纪 90 年代,中国已经将节约优先和环境保护作为基本国策,以避免走西方国家"先发展后治理"的老路。虽未雨绸缪,但是在发展的过程中仍然走了很多的弯路,并且较西方发达国家"先发展后治理"的老路有过之而无不及。这导致中国在后期经济发展过程中出现了发展不平衡、不协调、不可持续的矛盾,所以一定要坚持以生态环境高水平保护推动经济社会高质量发展的道路。中国"十六大""十七大"提出以人为本,建设资源节约型、环境友好型社会。2005 年中国颁布了《可再生能源法》,从法律层面要求加快推动能源需求的转型。2014 年提出"能源革命"的思想,其目标是要求中国的发展逐步摆脱对化石能源,特别是对煤炭的依赖。气候变化问题也在 2014 年达到高潮,时任美国总统奥巴马访问中国,和国家主席习近平共同签署了《中美元首气候变化联合声明》，这一声明推动了中美联合应对气候变化的工作。中国计划 2030 年左右二氧化碳排放达到峰值且将努力早日达峰，并计划到 2030 年非化石能源占一次能源消费比例提高到 20％左右。美国计划于 2025 年实现在 2005 年的基础上减排 26％～28％的全经济范围减排目标，并将努力减排 28％。同时两国共同出资（美国重申向绿色气候基金捐资 30 亿美元的许诺；中国宣布拿出 200 亿元人民币建立中国气候变化南南合作基金）支持其他发展中国家应对气候变化，支持发展中国家向绿色低碳发展转型并进行气候适应力建设。这一系列举动开创了中美联手推进气候变化相关问题的新高潮。2014 年 2 月 14 日，国家主席习近平在人民大会堂会见时任美国国务卿克里时强调"关于气候变化问题，不是别人要我们做，是我们自己要做"，并且要求全国上下用碳达峰来推动国内以高水平保护推动高质量发展，并且提出来我们要大力发展可再生能源，提高能源利用效率和增加森林碳汇。中国历届党中央领导人都很重视能源问题，从 20 世纪 90 年代开始提出节约优先，在 2005 年提出发展可再生能源，一直到 2014 年提出能源革命。中国积极应对气候变化倒逼发展转型，号召全国上下推动发展转型。2012 年，温家宝在夏季达沃斯论坛上提出，中国的发展出现了不平衡、不协调和不可持续的矛盾，因此必须通过倒逼机制来实现发展转型。之后还提出能源双控制度和碳强度控制制度，以及非化石能源总量制度目标等来推动发展，特别是能源结构的转型。2021 年 9 月 22 日《中共中央国务院关于完整准确全面贯彻新发展理念做好碳达峰碳中和工作的意见》中指出：以习近平新时代中国特色社会主义思想为指导，全面贯彻党的十九大和十九届二中、三中、四中、五中全会精神，深入贯彻习近平生态文明思想，立足新发展阶段，贯彻新发展理念，构建新发展格局，坚持系统观念，处理好发展和减排、整体和局部、短期和中长期的关系，把碳达峰、碳中和纳入经济社会发展全局，以经济社会发展全面绿色转型为引领，以能源绿色低碳发展为关键，加快形成节约资源和保护环境的产业结构、生产方式、生活方式、空间格局，坚定不移地走生态优先、绿色低碳的高质量发展道路，确保如期实现碳达峰、碳中和。

碳达峰、碳中和是党中央经过深思熟虑作出的重要战略部署，也是中国进一步和全世界同呼吸共命运的具体要求，可以说推动碳达峰工作不仅仅是中国应对气候变化的大国担当，还是中国推动高质量发展和高水平保护的内在要求。

5.2　全球甲烷承诺

1997 年，《联合国气候变化框架公约》的《京都议定书》将甲烷明确作为六大温室气体之一纳入减排名录，2015 年《巴黎协定》要求进一步加强温室气体的汇和库。到 2021 年在英国格拉斯哥举行的《联合国气候变化变化框架公约》第 26 次缔约方大会议，COP26）上，103 个国家签署了《全球甲烷承诺》，倡议承诺"到 2030 年，将全球甲烷排放量在 2020 年的排放水平上至少削减 36％"。截至目前已有约 150 个国家加入该倡议。

甲烷是仅次于二氧化碳的第二大温室气体。甲烷吸热能力高于二氧化碳，但在大气层中分解的速度也较快。这意味着减少甲烷排放能对抑制全球变暖产生显著影响。自前工业时代以来，甲烷造成了约 30％的全球变暖，并且自 20 世纪 80 年代开始有记录以来，人为甲烷排放量的增长速度极快。根据美国国家海洋和大气管理局的数据，2020 年新冠疫情期间，二氧化碳排放量有所下降，但大气中的甲烷却猛增。

农业农村是中国实现碳达峰、碳中和的重要领域之一，也是潜力所在。沼气和生物天然气具有清洁低碳可再生的特性。发展农村沼气和生物天然气能够拓宽农村地区清洁能源供给渠道，推动畜禽粪污、秸秆等农业废弃物资源化利用，从而有效减少化石能源燃烧释放的二氧化碳，减少畜禽粪污露天堆放产生的甲烷和氧化亚氮。同时，沼渣、沼液还可作为有机肥还田，能有效替代化肥、降低农业氧化亚氮排放强度，并提高土壤有机质含量、增加土壤碳汇。作为农业农村减排固碳的主要措施之一，农村沼气建设将迎来新的发展机遇。

5.2.1 中国农业甲烷排放、利用及面临的形势和挑战

甲烷是一种增温潜势较大的短寿命温室气体，也是优质的能源。中国是世界上人为甲烷排放量最大的国家，农业是中国人为甲烷排放的主要来源，农业甲烷减排问题直接关系中国粮食安全，成为国际关注的焦点。积极稳妥地推进农业甲烷减排和利用，有助于促进农业高质量发展、减缓气候变化，也有助于实现经济、安全等多重效应。

（1）中国农业甲烷排放情况

根据联合国《气候变化框架公约》规定，中国先后向公约秘书处提交了 1994 年、2005 年、2010 年、2012 年、2014 年的国家温室气体清单，其中：稻田甲烷排放采用中国自主研发的稻田甲烷模型 CH_4MOD 进行核算；动物肠道甲烷排放和粪便管理甲烷排放主要采用政府间气候变化专门委员会推荐公式和中国特有参数核算。2014 年，中国甲烷排放总量为 5 529.2 万 t，占全国温室气体排放总量的 9.1％，农业甲烷排放量为 2 224.5 万 t，占全国甲烷排放总量的 40.2％。中国农业甲烷排放主要来自水稻种植、动物肠道发酵和畜禽粪污管理，2014 年 3 种来源的甲烷排放量分别为 891.1 万 t、985.6 万 t 和 315.5

万 t，占中国甲烷排放总量的比例为 16.1％、17.8％和 5.7％。

（2）中国农业甲烷利用情况

中国已经开展了多年的农业甲烷利用，最主要的利用方式是发展农村沼气。20 世纪 70 年代以来，中国建设了一大批农村沼气设施，最高峰时户用沼气池达到 4 200 万口，曾解决了 2 亿多农民的炊事、照明等生活用能问题，成为各级政府为农民办实事的"民心工程"之一。目前，全国有农村户用沼气池 3 008 万口、沼气工程 9.3 万个，其中，中小型沼气工程 8.6 万处，大型和特大型沼气工程 7 395 处，大型和特大型沼气工程年产沼气 14 亿 m³，约相当于 100 万 t 标准煤。

（3）面临的形势和挑战

近年来，美国、欧盟国家等先后实施甲烷减排行动计划。美国农业甲烷减排措施主要包括：启动气候智能型农业项目，对实现甲烷减排的农民和牧场主予以奖励，探索构建气候友好型农产品供应链，加大对农业甲烷测算方法研究的支持力度，优化粪便管理系统减少甲烷排放等。欧盟农业甲烷减排行动措施主要包括：推动建立牲畜全生命周期甲烷排放核算方法，编制农业甲烷管控技术清单，推广农业种植减排技术，支持沼气项目建设等。2021 年 4 月，中美发表《应对气候危机联合声明》，双方将围绕甲烷等非二氧化碳温室气体排放加强合作。当前，全球甲烷一体化减排势头日益增强，美国、欧盟国家可能以此为由对中国农业发展施压，威胁中国粮食安全。中国将把守住粮食安全底线作为农业发展的首要任务，提前谋划，积极应对，努力把握发展主动权。

5.2.2　中国农业甲烷减排对策建议

随着全球甲烷一体化减排态势日益增强，中国农业甲烷减排将面临巨大压力。借鉴美国、欧盟国家农业甲烷减排政策和措施，在保证粮食安全和重要农产品有效供给的前提下，主动谋划，积极作为，稳妥有序推进中国农业甲烷减排工作。

（1）细化农业甲烷减排行动方案

结合《农业农村减排固碳实施方案》和正在制订的甲烷减排国家行动计划，制订符合中国国情的农业甲烷中长期减排行动计划，明确减排目标、方向、实施路径等，有计划、有步骤地做好战略部署。建立部门联动的农业甲烷控排协调机制，明确各地区各部门的工作重点和责任主体。开展重点区域农业甲烷减排动态与成效评估，完善国家级、省级、市级、企业级清单编制与信息报送制度，形成完整、准确的数据库和分析平台，提高数据透明度。

（2）构建农业甲烷减排监测核算体系

加强农业甲烷排放的监测、核算、报告和核查体系建设，完善监测指标、关键参数、核算方法。统筹中央和地方各级力量,在不同区域的稻田、不同类型的养殖场及农村沼气设施等处布设监测点位,构建布局科学的监测网络,开展农业甲烷排放长期定点监测,推动智能化、信息化技术在农业甲烷减排监测中的应用。

(3)加快农业甲烷减排技术研发推广

加强农业甲烷减排技术研究,提出符合中国国情的农业领域最佳减排实践、精细化管理经验和减排技术清单,以及整装成套技术设备的国产化示范、应用和推广。系统梳理农业甲烷减排重大科技需求,加大对国家重点研发计划"碳达峰、碳中和关键技术研究与示范"等科技计划的支持力度。依托现代农业产业技术体系、国家农业科技创新联盟等,加强稻田秸秆还田好氧耕作甲烷减排、瘤胃微生物调控甲烷减排、农业废弃物厌氧干发酵等技术集成示范。完善农业甲烷减排标准体系,制修订一批国家标准、行业标准和地方标准。

(4)建立农业甲烷减排长效机制

推进重大问题研究和政策法规制定,强化正向激励和负面约束等措施,创设完善有利于推进农业甲烷减排的扶持政策。强化政府规范和信息引导,鼓励金融资本、社会资本投向农业甲烷减排领域。探索通过市场机制实现农业甲烷减排有效补偿,推进具备条件的农业甲烷减排项目参与自愿减排交易。鼓励跨领域的创新与合作,为政府、科研院校、企业、农民及其他组织搭建高效平台,加速新成果新技术向减排效益的转化。

(5)以大中型沼气工程为重点推进粪污管理甲烷减排

沼气生物天然气是治理畜禽粪污污染、减少温室气体排放、替代化石能源、带动循环农业发展的有效手段。特别是在甲烷减排的大背景下,沼气、生物天然气是农业甲烷减排实现可监测、可报告、可核查且最能带来收益的工程化措施。建议借鉴美国、欧盟国家、巴西的做法,研究制定畜禽粪污沼气化利用支持政策,形成中国农业粪污管理甲烷减排重大行动,体现大国农业担当。在具体措施上:一是盘活现有沼气、生物天然气工程,特别是解决好沼气发电上网补贴难以兑现、生物天然气价格偏低等问题;二是在新建畜禽粪污处理设施上,重点支持沼气工程处理方式;三是研究建立生物天然气配额制,从终端产品拉动盘活生物天然气。

5.3 碳信用市场交易现状

5.3.1 碳市场建设背景

气候变化已成为全球可持续发展的最大威胁之一,如果不及时采取措施应对，将严重影响人类的生产和生活。全球气候变化主要是由温室气体过度排放导致的。政府间气候变化专门委员会（IPCC1）报告指出："以化石燃料燃烧为主的人类活动，是导致大气中温室气体含量增加的主要原因"。因此，减缓气候变化的关键是减少化石燃料的使用，从而减少以二氧化碳为主的温室气体的排放。除了新技术推广和行政管控，各国也在寻求更加市场化和高效的减排政策路径。碳交易通过发挥市场在资源配置中的决定性作用，在交易过程形成合理碳价并向企业传导，促使其淘汰落后产能或加大减排研发投资，是以市场机制应对气候变化的重要路径之一。碳市场机制特别是碳金融的发展，有助于推动社会资本向低碳领域流动，有利于激发企业开发低碳技术和应用低碳产品，带动企业生产模式和商业模式发生转变，提高企业的市场竞争力，为培育和创新发展低碳经济提供动力，逐渐成为全球主要减排的政策工具。

5.3.2　中国碳市场发展现状

2011 年，中国启动符合中国国情的碳交易体系设计建设工作。按照边探索边实践的指导思想，2013—2014 年，分别在北京、上海、深圳、广州、重庆、天津以及湖北设立 7 个试点碳交易市场。2016 年，在福建设立新增碳交易市场。2017 年，全国碳交易市场建设工作正式启动，2020 年 12 月 25 日，生态环境部发布《碳排放权交易管理办法（试行）》，允许纳入碳排放权交易配额管理的重点排放单位采用国家核证自愿减排量（简称 CCER）进行 5% 的配额抵扣。2021 年 3 月 30 日，生态环境部发布《碳排放权交易管理暂行条例（草案修改稿）》（征求意见稿），对全国统一碳排放权交易市场框架进行了全面、系统的规定。2021 年 1 月中国统一碳排放权交易市场第一个履约周期正式启动，2021 年 2 月启动碳排放交易体系，2021 年 7 月 16 日，全国碳排放权交易市场开始正式上线交易，覆盖实体发电企业约 2 162 个，二氧化碳年排放量约 45 亿 t。中国碳排放权交易市场在初始阶段仅涉及电力部门，但伴随着相关政策、法规等的出台，将逐渐形成完善、合理、高效的体系。中国碳市场建设历程如图 5-1 所示。

5.3.3　碳信用市场特点

碳信用市场现阶段还处于多市场相对独立又相互影响、碳信用机制不断变化的发展阶段。从碳信用机制角度来看，主要有国际机制、独立机制、区域（国家）机制 3 种类型。目前：关于国际机制延续的讨论持续了 6 年，初步达成一致，落实还需要时间；独立组织和区域不断推出新的碳信用机制，尝试更

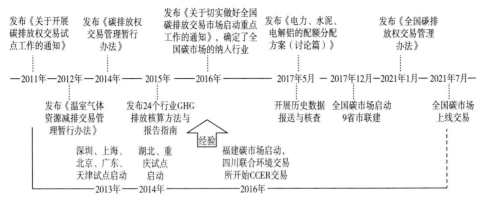

图 5-1 中国碳市场建设历程

进一步激活市场潜力；已经具有一定影响力的碳信用机制则通过更新规则、收紧项目提升自身机制下碳信用的公信力。从市场角度包括国际履约市场、区域（国家）履约市场、某些金融需要、自愿中和，不同需求接受的碳信用机制、产生区域等都不同。每种机制的碳信用均代表 1t 未被排放到大气中的二氧化碳，即使自愿接受碳中和等多种需求，但买家出于品牌塑造、市场营销或者企业战略的需要，往往对碳信用有其他倾向性要求，因此碳信用机制和碳信用市场并不是一一对应的，其主要市场应用如图 5-2 所示。

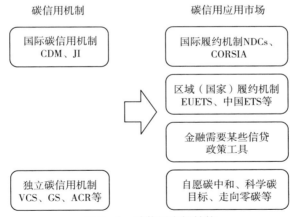

图 5-2 碳信用市场结构

因此，碳信用市场的交易非常个性化，买家往往只关注购买碳信用要实现的目标。如果用于抵消机制，其筛选的过程一般是有哪些机制标准符合相关抵消机制的要求，不同标准类型、项目类型碳信用价格如何，是否有其他社会影响力要求，在符合要求的情况下偏好哪个品种。如果用于企业自愿碳中和，企业则会更多关注哪一个碳信用机制的公信力更好、哪一类碳信用的社会认可度更高、是否和企业经营领域相关等。在有优先级的选择原则下，再去市场寻找合适的碳信用产品。所以，大多数情况下，企业都需要碳商或交易所经纪人的辅导。碳交易主要通过碳商或交易所经纪人从中撮合完成。碳信用市场主体结构如图 5-3 所示。

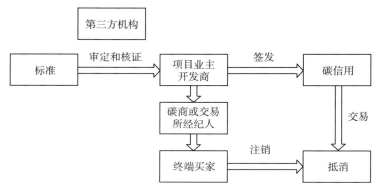

图 5-3　碳信用市场主体结构

由前述可知，碳信用的项目种类、所属行业、区域来源多样，购买企业对碳信用本身的减排量效果之外的关注和偏好也各不相同，因此，市场上碳信用的价格往往受多种因素影响。目前的碳信用尚未形成公开透明报价，交易多是市场询价方式，并且不同类型碳信用的价格差异较大。这里引用了世界银行《2022 年碳定价发展现状与未来趋势》报告中的价格统计，可以看到不同类型的碳信用价格差异。

随着应对气候变化的深入人心和碳信用市场关注度的提升，碳信用市场的签发量快速增加，碳信用使用量的增加要平缓得多。整个市场呈现供大于求的发展趋势。由于需求和供给的不透明和复杂性，容易造成交易不畅；某些时候，市场也存在高估需求的可能。

中国核证自愿减排量（Chinese Certified Emission Reduction，CCER）交易市场对中国碳市场建设意义重大。首先，CCER 交易市场是碳配额市场的重要补充，全国碳市场和地方碳市场均允许控排企业使用 CCER 抵消一定比例的碳配额；其次，CCER 交易有助于碳市场的价格发现，是调控碳市场的重要市场工具之一；最后，CCER 是发展碳金融衍生品的良好载体，有助于碳金融市场的多元化发展。

CCER 自 2012 年推出以来备受控排企业青睐，被广泛用于地方试点市场的碳配额清缴履约，但由于在实施过程中存在 CCER 项目不规范、减排备案远大于抵消速度、交易空转过多等问题，从 2017 年 3 月起，中国暂停了CCER 项目的备案审批。但在"30·60"目标背景下，越来越多的控排企业、非控排企业和个人有减少碳排放和实现碳中和的需求,重启 CCER 呼声较高,重启 CCER 有望进一步降低碳减排成本,促进可再生能源的发展。

5.3.4　山东民和生物科技股份有限公司碳交易、碳减排典型工程

山东民和生物科技股份有限公司是农业产业化国家龙头企业、上市公司山东民和牧业股份有限公司的全资子公司,是国家高新技术企业,是亚洲植物生长促进液生产基地。公司以丰富的产业资源为依托,建成了沼气发电项目、沼气提纯生物天然气项目、功能型水溶肥项目、有机肥项目等项目,主要从事沼气发电和生物天然气、有机肥料、功能型水溶肥料的生产和销售等业务。公司年可发电 5 000 多万 kW·h,生产固体有机肥料 5 万余 t、新壮态系列产品 16 万 t(其中:新壮态植物生长促进液 6 万 t、新壮态冲施肥 10 万 t)、生物天然气 1 500 万 m^3。

民和沼气发电项目位居世界禽畜粪污沼气发电工程前列,也是目前中国农业领域成功在联合国登记的清洁发展机制(CDM)项目,该项目为日产 3 万 m^3 生物天然气工程,项目总投资 7 000 余万元,于 2008 年 11 月建成,并于 2009 年 2 月并网发电。日产沼气 30 000 m^3,日发电量 60 000 kW·h,并入电网,年发电量 2 400 万 kW·h,每年可获得发电收益 1 300 万元,发电机组产生的余热被用于冬季厌氧罐的增温,保证 38℃ 中温发酵。成功构建了"畜禽养殖—沼气工程—清洁能源—高效肥料—果蔬种植"有机结合的完整循环生态农业产业链。年温室气体减排 8 万多 t 二氧化碳当量,年可取得 CDM 项目收益 100 万美元,环境效益、社会效益和经济效益显著。企业凭借"生物发酵—沼气发电—沼气提纯生物天然气—功能型水溶肥生产—有机肥生产—有机种植农业"等领域过硬的技术和产品、丰富的运营经验和产销能力,荣获国家科学技术进步奖二等奖、国家级能源科技进步奖三等奖、广东省科技进步奖一等奖等众多知名奖项,并已申请、被授权国家专利 26 项。

5.4　生物天然气产业发展

《中国沼气行业双碳发展报告》围绕畜禽粪污、农作物秸秆、城市污泥、垃圾填埋气、餐厨及厨余垃圾、工业废水等有机废弃物,分别从沼气行业发展现状、厌氧产沼资源量分析、沼气产能及减排预测、沼气行业发展机遇与挑战、政策建议五个部分展开,以"十四五"为基础,展望了 2030 年、2060 年两个时间节点,对沼气行业未来发展趋势作出判断以及沼气生产潜力进行分

析，并提出在"双碳"和乡村振兴战略目标实现的大背景下中国沼气行业发展的政策建议等。

在农业农村领域，中国是世界上沼气开发利用最早的国家之一，可以说，中国的沼气事业最初就是源于农村沼气的发展。20 世纪 50 年代末期农村沼气建设开始发展，1979 年国务院成立了全国沼气建设领导小组，农业部成立了沼气科学研究所，1980 年成立中国沼气学会，并由此在全国形成了从中央到省、市、县较为完整的沼气行业行政管理及技术推广体系。近 20 年来，国家为了推动农村沼气行业的发展，通过中央预算内资金和国债资金先后投入总计超过 480 亿元，农村沼气行业成功实现了由户用沼气到各种类型的沼气工程及规模化生物天然气工程的转型升级，基本建立健全了沼气的标准化体系，沼气技术也实现了突破，积累了一批有价值、可推广、可复制的成熟技术模式。

在城市领域，中国厌氧技术的发展得益于国家发展和改革委员会率先在全国启动的 5 批 100 多个餐厨废弃物试点工作。2017 年 3 月，为切实推动生活垃圾分类、提高新型城镇化质量和生态文明建设水平，国家发展和改革委员会、住房和城乡建设部颁布《生活垃圾分类制度实施方案》，要求在全国 46 个城市先行实施生活垃圾强制分类。2021 年 5 月，国家发展和改革委员会、住房和城乡建设部印发《"十四五"城镇生活垃圾分类和处理设施发展规划》，提出到 2025 年底全国城市生活垃圾资源化利用率要达到 60% 左右，在 2035 年前要全面建立城市生活垃圾分类制度，垃圾分类达到国际先进水平。2019 年 12 月，国家发展和改革委员会等十部委联合下发《关于促进生物天然气产业化发展的指导意见》，指出产业要走工业化、商业化、市场化和专业化的发展道路。

在工业领域，在"双碳"背景下工业废水沼气的多元化高值产品开发和利用存在巨大的市场潜力。国家统计局数据显示，"十一五"和"十二五"期间的 10 年是中国工业废水治理的投资高峰期，年均投资 146 亿元，2007 年和 2008 年年度投资近 200 亿元。从 20 世纪 80 年代开始，中国加强国际合作与交流，引进国外先进技术，国产化了高浓度工业废水上常用的 UASB 工艺，开发了厌氧第三代的 EGSB 反应器，形成与国际同步发展的态势。据《中丹可再生能源发展项目（RED 项目）-中国沼气产业发展现状报告》统计，早在 2009 年，中国工业废水沼气工程已经超过 2 000 座。随着工业行业污染控制、碳减排等需求以及产能的进一步提升，新建、改扩建项目预期将进一步释放市场需求。

上述研究表明，中国工农业生产废水和废弃物以及城市生活有机垃圾产生量巨大，同时减污降碳的潜力也是巨大的。通过行业努力可以在环境综合整治、有机废弃物资源化利用和固碳减排三方面发挥协同效应，实现生态循环、环境保护、能源替代的"三重功能"。

一是生态循环。畜禽粪污、秸秆等农业有机废弃物是沼气生物天然气的主要原料，沼气发酵产生的沼渣、沼液可制成有机肥替代化肥，农业产出品又可作为畜牧养殖的饲料来源。以沼气为纽带构建的生态循环利用模式是农业绿色发展的重要途径。

二是环境保护。沼气生物天然气可无害化处理和资源化利用畜禽粪污、秸秆、有机垃圾等农业农村有机废弃物，能够有效防止和减轻畜禽粪污排放和化肥农药过量施用造成的面源污染。沼气、生物天然气的利用还能够有效减少化石能源的燃烧，降低二氧化硫、氮氧化物、烟尘等污染物的排放量，是推进减污降碳协同增效的有效途径。

三是能源替代。在碳达峰、碳中和背景下，沼气、生物天然气的使用是替代化石能源消耗、减少二氧化碳排放的重要渠道。沼气、生物天然气是绿色、低碳、清洁、可再生的分布式能源，具有分布广、供气稳定的优势。新阶段在适宜地区发展农村沼气，能有效替代煤炭、天然气、秸秆、薪柴等燃料，满足清洁用能需求。

《中共中央　国务院关于完整准确全面贯彻新发展理念做好碳达峰碳中和工作的意见》中提道：推进经济社会发展全面绿色转型，强化绿色低碳发展规划引领，优化绿色低碳发展区域布局，加快形成绿色生产生活方式；深度调整产业结构，推动产业结构优化升级，坚决遏制高耗能高排放项目盲目发展，大力发展绿色低碳产业；加快构建清洁低碳安全高效能源体系，强化能源消费强度和总量双控，大幅提升能源利用效率，严格控制化石能源消费，积极发展非化石能源，深化能源体制机制改革；加快推进低碳交通运输体系建设，优化交通运输结构，推广节能低碳型交通工具，积极引导低碳出行；提升城乡建设绿色低碳发展质量，推进城乡建设和管理模式低碳转型，大力发展节能低碳建筑，加快优化建筑用能结构；加强绿色低碳重大科技攻关和推广应用，强化基础研究和前沿技术布局，加快先进适用技术研发和推广；持续巩固生态系统碳汇能力，提升生态系统碳汇增量；提高对外开放绿色低碳发展水平，加快建立绿色贸易体系，推进绿色"一带一路"建设，加强国际交流与合作；健全法律法规标准和统计监测体系；完善政策机制；切实加强组织实施。

为深入贯彻落实《中共中央　国务院关于完整准确全面贯彻新发展理念做好碳达峰碳中和工作的意见》和《2030年前碳达峰行动方案》有关要求，经国务院同意，以习近平新时代中国特色社会主义思想为指导，全面贯彻党的十九大及十九届历次全会精神，深入贯彻习近平生态文明思想，坚持稳中求进工作总基调，立足新发展阶段，完整、准确、全面贯彻新发展理念，构建新发展格局，深入推动能源消费革命、供给革命、技术革命、体制革命，全方位加强

国际合作，从国情出发，统筹发展与安全、稳增长和调结构，深化能源领域体制机制改革创新，加快构建清洁低碳、安全高效的能源体系，促进能源高质量发展和经济社会发展全面绿色转型，为科学有序推动如期实现碳达峰、碳中和目标和建设现代化经济体系提供保障。坚持系统观念、统筹推进、保障安全、有序转型、创新驱动、集约高效、市场主导、政府引导的基本原则。

5.5　生物质能企业参与碳市场的建议

为了帮助生物质能企业厘清碳市场体系与结构，以全面、客观的方式了解碳市场，选择更有利于企业发展的参与方式。在启动项目碳信用开发工作时，可以有较为高效的评估判断依据。

通过对报告的梳理可以看出，在目前的市场发展状态下，一段时间内，碳信用机制对项目经济改善的效果需要一个科学合理的预期。因此在项目机制选择、开发合作方案选择、自身能力建设方面还需要重点关注并采取适当行动。综合前述介绍提出可供参考的建议。

5.5.1　慎重选择开发标准

为避免重复计算碳信用，要求不可以同时申请两个机制，且机制之间互认兼容的通道尚未建立，而碳信用项目通常开发周期较长，一旦申请了某个机制，不可以调整，将影响项目减排效果的交易变现。因此，需要慎重考虑。

根据前面的分析，如果仅考虑国内市场，履约抵扣的需求远大于自愿中和的需求，履约抵扣仅接受 CCER 产生的碳信用。如果综合考虑国际市场，涉及国家自主贡献，目前主管部门尚未对此给出明确态度，但可以想象，必定会优先满足国内的达峰、碳中和需要，即使主管部门允许国际交易，国际市场需求以 CORSIA 的抵消机制为主，CCER 已经获得许可，其重启之后理应也会重新申请并获得认可。

CCER 重启时间待定，管理机制和项目评估标准面临调整，短期来看不确定性比较多，但长期来看将是一个相对稳定的市场。因此，建议优先考虑申请CCER 机制。

5.5.2　采取开放性的合作态度

从项目开发的技术专业性角度分析，随着社会技术的进步和管理规则趋严，项目开发难度将越来越大，减排量空间将越来越小。依托专业的技术机构，尽早启动开发工作，将更有利于项目变现。但碳信用机制的相关要求也对项目管理提出了挑战，因此，为更好地推进项目开发工作，一些同类项目较多的集团性公司会组建专门的团队承担开发工作。

从市场风险角度来看，碳信用市场的不透明主要体现在自愿碳中和方面。对于履约抵消，一旦范围明确，其接受范围内的碳信用将趋于同质、同价。历史上，CCERs 可用于履约抵消的时期，也曾被作为标准化产品在交易平台进行交易，并有非常公开透明的报价；理论上，CCER 机制重启后大部分将被用于中国碳市场履约抵消。

因此，项目开发、交易风险可控性越来越强。因此，建议减排项目碳信用开发回归经济性本质，从项目业主角度来看，项目碳信用收入并没有为其经济性带来决定性的改善效果，从开发机构角度来看，确实承担了很多不确定性的风险，双方应以项目自身运营管理有利为目标，采取开放性的合作态度。

5.5.3　关注能力建设

能力建设主要是指企业在监测管理和方法学更新、开发工作方面的能力及信息消化吸收能力。项目减排量获得充分开发，首先要有适用的方法学，使得项目场景与方法学场景吻合度高，减排量计算有充足的数据支持，项目不会因场景不符合而放弃某部分减排量，也不会因默认参数的陈旧、保守而损失减排量。需要进行充分的行业联动，在合适的时机及时提出方法学更新或新方法学备案申请。另外是监测计划的实施情况，有效的监测计划和质量管理程序有助于及时发现问题，而问题及时解决后，可以有效避免监测数据问题导致的减排量扣减。

5.5.4　新方法学

关于新方法学，生物质能领域还有很大的努力空间。首先是上文提到的畜禽粪污、秸秆、厨余垃圾等农业农村废弃物的综合厌氧处理，类似于垃圾多选处理方式，形成较综合的方法学，同一类项目的不同技术类型都适用。其次是生物液体燃料方向，比如生物柴油、生物航煤等，更多地将生物质作为能源考虑，而非将其视为一种需要处理的废弃物。

目前已经有生物柴油相关方法学，但是该方法是按照 5% 的比例在化石柴油中掺混生物柴油，且没有生物柴油类项目备案。目前，生物柴油单独使用、生物航煤等其他液体燃料技术已经逐渐成熟，但暂时还没有方法学支持。因此，生物液体燃料利用需要方法学支持，以获得减排收益。

5.5.5 生物质能 + 碳捕集的组合项目

在中国碳中和规划的技术路径中，生物碳捕集、利用和封存是一条重要的负碳技术路径，相关技术研究实验也在快速发展，开发相应方法学、为项目提供碳减排收入支持也将会极大支持和促进该领域的前进与发展。

第6章
中国生物天然气典型案例

6.1 华北地区

6.1.1 安平县利用世界银行贷款建设的农村沼气资源开发利用项目

（1）基本情况

①项目建设背景及资源情况

河北省衡水市安平县是养殖大县，年出栏生猪 80 万头以上。在促进当地经济发展的同时，养殖场高浓度污水、粪便产生的大量恶臭气体对周边环境产生了很大的影响，一定程度上影响了安平县养殖业经济的良性循环发展。

安平县也是种植大县。安平县利用世界银行贷款建设的农村沼气资源开发利用项目（简称安平县农村沼气资源开发利用项目）所在地周边地区每年产生大量的农作物秸秆，可收集秸秆资源量 21 万 t。目前农作物秸秆的主要利用手段是还田处理，虽然暂时解决了农民焚烧秸秆的问题，但是秸秆还田只是简单的、低层次的生物质利用方式。

随着生物质能源利用技术的不断发展，大型沼气工程技术日益成熟，安平县依托养殖业及种植业提供的大量原材料，利用生物质能产生沼气，变废为宝，为周边地区提供清洁能源，实现了经济与环境的和谐发展。安平县农村沼气资源开发利用项目就是在此背景条件下提出的。图 6-1 为农村沼气资源开发利用项目全景。

②项目建设时间、地点和规模

安平县农村沼气资源开发利用项目于 2017 年开始建设，在河北省安平县国家级现代农业园区内，日产沼气 3 万 m^3，在此基础上提纯生物天然气。

③运营单位基本情况

河北京安生物能源科技股份有限公司始创于 2013 年 5 月，总资产近 3 亿

图 6-1　安平县农村沼气资源开发利用项目全景

元，于 2017 年 8 月 8 日成功在全国中小企业股份转让系统挂牌上市，是高新技术企业、国家农业废弃物循环利用创新联盟常务理事单位、国家畜禽养殖废弃物资源化利用科技创新联盟副理事长单位、农业农村部畜禽养殖废弃物资源化利用技术指导委员会成员单位、国家农业农村碳达峰碳中和科技创新联盟理事单位、中国沼气学会常务理事单位、河北省沼气循环生态农业工程技术中心发起单位、河北特色产业协会副会长单位。图 6-2 为河北京安生物能源科技股份有限公司办公楼。

（2）项目概况

①工艺技术路线

安平县农村沼气资源开发利用项目以京安养殖场及安平县域内畜禽粪污、废弃秸秆等农牧业废弃物为原料，通过厌氧发酵制沼气、沼气发电，产生绿色电能，余热回收利用，沼渣、沼液生产有机肥，沼气提纯生物天然气，生物天然气为农村提供清洁能源，形成了完整的"气、电、热、肥"联产生态循环京安模式。京安模式总工艺流程如图 6-3 所示，"京安模式"示意图见图 6-4。

②主要建设内容

农村沼气资源开发利用项目建设 5 000m³ 厌氧发酵罐 6 座，水解池 4 座，沼气净化系统 1 套，沼液膜浓缩系统 1 套，有机肥生产系统 1 套。

通过利用畜禽粪污和秸秆进行混合厌氧发酵生产沼气，提纯成生物天然气，可实现秸秆和畜禽粪污综合治理利用。该项目配套建设青贮池 50 000m³，年可消纳玉米秸秆 7 万 t、可处理畜禽粪污 10 万 t，年可生产沼气 1 152 万 m³，提纯生物天然气 636 万 m³，铺设中低压输气管网 182km，可供周边 8 595 户居民

图 6-2　河北京安生物能源科技股份有限公司办公楼

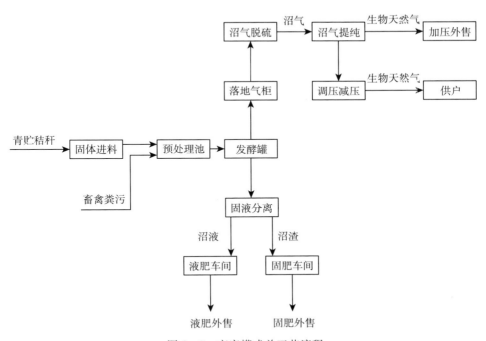

图 6-3　京安模式总工艺流程

取暖和炊用，即可覆盖供气范围内所有工商业用户。项目现场如图 6-5、
图 6-6、图 6-7 所示。

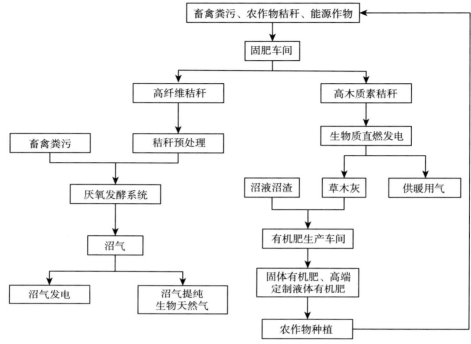

图 6-4　京安模式示意图

图 6-5　京安模式沼气发电项目

图6-6　生物天然气示范项目1

图6-7　生物天然气示范项目2

③运行情况

安平县农村沼气资源开发利用项目目前已经基本达产，经农业农村部成都沼气科学研究所鉴定，容积产气率为1.12m³/m³，生物燃气经第三方燃气检验机构鉴定，符合二类燃气标准。目前每年可处理青、黄贮秸秆4万t、牛粪6万t、鸡粪6 000t、猪粪及冲洗水11万t，年产沼气1 152万m³、生物天然气636万m³、固态有机肥1万t、液态有机肥和高端有机肥3.6万t。主要装置能耗，燃油4 000L，电耗460万kW·h。

④经济效益分析

安平县农村沼气资源开发利用项目产生的沼气供户价格 2.0 元/m³，每立方米沼气可发电 2.1kW·h，上网电价 0.75 元/（kW·h），生物天然气 3.1 元/m³；有机肥销售价格：固体有机肥 700~1 500 元/t，液体有机肥 1 200~3 500 元/t，生沼液 50 元/t，熟沼液 130 元/t；碳减排量交易收益 500 万元/年。项目可每年实现销售收入约 4 500 万元。

（3）商业模式

①基本内容

安平县以先进的废弃物资源化利用技术为依托，通过利用畜禽粪污和农作物秸秆发酵制沼气，沼气发电、生物天然气提纯、生物质热电联产、生物有机肥等项目的实施形成了全产业链的可再生资源利用产业。可对区域内的农牧业废弃物进行资源化利用，形成了完整的"气、电、热、肥"联产的生态循环京安模式，将养殖、沼气、生物天然气、绿色电能、沼渣沼液和种植技术优化组合，做到资源多级利用、物质良性循环，打造了可持续发展的循环农业生态系统。

提纯生物天然气项目通过畜禽粪污和青贮秸秆混合发酵产生沼气，提纯生物天然气。实现了沼气发电入户、沼渣沼液生产有机肥等多元化利用。

②运行机制分析

一是创新模式。对京安养殖场及安平县域内畜禽粪污、废弃秸秆等农牧业废弃物进行综合治理，全量化利用，整县推进。通过水肥一体化、喷灌、滴灌等农田水利工程将沼液施用于农业种植，在安平县及周边建设 98 座液肥加液站，覆盖 11.2 万亩作物；通过大户使用、协议利用机制实现沼渣还田；高端沼液肥通过定制开发实现定向销售。

二是政府支持体系。安平县政府给予粪污收集中心一定的收储运补贴。先是通过国家级现代农业园区建设打通粪污资源化利用通道；然后是环保倒逼生物天然气入户机制，结合"蓝天行动"，在安平镇、两洼乡两个乡（镇）实施"煤改气"项目，并通过补贴农户初装费及壁挂炉、灶具购置费促进天然气入户。

三是利益联结机制。通过承担安平县畜禽粪污资源化利用试点项目，开创粪污以质定价的先河，粪污集中处理中心采用粪污分级定价收集模式，控制粪污浓度（即含固率，TS），干清粪、粪污浓度需要保证在 20%以上，水泡粪保证在 3%~8%。粪污浓度大于 8%，河北京安生物能源科技股份有限公司按 10~50 元/t 收购；粪污浓度小于 3%，养殖场支付 20 元/t 的处理费；粪污浓度在 3%~8%，免费收集，最后交由河北京安生物能源科技股份有限公司粪污处理中心处理。

（4）推广应用情况

安平县紧跟产业发展要求，勇于承担社会责任，把产业发展和环境保护有机结合，按照国家和省、市的统一安排部署，积极探索创新，以畜禽废弃物为原料，以大型沼气工程为抓手，不仅解决了全县农业可持续发展难题，还极大地提高了经济效益，为当地生态环境治理探索了一种崭新的发展模式。

2017年6月27日，在全国畜禽养殖废弃物资源化利用工作会上，时任国务院副总理汪洋对安平县京安模式给予充分肯定，并提出在全国推广的建议。

①社会效益

经过多年实践探索与总结，"三沼"（沼气、沼渣、沼液）综合利用率高，种养结合，有较强的可操作性和可复制性。适用范围较广，养殖业或种植业发达地区、畜禽粪污及农牧废弃物相对集中的地区都可以实施。项目的运行提高了农牧业废弃物处理量，杜绝了秸秆禁烧，减少了秸秆燃烧对大气的污染，环境保护作用显著。天然气和有机肥得到有效利用，企业在盈利的同时增加了农民的就业机会。

②生态效益

京安模式的可以变废为宝。改善项目区环境，保护当地水源，改善农业生产环境和局部生活环境。通过将畜禽粪污和秸秆等农牧废弃物转变为绿色电能、生物天然气，将沼渣、沼液等副产品制作成生物有机肥供应有机农业，处理畜禽粪污约85万t/年，消纳秸秆约7万t/年，减少二氧化碳排放约10.8万t/年（已经CCER认证备案），减少COD排放8.48万t/年，减少氨态氮排放0.53万t/年，节约标准煤约5 000t/年。

（5）推广条件

①适用区域

该模式适用于农业大县，养殖大县，农牧废弃物、养殖粪污等原材料丰富、政府支持的地区。

②配套要求

出台相应的秸秆、粪污等储料场用地政策；在畜禽粪污和农作物秸秆资源化利用环节，执行农业用电电价政策；政府出台环境保护及碳达峰、碳中和配套政策。

6.1.2 临漳县农业废弃物综合利用生产生物天然气项目

（1）基本情况

①建设背景及资源情况

临漳县农业废弃物综合利用生产生物天然气项目采用必奥新能源科技有限

公司先进的沼气干式厌氧发酵装备及工艺技术，以玉米秸秆为原料，经微生物厌氧发酵、变压吸附提纯、有机肥加工等工序，生产生物天然气、食品级二氧化碳、有机肥等产品。项目所在地河北省临漳县地处 $114°20'$—$114°46'$E、北纬 $36°07'$—$36°24'$N，位于中原腹地、太行山东麓、河北省最南部，总面积 $744km^2$，辖 7 镇 7 乡 429 个行政村，总人口 73.7 万人，其中农业人口 61 万人，耕地面积 75 万亩，农作物总播种面积 137 万亩，其中粮食播种面积 116 万亩，以种植小麦、玉米为主。年产农作物秸秆约 103 万 t，其中玉米秸秆 63 万 t，资源量丰富。公司环境见图 6-8。

图 6-8 必奥新能源科技有限公司

②建设时间、地点和规模

临漳县农业废弃物综合利用生产生物天然气项目于 2018 年 4 月开工建设，一期工程于 2018 年 10 月竣工运行，二期工程于 2021 年 2 月竣工投产。项目总投资 4.7 亿元，占地 135 亩，建设有原料储存库、集装箱式厌氧反应器、沼气变压吸附净化提纯生产线、有机肥加工生产线等配套设施。项目以玉米秸秆为原料，年利用秸秆 9 万 t，年产沼气 1 440 万 m^3，提纯高品质生物天然气约 900 万 m^3，年产有机肥料 5 万 t。

③运营单位基本情况

中环新威绿色科技（临漳）有限公司成立于 2016 年 12 月 19 日，位于河北省邯郸市临漳县邺都工业园，注册资本 46 000 万元，法定代表人张岳。经营范围：生物质能源研发服务；有机肥、沼肥、水溶肥料生产、销售；沼渣研发服务、加工；沼气的生产、提纯、压缩、销售等；秸秆的收购、储存、运输及销售等。

（2）项目概况

①工艺技术路线

一是技术原理和工艺流程。临漳县农业废弃物综合利用生产生物天然气项目采用的 BioGTS® 横向塞流式干法发酵工艺源于芬兰，由必奥新能源科技有限公司引进并进行持续二次研发，是目前国际上先进的干式沼气发酵技术之一。该工艺采用横向塞流式厌氧发酵设备，以处理高固含量有机废弃物为方向。项目生产的高品质生物天然气（出租车用 CNG）和食品级二氧化碳，压缩后经撬车或管道销售；发酵后的料渣通过固液分离，沼渣被运送至固体肥料加工车间，生产生物有机肥，沼液被运送至液体加工车间，生产微生物菌剂和功能性液体肥。对于整个项目而言，进口端为农业有机废弃物，终端为生物天然气、食品级二氧化碳和有机肥料，全厂无废水、废气、废渣对外排放，真正实现了废弃物处理"零污染零排放"的农业循环经济模式。横向塞流式干法发酵工艺流程见图 6-9。

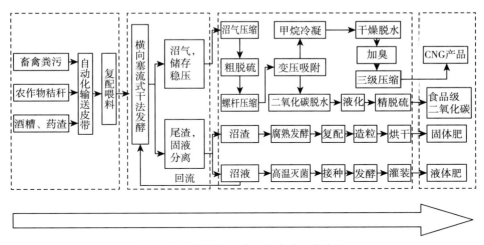

图 6-9　横向塞流式干法发酵工艺流程

二是核心技术。项目采用的高固含量单一干黄秸秆厌氧发酵技术是对原有需高成本或低效率处理的干黄秸秆进行资源化、能源化利用，真正充分利用了干黄秸秆，其主要性能指标体现在以下几方面：

在工艺指标方面：项目采用横向塞流式干法厌氧发酵工艺，发酵物料 TS 可达 40％，是现有主流工艺的 4～5 倍。在同等产能条件下，厌氧反应器表面积较湿法发酵罐减小 77％，发酵原料有机质转化率在 65％左右，厌氧发酵设备容积产气率 6m³/（m³·d）以上。

在原料利用方面：发酵设备处理的是高固体含量的农作物秸秆，生产过程中没有加水酸化工序，避免了"清水拌料，沼液难消"的恶性循环。

在尾料处理方面：发酵后的尾渣经固液分离，只产生少量的沼液，可实现全量回流，也可根据市场需求，将高品质沼液加工成微生物菌剂和功能性液体肥料，不存在沼液二次污染问题。

在安装和运行方面：发酵设备都是模块化设计，在具备安装条件的情况下，两个月即可完工，大大缩短了建设工期。运行设备可以实现不停工维修保养，全年连续运转。

在自动化控制方面：通过精准控制进料量、温度、pH、搅拌速度等工艺参数，真正做到分段发酵，使有效微生物在各个阶段都能达到最佳活性，高效产沼气。设备还可以实现远程全自动控制，减少 80％ 的用工，安全性更有保障。

在能耗方面：发酵物料含水率低，无须或需要少量外部热源能耗即可将新料加热到发酵设定温度。通过测算，项目加热能耗只占自身产气量的 1/400。

②主要建设内容

临漳县农业废弃物综合利用生产生物天然气项目建设有：2.2 万 m² 室内秸秆储存库，可存纳秸秆 13 万 t；3 条单体容积 2 500m³ 的长方体卧式沼气厌氧发酵生产线，配套建设厌氧发酵尾料固液分离系统；沼气变压吸附净化提纯生产线、有机肥加工生产线等配套设施。有机肥加工生产线配套设施见图 6-10。

图 6-10 临漳县农业废弃物综合利用生产生物天然气项目有机肥加工生产线配套设施

③运行情况

以单一玉米秸秆为生产原料，年利用秸秆 9 万 t，生产沼气 1 440 万 m^3，经提纯后生产高品质生物天然气约 900 万 m^3。利用厌氧发酵后的尾料生产有机肥 5 万 t。年用电量为 350 万 kW·h。

④经济效益分析

临漳县农业废弃物综合利用生产生物天然气项目总投资已超过 4.7 亿元。自 2018 年正式投产以来稳定运行，2021 年实现收入 7 000 余万元、总成本 4 700万元、净利润 2 300 余万元。

(3) 商业模式

①模式基本内容

临漳县农业废弃物综合利用生产生物天然气模式是以废弃农作物秸秆为生产原料，采用先进的沼气发酵装备及配套工艺技术，以工业企业标准化生产线为基础进行的秸秆离田资源化利用制气、制肥模式。

项目采用高性能且成熟的农用机械开展秸秆原料离田收储，通过先进的工业化工艺设备生产生物天然气、有机肥等产品，反哺农业、农村、农民，治理农业面源污染，改善农村居住环境，促进农民增收，为"化肥农药零增长""土壤修复与改良"等大农业行动作出贡献。项目取之于农田、来源于农民、服务于农户回馈于农田，实现了农业、环境、能源共赢，形成了一个大循环，打造了农业废弃物循环利用的新模式。

②运行机制分析

一是秸秆收储运体系建设。机械设备方面，项目采用新型高效玉米秸秆茎穗兼收农业机械，在收获玉米籽粒的同时，将玉米秸秆粉碎至 1～2cm，且直接喷送至运输车辆舱内，避免了以往秸秆捡拾造成的含土量大、杂物多、储存易霉变等技术瓶颈。收储模式方面，项目公司（必奥新能源科技有限公司）联合或组建专业收储运队伍，在政府部门的督导下，与家庭农场、合作社、农户等结成利益共同体进行作业，整乡整村推进，高效开展秸秆离田收储运工作。

二是先进的沼气干法装备技术。项目技术装备依托单位必奥新能源科技有限公司以生物沼气和生物柴油技术为基础，创新研发稳定的反应罐，实现了干式厌氧发酵工艺，发酵物料固含量可达 30%～40%，大大降低了发酵用水量及运行能耗，设备占地面积小，可处理更为复杂的有机废弃物，同时减少了水体二次污染。处理后的沼液、沼渣具有更好的活性，可以作为后续有机肥料生产的原材料，实现"变废为宝"的资源循环利用。采用横向塞流式工艺，可有效解决浮料结壳、底部沉积、进出料困难等技术问题，从而提高产气、产热效率。

三是纯秸秆工业化厌氧发酵工艺技术。项目团队通过国际先进技术的引进和优化，解决了纯秸秆工业化厌氧发酵过程中产气率低、产气不稳定、进出料难、传质传热效果差、增温保温效果差等技术问题。项目于 2018 年 10 月底竣工运行，现各项产能已达到工艺设计指标，并得到了国家发展和改革委员会、农业农村部、沼气科学研究所、亚洲开发银行、世界银行等相关部门的高度认可。

四是模块化生产线装配技术。必奥新能源科技有限公司提供的核心部件是标准模块化的，这使得模块可以进行工业化生产，保障建设期的高效率、高质量及低成本。核心部件可以整体或以零部件的形式运输到现场，安装方便，模块式组装、迅速启动，同时可以根据客户的需求，快速、便捷地进行扩展。各类物料可以被连续送入处理设备，产出持续且稳定，转化效率高。

五是自动化调控报警系统。全自动化系统包括工艺参数控制系统、安全警报系统及在线检测警报系统。工艺参数控制系统可精准控制进料量、温度、pH、搅拌速度等工艺参数，真正做到分段发酵，使有效微生物在各个阶段都能达到最佳的活性，高效生产沼气。安全警报系统与自动操作系统相连，在有任何故障的情况下都会自动关闭连锁操作。在线检测警报系统时刻检测操作情况。所有安全警报系统都是由不间断电源（UPS）设备装配，因此不需要依赖外界电源，甚至在切断电源的情况下也能继续正常工作。警报信号将通过全球移动通信系统（GSM）被传送至设定的移动电话。

六是成熟的销售模式。燃气方面，项目通过变压吸附工艺对沼气进行净化提纯，其成品质量优于国家一类燃气标准，制备的 CNG 成品通过运输车被销售给周边加气站或门店，产品拥有高品质和低价格双重优势，供不应求。有机肥方面，项目利用厌氧发酵后的尾料，通过后续加工生产生物有机肥，属纯植物源产品，目前由专业销售团队以订单式生产为主，产品畅销。

③推广应用情况

目前，采用必奥新能源科技有限公司专有的装备及技术，已建成示范项目三处，分别位于河北省临漳县、河北省肥乡区和河南省商水县。

④可借鉴的经验

项目成功运营的经验主要包括高效的秸秆收储运体系建设、先进成熟的装备及工艺技术和高效专业的销售模式。秸秆收储运方面，基于公司专有技术改装的茎穗兼收机已经成功打造了政府、企业、合作社、机手"四位一体"的创新收储模式，从而使得秸秆回收价格经济稳定、收储模式持续有序；装备及工艺技术方面，公司将国际先进的沼气干式厌氧发酵技术引进国内，并进行多项装备技术革新，现已实现单一干黄秸秆高浓度厌氧发酵，装备技术先进且成熟稳定。

2021 年 6 月，中国工业节能与清洁生产协会组织专家，对必奥新能源科技有限公司技术及装备进行鉴定，与会专家一致认为"该技术整体处于国际先进水平，其中黄秸秆沼气发酵容积产气率处于国际领先水平"。产品销售方面，项目生产燃气品质高且价格合理，供不应求。有机肥销售以技术研发为依托，通过测土配肥、精准服务为客户提供定制化保姆式整体解决方案，帮助客户节本增收增效，从而带动了产品销售。

（4）推广条件

①适用区域

临漳县农业废弃物综合利用生产生物天然气项目技术契合环保、能源、农业相关政策，结合粮食、能源、新农村建设等发展战略重点，未来相当一段时间内都将是农业有机废弃物处理的优选方案。在东北、西北、华北、华东地区的农作物秸秆处理、全国范围内大中型养殖场畜禽粪污处理、大中型食品加工有机废弃下脚料处理等方面都大有可为。

②配套要求

目前，临漳县农业废弃物综合利用生产生物天然气项目已形成标准化的推广模式，单个标准项目拟占地 150 亩，选址于水电路网配套设施齐备的园区内，项目周边应有丰富的原材料，且当地政府能够根据生产需求、以项目为中心建立秸秆离田能源化利用示范区。

6.1.3　唐山市遵化市大型畜禽粪污及秸秆沼气项目

（1）基本情况

①项目建设背景及资源情况

党的十八大以来，以习近平同志为核心的党中央高度重视生态文明建设，从党和国家事业发展的全局高度提出习近平生态文明思想，把生态文明建设和生态环境保护放在了更加突出的位置，提出了一系列新理念、新思想、新战略。党的十九大将坚持人与自然和谐共生作为新时代坚持和发展中国特色社会主义的基本方略之一，将污染防治作为全面建成小康社会必须打好的三大攻坚战之一，将建设美丽中国作为建成社会主义现代化强国的目标，并在党章中增加"增强绿水青山就是金山银山的意识"等内容。2018 年 3 月通过的宪法修正案将生态文明写入宪法，实现了党的主张、国家意志、人民意愿的高度统一。习近平生态文明思想深入人心，"绿水青山就是金山银山"的理念成为全党全社会的共识。

遵化市地处燕山山脉，农业是遵化的一大特色产业，其中粮食作物播种面积 45.5 万亩，以玉米、小麦为主，年产秸秆 36 万 t；畜禽养殖特色产业发展迅猛，2018 年全市生猪存栏 85 万头、肉牛 12.5 万头、家禽存栏 2 200 万羽。

2018 年以前，遵化市农村以煤炭、薪柴作为取暖和日常炊事的主要能源，夏秋收获期间，玉米、小麦等作物秸秆多就地焚烧或供家庭炊事燃烧使用，产生了大量烟尘，对大气环境质量造成了严重的影响。随着遵化市畜禽养殖业的迅猛发展，畜禽粪污等养殖废弃物产量急剧增加，绝大多数畜禽粪污和养殖垃圾无法被及时处理，大量粪污甚至无规矩乱排乱放，臭气熏天，污水横流，蝇蛆滋生，导致农村环保压力不断加大。

近年来，随着国家能源战略的不断调整，清洁和可再生能源成为未来经济社会发展的主要能源，农村人居环境整治和提升迫在眉睫。农业农村生产生活废弃物已经严重影响了农村人居环境，亟须进行处理。

通过建设唐山市遵化市大型畜禽粪污及秸秆沼气项目，有效解决了部分农业生产的畜禽粪污和秸秆问题。项目以畜禽粪污和秸秆为主要原料，采用全混式厌氧发酵工艺生产沼气，沼气经脱硫、净化后成为一种可再生清洁、绿色能源，既实现了畜禽粪污和秸秆的无害化处理，又实现了农业废弃物资源化、能源化的利用。

②建设时间、地点及规模

建设单位：河北美客多食品集团股份有限公司（以下简称美客多集团）。

建设时间：2018 年 3 月至 2021 年 11 月。

建设地点：唐山市遵化市堡子店镇西新店子村西。

建设规模：项目占地 150 亩，新建 6 座 5 000m^3 厌氧发酵罐、秸秆青贮池、原料预处理系统，2 座 2 500m^3 沼气储存系统、沼气净化系统、沼气提纯系统、沼气发电系统、站外加气站、站外燃气管网系统、有机堆肥生产系统、沼渣菌剂生产系统、生物有机肥功能菌剂生产系统、沼液储存及利用系统等。该项目日可处理鸡场粪污（TS 为 25%）268 t、青贮秸秆（TS 为 35%）50t，日产沼气 30 078m^3，年产沼气 1 002.61 万 m^3、年产固态有机肥 2.59 万 t、腐熟菌剂 90t、生物有机肥功能菌剂 400t，年产沼液肥 23.89 万 t。

③运营单位基本情况

美客多集团成立于 2003 年，注册资金 1.3 亿元，现有员工 2 200 人，全国中小企业股份转让系统上市企业，股票代码为 872 322，是遵化市第一家也是唯一一家上市企业。经营范围包括三大主导产业：一是肉鸡产业，形成从种鸡繁育、肉鸡饲养、屠宰加工、速冻产品、调熟制品到畜禽饲料生产、畜牧机械制造的产业化格局，目前肉鸡产业已整体打包（新三板）上市；二是果蔬产业，形成以燕山板栗为主、黄桃等其他果蔬产品为辅的果蔬种植、鲜品收购、农产品深加工产业化格局。美客多集团先后荣获农业产业化国家级重点龙头企业、全国农产品加工示范企业、中国食品工业重点龙头企业、中国食品工业协会会员单位、中国食品土畜进出口商会会员单位、中国罐头工业协会理事单位、全国民族团结进步示范单位等荣誉。"美客多"商标被评为中国驰名商标。图6-11为美客多集团办公楼。

图6-11 美客多集团办公楼

（2）项目概况

①工艺技术路线

唐山市遵化市大型畜禽粪污及秸秆沼气项目工艺采用内设搅拌装置的厌氧消化反应器，是目前应用最广泛的反应器。在欧洲，大多数沼气项目使用该反应器。该工艺采用立式或卧式圆柱形反应器，恒温连续进出料运行，适用于消化浓度相对较高的混合型原料。由于反应器内部设有搅拌装置，原料进入反应器后立即与反应池内微生物混合，在此状态下，能大大缩短反应时间、提高产气效率。同时，搅拌装置可以打碎发酵液上层的浮渣，防止结壳，保证产气正常进行。进料浓度8%～13%，发酵温度为（35±2）℃，发酵时间35d左右，容积产气率≥1m³／（m³·d）。

唐山市遵化市大型畜禽粪污及秸秆沼气项目使用的鸡粪原料全部来自美客多集团自有养鸡场，鸡粪采用封闭车运输以防止运输过程中臭味泄漏。玉米青贮秸秆从签订协议的村庄收购，切碎后在厂区青贮池储存，用铲车每日定量输送至秸秆进料箱。将输送至厂区的鸡粪用工艺水调节到粪污设定浓度，进而调配青贮秸秆进行混合搅拌，达到10%左右的进料浓度，依次将其泵送至各发

酵罐。

发酵采用全混式厌氧发酵技术，罐体内设置立式搅拌器，保证罐体内物料混合均匀。产出的沼气经双膜储气柜缓存后，通过一次增压风机被送至生物脱硫系统，脱硫后的沼气一部分经冷干、过滤计量后被输送至二次增压风机增压至 0.2MPa 输送至站外供气管网，供集团下属企业生产使用；一部分脱硫后的沼气经螺杆压缩机被增压至 1.6MPa，经过 5 级过滤、除油及冷干后进入两级膜法脱碳提纯系统，经膜提纯系统后使产品气符合车用压缩天然气的技术指标。达标后的天然气经缓冲后通过管道被输送至厂外 CNG 加气站，经高压天然气压缩机将压力增至 25MPa，通过顺序控制盘将增压后的燃气输送至 CNG 储气瓶组（售气机）、加气槽车外售；最后一部分脱硫后的沼气经 1.2MW 沼气发电蒸汽热水联供机组被转化为电能，生产的电全部出售给国家电网，此机组为热电联产机组，沼气转化为电能的同时，余热可产生蒸汽及热水，为生产系统提供热能。另一路缓存后的沼气可通过管道被输送至厂区应急燃烧装置封闭式火炬系统，以备站区内出现突发状况时应急燃烧。

固液分离后的沼渣通过好氧发酵、腐熟、沉化等过程，成为有机肥产品的原料，可用于生产有机肥、生物有机肥、有机无机复混肥等系列产品。沼液一部分通过专用运输车辆被运输至田地直接施用；一部分通过车辆或管网被输送至田间沼液池，通过沼液输送管网和水网并行的水肥一体化工程直接施用给板栗、苹果等经济作物；还有一部分沼液经过滤、净化、消毒、调质等过程后可用于生产沼液水溶肥系列产品。唐山市遵化市大型畜禽粪污及秸秆沼气项目工艺流程如图 6 - 12 所示。

②主要建设内容

建设有效容积为 5 000m³ 的厌氧发酵罐 6 座（总有效容积 30 000m³），配套建设 2 座 2 500m³ 的沼气双膜储气柜，2 台（套）生物脱硫系统，分别为湿法脱硫系统和生物脱硫系统，脱硫塔如图 6 - 13 所示；建设 1 200m³/h 的沼气提纯车用燃气设备及配套工程。

建设年产 2.59 万 t 的有机堆肥生产系统及配套工程。

建设 LNG - CNG 加气站 1 座，1 机 2 柱 CNG 加气机 1 台和 1 机 2 柱 LNG 加气机 2 台，配套 60m³ LNG 储罐 1 座及增压器、气化撬等加气站附属设备设施。

建设沼气输配工程，新增集中供气用户 1 368 户。建设厂区外配套输配气管网，管道总长度为 48.275km。其中：主管线为中压管道，长度为 11.865km；支管线为低压管道，长度为 31.46km；入户管道长度为 4.95km。

建设 2 台（套）1.2MW 上网发电工程以及项目配套的原料存储、道路、供电、供水、通信等基础设施。

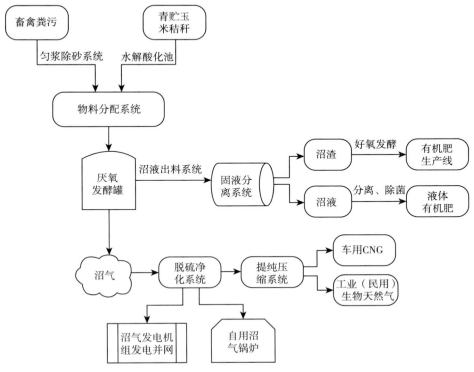

图6-12 唐山遵化市大型畜禽粪污及秸秆沼气项目工艺流程

　　建设站内沼液池3座，总容积为5.91万m³；建设田间沼液池82座，总容积为0.91万m³，总容积增加6.82万m³；建设安装站内沼液池配套设施（微孔曝气盘3 000套、罗茨风机3套、沼液输送泵9台、潜水搅拌机6套）；建设田间沼液输送设施，管道总长度217.99km；建设田间配套输电线路20.55km。

　　建设沼渣深度处理设施，包括腐熟菌剂生产系统1套，生产规模90t/年；建设生物有机肥功能菌剂生产系统1套，生产规模400t/年；建设沼渣微好氧发酵设施1套。

　　建设进料泵房60.2m²、供热间及综合泵房280m²、加气站站房132.4m²、进出料间676.2m²、堆肥车间10 007.39m²、CNG罩棚220m²、总配电室及发电系统配电室和控制室150m²、门卫室86m²等；建设水解池1 582.6m³、沼液暂存池810m³、储气膜阀门井45.9m³、出料池147.9m³、青贮池38 680m³、消防水池1 421.8m³、化粪池30.4m³、渗滤液池2.25m³等。图6-14为唐山市遵化市大型畜禽粪污及秸秆沼气项目全景。

图 6-13　唐山市遵化市大型畜禽粪污及秸秆沼气项目脱硫塔

图 6-14　唐山遵化市大型畜禽粪污及秸秆沼气项目全景

③运行情况

唐山市遵化市大型畜禽粪污及秸秆沼气项目在罐体及相关配套建设初步完成后，于2019年11月开始陆续投料调试运行，项目以鸡粪、玉米青贮秸秆为

148

主要原料。鸡粪主要以集团自有的 6 个规模化（平均存栏 35 万羽）肉鸡养殖基地、2 个种禽（存栏 10 万羽）养殖基地、1 个蛋鸡（存栏 10 万羽）养殖基地的粪污作为粪污来源，每日可均衡供应粪污 250t 左右，其余鸡粪来自美客的集团养殖合作社合同肉鸡、蛋鸡养殖户，每日平均供应 80t 左右，累计年处理能力达 12 万 t，其中厌氧发酵平均每日粪污处理量达 260t，其余粪污被压于生产有机肥。玉米青贮秸秆是每年从当地玉米种植户处直接收购，每年收储 3 万 t 左右，厌氧发酵平均每日耗用 50t，每年耗用 1.8 万 t 左右；其余用于生产有机肥。

通过一年多的平稳试运行，项目各项生产能力均达到了设计目标，2021 年全年生产沼气 1 052 万 m³，发电 629 万 kW·h（其中 1 台发电机组 2021 年 12 月底正式并网运行），2022 年全年发电量 1 440 万 kW·h；全年生产有机肥 3.5 万 t、沼液肥 24 万 t。其中：沼气中甲烷含量不低于 59.3%，硫化氢含量不高于 14mg/L；有机肥符合《有机肥料》（NY/T 525—2021）规定；沼液肥符合《沼肥》（NY/T 2596—2022）规定。

项目能源消耗以电、沼气、柴油为主，电为国家电网采购，主要用于生产、生活，整个项目运行年耗电量为 254 万 kW·h；沼气为自产，主要用于生产水解池、罐体等设备增温保温和生活供暖，年耗用沼气 80 万 m³；柴油主要用于青贮秸秆运输车辆、沼液运输车辆、有机肥发酵翻抛机等，年耗用柴油 26 000L。唐山市遵化市大型畜禽粪污及秸秆沼气项目经济效益分析见表 6-1、表 6-2、表 6-3、表 6-4。

表 6-1　唐山市遵化市大型畜禽粪污及秸秆沼气项目投资及资金构成

资金来源	金额（万元）	备注
世界银行贷款	1 378	2 250 万美元
政府配套资金	1 700	
企业自筹	5 500	
总投资	20 948	

表 6-2　唐山市遵化市大型畜禽粪污及秸秆沼气项目总成本

成本构成	项目	金额（万元）	备注
可变成本	直接成本	7 500	
	运行维护费	100	
固定成本	管理费用	100	
	折旧摊销	1 500	
	总成本	9 200	

表6-3　唐山市遵化市大型畜禽粪污及秸秆沼气项目总收入

成本构成	金额（万元）	备注
沼气营业收入	3 600	
加气站营业收入	4 380	
有机肥营业收入	1 950	
水溶肥营业收入	1 500	
总收入	11 430	

表6-4　唐山市遵化市大型畜禽粪污及秸秆沼气项目总利润

项目	金额（万元）	备注
销售收入	11 430	
总成本	9 200	
利润总额	2 230	
所得税	279	
税后利润	1 951	

（3）商业模式

①模式基本内容

唐山市遵化市大型畜禽粪污及秸秆沼气项目的商业模式为"沼气工程＋绿色种养循环"，该模式主要以沼气工程为连接点，对种植业和养殖业进行全产业的贯通，形成了绿色农业的闭环生态，既有效解决了农业生产中产生的有机废弃物，又为农业生产、生活提供了优质的肥料资源和清洁能源。项目工艺流程如图6-15所示。

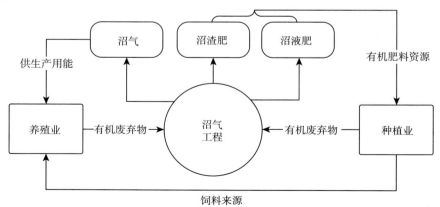

图6-15　唐山市遵化市大型畜禽粪污及秸秆沼气项目工艺流程

　　唐山市遵化市大型畜禽粪污及秸秆沼气项目的实施对美客多集团两大产业链条进行了有效的连通，美客多集团肉鸡产业形成的养殖粪污可以进入沼气工程，通过厌氧发酵形成沼气、沼渣、沼液，沼气可作为养殖场生产用能供热使用，有效替代了煤炭供热，沼渣、沼液可以制成有机肥、水溶肥等系列产品，作为优质的有机肥可直接供给美客多集团果蔬产业种植基地的板栗、黄桃、苹果等经济作物和玉米、小麦等粮食作物施用，美客多集团再对施用有机肥的板栗、黄桃等产品进行高价回购，用于生产高品质食品。

　　唐山市遵化市大型畜禽粪污及秸秆沼气项目以绿色发展理念为引领，以减量化、再利用、资源化为途径，通过建设沼气工程处理粪污、生产沼气，并将沼渣、沼液有效利用变废为宝。通过项目的实施可以有效解决当地和企业面临的农业废弃物处理和化肥超量施用难题。沼渣、沼液是优质的肥料，可以增加土壤有机质含量、疏松土壤、缓解土壤板结，而且对病虫害发生有一定的抑制作用，可以在一定程度上减少化肥的施用，可以促进当地种植方式的转变。

　　②运行机制分析

　　唐山市遵化市大型畜禽粪污及秸秆沼气项目的核心技术是鸡粪原料除砂工艺，鸡粪原料中含砂较多，如果不及时处理，长期堆积会造成工艺系统堵塞、沉积，影响项目正常运转，这也是鸡粪沼气类项目的通病和难题。项目设计采用前端预处理砂水分离和后端发酵底部清淤等措施，去除工艺流程中大部分的砂石等杂物，保证项目长时间稳定免清理运行。经过实际运行，该工艺运行稳定，效果明显，可以满足鸡粪类发酵工程使用要求。

　　唐山市遵化市大型畜禽粪污及秸秆沼气项目主导产品有以下几种。

　　沼气：直接通过管网销售给各生产企业作为生产用能，其余可转化为电能。

　　电能：厌氧发酵产生的沼气进入沼气发电机组直接产生电能，通过并网系统销售给国家电网。

　　生物天然气：沼气经膜提纯设备工艺转化为天然气，销售给居民、车辆或国家天然气管网。

　　有机肥系列产品：固液分离后的沼渣可以用于生产有机肥，通过调制可以生产为粒状有机肥、生物有机肥、有机无机复混肥、掺混肥等多种优质肥料。

　　水溶肥系列产品：沼液经过滤、净化、消毒、调制，可以制成沼液水溶肥以及各类专用水溶肥。

　　目前项目已经享受到的政府扶持政策或获得的其他项目补贴主要有：项目建设阶段的管网配套建设资金、畜禽粪污整县治理推进项目、果菜茶有机肥替代化肥项目、产量大县奖励项目、秸秆综合利用项目、绿色种养循环项目等。通过沼气项目的实施，当地政府特许建设一座 LNG - CNG 加气站，用于销售

项目生产的压缩生物天然气,不仅可以增加项目的产品附加值,而且可为解决当地的气荒难题提供支持。

③推广应用情况

通过项目的实施,有效带动了遵化市其他项目的落地实施,美客多集团凭借项目成功的建设、运营、模式管理等经验,又陆续承担建设和运营了其他沼气项目,如遵化市农村厕所粪污无害化处理项目。美客多集团作为建设单位和运营单位,新建设 3 个集中处理点,建设规模可以处理遵化市农村厕所粪污,实现资源化、能源化利用,其模式完全复制"沼气工程+绿色种养循环"模式,每年可处理厕所粪污 60 万 t。

再如农村生活污水处理项目。美客多集团作为建设和运营单位,新建 2 个集中处理点,拟对黎河沿线 9 个乡镇的生活废水进行集中处理,处理后的废水达到灌溉水标准后直接被用于农田灌溉。

通过这些项目的建设实施,基本上能对遵化市 40% 以上的畜禽粪污进行有效处理,对遵化市农村厕所粪污进行全覆盖有效处理,能够彻底实现将农业农村生产生活的废弃物变废为宝,实现有机废弃物能源化、资源化的循环利用,减少农民粪污处理和农田灌溉费用,增加企业收入,实现农民和企业双赢,对建设新农村和实现农业"双碳"目标具有促进意义。

④可借鉴经验

唐山市遵化市大型畜禽粪污及秸秆沼气项目之所以具有可持续性,有以下经验可供借鉴:

较为完备的配套设施是沼气工程能够成功运营的首要条件。包括原料的储存系统、原料的预处理系统、进出料系统、沼气的利用系统、沼渣的利用系统、沼液的利用系统等。

优先考虑入口和出口问题直接决定沼气工程生产运行的可持续性和盈利能力。沼气工程的原料必须要对工程所能消纳原料进行系统的配置,在原料储量、运距、成本等问题上优先考虑。此外,沼气工程的"三沼"利用决定沼气工程是否能够持续平稳运行。沼气必须有贡献值的消纳,不能浪费,沼渣和沼液是沼气工程利润的突破点,要深入开拓研究更加高品质、高附加值的有机肥产品,以获得更多的利润。沼液的消纳更是重中之重,如何确保沼液正确施用以满足作物生长条件,需要深入的研究和实践积累。

(4)推广条件

①适用区域

唐山市遵化市大型畜禽粪污及秸秆沼气项目模式适用于种植业和养殖业都相对集中的地区,以确保原料的种类、数量、稳定性和可持续性。对于地区的气候条件没有特殊要求,优先选择具有便利的排水、供电、供水、污泥处置及污水综合利用系统的地区，或靠近农田聚集区，且远离居民区（应在居民区或厂区全年主导风向的下风侧）。

②配套要求

项目的建设和持续运行需要符合国家和地区的发展战略和产业结构布局，需要政府的全力支持和配合，需要有较好的政策性引导和支持，对项目的原料运输、处理、运行等各环节的补贴政策，重点是当地环保部门和农业农村部门的沟通协调配合。

6.1.4　山西资环科技农业农村废弃物低碳综合处理利用项目

（1）基本情况

①项目建设背景及资源情况

近年来，随着农业经济快速增长，农业农村面源污染防治形势日趋严峻，直接影响城乡居民的"水缸子""米袋子"和"菜篮子"，已成为政府、公众和科学界高度关注的话题和亟须解决的重大环境问题之一。农业农村面源污染治理是生态环境保护的重要内容，也是实现碳达峰、碳中和目标的重要保障，而农业农村废弃物处理过程中仍面临碳排放量高，资源利用粗放，环境监测基础薄弱，缺乏低成本、高效能的处理模式等问题。在"十四五""双碳"目标的大背景下，以减污降碳、协同增效为总抓手，山西资环科技股份有限公司（简称山西资环科技）推行农业农村废弃物低碳综合处理利用模式，打破固有低效率低质量的发展模式，对实现农业农村面源污染治理提质增效、二氧化碳协同减排具有重要意义。

据统计，2021 年洪洞县全县生猪存栏量约 22.37 万头，牛存栏量约 2.08 万头，羊存栏量约 14.26 万头，家禽存栏量约 325.22 万头。根据洪洞县养殖情况测算，全县产生畜禽粪污总量为 231 万 t。2021 年全县农作物种植面积 8.56 万 hm^2。其中，粮食种植面积 8.18 万 hm^2，油料作物种植面积 135.9 hm^2，蔬菜种植面积 2 077 hm^2，果园面积 383 hm^2。

②项目建设时间、地点和规模

项目于 2018 年在山西省洪洞县投资建设，总投资 2 154 万元，占地面积约 30 亩，日处理规模可达 300t，辐射周边 10～15km 范围内的农业农村废弃物。

③运营单位基本情况

山西资环科技是一家专注于农业农村废弃物处理与资源化利用技术开发与应用的高新技术企业。公司以技术研发为先导，针对农业农村废弃物综合处理问题，提供方案设计、技术研发、环保装备生产销售、工程建设安装运营的一体化服务。

山西资环科技始终奉行"让科研成果创造产业价值"的发展理念，研发了具有自主知识产权的撬装式沼液深度过滤装备、撬装式络合铁脱硫装备、IF-AS（固定生物膜-活性污泥）处理工艺、REOU 高级催化氧化工艺等系列核心工艺技术，在农业农村废弃物处理领域处于国内领先水平。目前已获得 2 项国家授权发明专利、10 项国家授权实用新型专利、6 项发明专利进入实质审查阶段，申请 3 项发明专利，起草编制 4 项地方标准，荣获北京市农业技术推广三等奖、山西省"五小六化"竞赛一等奖、第八届"创青春"中国青年创新创业大赛（乡村振兴专项）成长组金奖。

山西资环科技拥有专业的研发设计团队和丰富的专家资源，目前已同中国科学院微生物研究所、北京农业科学院生物技术中心、北京科技大学、太原理工大学煤化工国家重点实验室及山西农业大学建立长期战略合作关系，与国家农业信息化工程技术研究中心主任、首席专家赵春江院士签订合作协议，获批发起成立山西资环数字农业装备技术研究院。为山西资环科技进一步发展农业农村废弃物低碳综合处理利用科技创新提供了强有力的技术后盾。

（2）项目概况

①工艺技术路线

工艺路线见图 6-16。

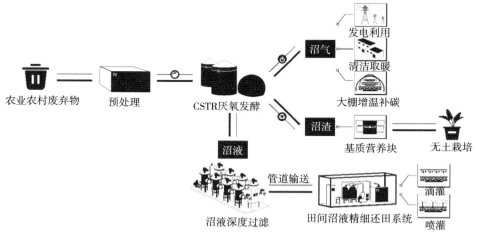

图 6-16　山西资环科技农业农村废弃物低碳综合处理利用项目工艺流程

农业农村废弃物经收集后首先经预处理系统处理，之后混合原料进入两级厌氧发酵系统，在中、高温条件下进行高效充分厌氧发酵。厌氧发酵产生的沼气储存于双膜落地储气膜，通过络合铁脱硫装备去除硫化氢等杂质气体，用于发电、清洁取暖或大棚增温补碳，同时对沼气发电余热进行回收为整体系统提供热能，降低运行能耗，烟道气体（二氧化碳）可作为气肥通入大棚，根据作物需求补充碳源。

厌氧发酵出料经固液分离机渣液分离，进一步去除大颗粒固体物质，减轻后续运行负荷，分离出的沼渣用于制备无土栽培基质或固态有机肥供作物种植和园艺使用。分离出的沼液经微氧曝气后泵入沼液深度过滤装备，去除细小的悬浮性和胶体性物质，使出水达到 $125\mu m$ 水肥一体化灌溉要求，作沼液肥接入田间沼液精细还田系统或当地农田灌溉系统，通过喷灌、滴灌等方式还田利用。项目通过以下 4 点来实现减污降碳：

A. 厌氧发酵产生的沼气经提纯净化后，用于发电、余电并网，降低整体系统能耗，直接减少甲烷排放，部分替代火力发电，实现"碳减排"。

B. 通过沼气发电余热回收利用技术，回收利用发电缸套及烟道余热，作为热源供给整体系统，提高工艺处理能效，实现能量二次利用，间接减少碳排放。

C. 沼渣和沼液（深度过滤出水）可作为有机肥科学还田，减少化肥的生产使用，提高土壤有机质含量，增强土壤碳汇能力。

D. 整体工艺采用"物理＋生物"的处理方式，不添加化学药剂，不产生二次环境污染，实现农业农村废弃物处理化学药剂的"零使用、零排放"。

山西资环科技农业农村废弃物低碳综合处理利用项目效果图见图 6-17。

图 6-17　山西资环科技农业农村废弃物低碳综合利用项目效果图

中、高温水解酸化技术。项目以畜禽粪污为主要原料，协同耦合处理秸秆尾菜、厕所粪污等农业农村废弃物。上述农业农村废弃物经机械格栅等预处理后进入水解酸化阶段，通过发电余热回收及太阳能加热对混合原料进行充分预热酸化，为厌氧发酵提供高效原料。

全混式梯级厌氧发酵技术。经水解酸化的混合液进入两级厌氧发酵，两个串联的厌氧发酵罐内均安装水力循环搅拌系统，效率为机械搅拌的80%，但其建设成本仅为机械搅拌的20%，更为经济实用。活性区遍布整个发酵罐，保证在中、高温条件下发酵原料和微生物处于完全混合状态，从而进行高效厌氧发酵，产生沼气、沼渣和沼液。采用恒温连续投料或半连续投料系统，适用于以畜禽粪污为主的高浓度、高悬浮物农业农村废弃物的处理，整体设备维护简便，易操作，实现自动化控制。全混式梯级厌氧发酵罐如图6-18所示。

图6-18　全混式梯级厌氧发酵罐

沼气络合铁脱硫技术。厌氧发酵产生的沼气暂存于双膜落地储气膜，通过络合铁脱硫系统净化后，用于发电、清洁取暖或大棚增温补碳。撬装式络合铁脱硫装备（撬装式络合铁脱硫装备如图6-19所示）以络合铁为催化剂，采用湿式氧化法脱除沼气中的硫化氢，克服了生物脱硫工艺硫容量低、脱硫工艺复杂且受环境温度影响大、调试周期较长的不足，更适用于年温差较大地区。具有以下特点：

A. 沼气脱硫快速高效，仅需 $0.2\mu s$，反应后硫化氢可降低至10mg/kg，稳定可靠，脱硫成本较低。

B. 专用络合铁催化剂配方，硫容可达0.3%～0.6%，无副盐产生，无须排液，无二次污染。

C. 反应釜及连接管道均为 304 不锈钢材质，防腐耐用。

D. 一体化集成撬装结构，模块化设计，工厂化预制，现场无须土建作业，可快速就位。

E. 智能模块控制，运行操作简单，无须专人值守。

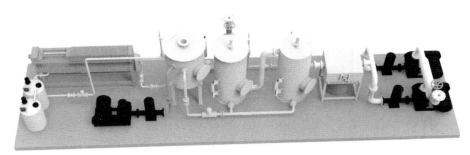

图 6-19　撬装式络合铁脱硫装备

分布式沼气集中清洁取暖技术。脱硫净化后的沼气通过"源头增压—沼气锅炉燃烧—入户暖气管道对接—清洁供暖"的技术模式，实现沼气可再生能源替代燃煤供暖，构建农村绿色取暖体系，优化清洁取暖布局。沼气经增压系统加压后，由沼气输气管网向秦壁村示范小区集中供热锅炉房供气，经沼气直燃锅炉燃烧，以水暖的形式入户供暖，为 80 户示范小区居民集中供暖 4 个月，室温保持在（18±2）℃。分布式沼气集中清洁取暖锅炉房如图 6-20 所示，分布式沼气集中清洁取暖入户改造如图 6-21 所示。

图 6-20　分布式沼气集中清洁取暖锅炉房

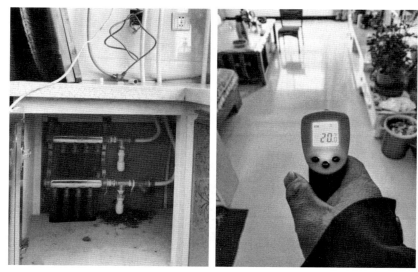

图6-21　分布式沼气集中清洁取暖入户改造

沼液深度过滤技术。厌氧发酵出料经固液分离机渣液分离（撬装式沼液深度过滤装置如图6-22所示），分离出的沼液经微氧曝气后被泵入沼液深度过滤装置，通过多级不同过滤精度的自清洗过滤器依次进行全自动自清洗过滤，

图6-22　撬装式沼液深度过滤装置

去除细小的悬浮性、胶体性及黏性物质，降低出水悬浮物含量，提高可生化性，降低后端处理负荷，使出水达到 120 目水肥一体化灌溉要求。具有以下特点：

  A. 针对粗沼液设计，快速降低 TS 至 0.5％以下。

  B. 过滤精度可达 120～200 目，可滴灌、雾化、喷灌。

  C. 减少沼液在管网中的沉积，实现沼液纳管还田。

  D. 无须加入化学药剂，无固体废弃物、成本低。

  E. 核心过滤装置采用 316 不锈钢材质，耐磨抗冲击。

  F. 撬装式工厂预制，现场快速就位，无须土建施工，节省用地。

  G. 全过程微电脑模块物控，无须人员值守。

  田间沼液精细还田技术。经过深度过滤后的沼液克服了管网堵塞的难题，通过管道输送进入田间沼液精细还田系统，经科学配肥及二次过滤，进一步水肥一体化还田利用。田间沼液精细还田系统以集装箱为载体，集成了储肥罐、多级过滤器、自动控制系统、变频增压泵等装置。系统可对流量、压力等信息进行实时监测，通过人工智能控制单元精准控制水量和沼液施肥量，恒压变频保持管网出水压力相对稳定，保证灌溉区域均匀出水，可直接用于露地及设施农业水肥一体化灌溉，实现沼液低成本、高效率还田。沼液输送管网如图 6-23所示，田间沼液精细还田系统如图 6-24 所示。

图 6-23　沼液输送管网示意图

图 6-24　田间沼液精细还田系统

　　沼渣基质化无土栽培技术。厌氧发酵出料经固液分离机渣液分离，分离出的沼渣经好氧堆肥处理后，一部分作为基肥，另一部分与草炭、珍珠岩、醋糟等辅料科学复配，作为园艺作物无土栽培基质使用。沼渣基质压块成形机如图 6-25 所示，沼渣型基质营养块如图 6-26 所示。

图 6-25　沼渣基质压块成形机

图 6-26 沼渣型基质营养块

大棚"三沼"综合利用技术。脱硫净化后的沼气通过管道被接入大棚,采用沼气直燃的方式为大棚增温补碳。外界温度低时,通过沼气灯燃烧为棚内提供热量,减少能源消耗,降低成本;同时补充二氧化碳,促进作物光合作用,提高果实口感。

粗沼液经前端工艺处理后,通过管道被输送至大棚内的沼液储存箱,采用膜下滴灌技术,配合灌溉水滴灌施肥,精准水肥供应。部分沼渣被科学复配后装入高架栽培槽,作为栽培基质供草莓种植使用;部分沼渣作基肥,于番茄等作物种植前旋耕施入。

大棚内配有智能控制系统,对大棚内各种设备进行集中管理,结合环境监测设备,对空气温湿度,土壤(基质)pH、EC、温湿度等环境情况进行监测,实现自动化生产管理,"三沼"资源利用方式由"粗"向"精"转变。沼渣基质化栽培草莓如图 6-27 所示,沼渣基质化栽培番茄如图 6-28 所示。

图 6-27　沼渣基质化栽培草莓

图 6-28　沼渣基质化栽培番茄

②主要建设内容

项目占地约 30 亩，主要构建筑物见表 6-5。

表 6-5　山西资环科技农业农村废弃物低碳综合处理利用项目主要构建筑物

序号	构建筑物	建筑形式	规模（数量）	单位
1	废弃物预处理间	钢混	136	m²
2	水解酸化池	钢砼	48	m³
3	发酵罐基础	（外径）14.51×0.5	82.64	m
4	有机肥生产车间	钢混	1 800	m²
5	办公室	钢混	370	m²
6	大棚 1	全钢架	600	m²
7	大棚 2	全钢架	600	m²
8	大棚 3	全钢架	384	m²
9	大棚 4	全钢架	384	m²

关键设施设备及配置情况如表 6-6 所示。

表 6-6 山西资环科技农业农村废弃物低碳综合处理利用项目关键设施设备

序号	设施设备	数量	单位
1	2 500m² 厌氧发酵罐	2	座
2	预处理系统	1	套
3	沼气络合铁脱硫装备	1	套
4	沼气发电系统	1	套
5	固液分离机	1	台
6	沼液深度过滤装置	1	套
7	田间沼液精细还田系统	1	套
8	沼渣基质压块成形机	1	台
9	"三沼"综合利用系统	4	套
10	"PLC+上位机"智能控制系统	1	套
11	其他辅助设施和管线	1	项

③运行情况

山西资环科技农业农村废弃物低碳综合处理利用项目日处理农业农村废弃物 300t，一年按 365d 计算，年处理量可达 10.95 万 t，年产沼气 200.75 万 m³、水肥一体化沼液 4.71 万 t、产生沼渣 0.35 万 t。项目主要能耗为电能，年耗电量 18.25 万 kW·h。

④经济效益分析

项目由山西资环科技股份有限公司自行投资建设，总投资 2 154 万元。运行成本主要由原料收集运输费用、设施设备损耗维修费用、沼渣无二栽培基质制备辅料购置费用、人力成本及水电成本等构成，年支出成本 257 万元。

项目收入主要来自沼气发电并网、沼气清洁取暖、沼气大棚增温补碳、沼渣沼液综合利用及猪场粪污处理，年收入 363.5 万元。其中，沼气发电并网收入 97 万元，沼气分布式清洁取暖收入 20 万元，沼气直燃供大棚增温补碳收入 31 万元，沼渣沼液综合利用收入 192.5 万元，猪场粪污处理收入 23 万元。收支相抵，年净利润为 106.5 万元。

(3) 商业模式

①模式基本内容

农业农村废弃物低碳综合处理利用模式以畜禽粪污为主要原料，协同耦合处理秸秆尾菜、厕所粪污等农业农村废弃物，以"就地消纳、生态循环、综合利用"为主线，以"绿色低碳，清洁高效"为理念，采用"混合原料预处理+厌氧发酵+沼气储存净化利用+固液分离+沼液深度过滤"的处理工艺，将农业农村废弃物转化为"三沼"资源。沼气用于发电、清洁取暖及大棚增温补碳；沼渣用于配制无土栽培基质或作有机肥科学还田；沼液经处理后作为沼液肥，通过管道接入田间沼液精细还田系统科学有序还田。通过山西资环科技自主研发的沼液深度过滤装备和田间沼液精细还田系统解决了厌氧发酵产生的粗沼液杂质含量高、极易堵塞管网、精细化还田难等问题，避免了粗沼液处理处置不当造成的二次环境污染。该模式采用核心技术对低品相污染源通过低成本、低熵的方式进行处理，有效解决了农业农村废弃物带来的环境污染和生态破坏问题，实现了产品资源化升级，践行了绿色低碳高质量发展理念，将减污与降碳融为一体，打造了资源化、减量化、无害化、生态化的"能环工程"。

②运行机制分析

结合当地实际情况，项目实行"分散收集、集中处理，统一处置"的运营模式，以沼气工程为纽带，实现了农业农村废弃物的资源化再利用。项目享受洪洞县电价补贴政策，获得畜禽粪污集中处理县财政资金 10 万元，作为洪洞县第三方处理中心，对周边养殖场畜禽粪污集中收集处理，辐射范围内的养殖场不强制配套环保设施。

③推广应用情况

项目辐射周边 10～15km 范围内的农业农村废弃物，通过沼气利用等途径获得了收益，降低了整体运行能耗和生产成本。沼气燃烧热值可达 25 104J，远高于煤气，接近天然气。项目以农民利益为先，切实从农村生活生产实际出发，供暖费用远低于煤气、天然气、电力等费用，极大地降低了农民采暖成本，更适合在广大农村地区推广。同时，通过向周边农民收购畜禽粪污、农作物秸秆等农业有机废弃物，将农村当成能源生产端，带动农民生产积极性，增加了农民收入。此外，农民施用沼渣沼液可以部分替代化肥农药，每亩地平均节省化肥农药成本 120～250 元，减少了生产支出。还可以有效提高农业生态环境和农村人居环境条件，提高农民生活水平质量，提升农业农村减排固碳能力，促进农业绿色低碳循环发展，全面推进乡村振兴战略实施，实现人与自然和谐发展、生产生活与生态环境协调共赢。

④可借鉴的经验

项目采用畜禽粪污协同耦合其他农业农村废弃物的混合处理方式，形成"沼气—脱硫净化—发电利用（清洁取暖、大棚增温补碳）""沼液—微氧曝气—深度过滤—纳管输送—水肥一体化精细还田"及"沼渣—好氧堆肥—基质制备—作物无土栽培"的三大资源化利用技术模式。

（4）推广条件

①适用区域

项目适用于农村居民、养殖场及耕地相对集中分布的区域，便于畜禽粪污、厕所粪污、农村有机生活垃圾、农村生活污水、秸秆尾菜等多元化的农业农村废弃物的收集，保障项目原料充足供应，周边需配套可供沼渣沼液消纳的农田，从而保证项目长期稳定运行，实现资源高效循环利用。

②配套要求

一是组织领导。项目建立组织机构，健全工作制度，规范项目管理及资金使用。成立项目领导小组，明确责任，合理分工，由项目负责人负责项目具体工作的实施，保证项目的顺利开展。小组成员要严格按照要求制定具体的实施方案，明确工作任务，压实工作责任，细化工作要求，确保各项措施落到实处，做好宣传引导工作。

二是扶持政策。按照"政策引导、社会参与，重点治理、区域推进，目标分解、逐步实施"原则，根据实际情况，实行分类、分批、分区域进行政策支持。对于农业农村废弃物综合处理利用设施建设用地，国土资源部门按照土地管理法律法规，优先予以保障。从事农业农村废弃物处理的单位，享受国家规定的办理有关许可、税收、用电等优惠政策。农业农村废弃物综合处理利用设施运行用电执行农业用电价格。

三是监督管理。项目实施与推广过程中应严格遵守基本实施程序，严格按照实施方案组织项目实施。项目相关设施的购置及安装选择技术力量雄厚、产品优质、性能及价格合理、服务水平良好的单位进行合作，确保项目质量。为保障项目顺利推广，实施过程中采取档案化动态管理制度。项目资金实行专人管理、专户储存、专账核算，严格依照国家相关规定的资金使用准则，认真落实每一笔资金的流向。严格财务会计管理，保证资金专款专用，财务制度按财政部规定执行，保障资金合理规范使用。

6.2　华东地区

6.2.1　阜南县农业废弃物沼气与生物天然气开发利用 PPP 项目

（1）基本情况

①项目建设背景及资源情况

一是项目建设背景。生态文明建设已纳入"五位一体"国家总体战略布局，生态文明建设对农村沼气事业发展提出了新任务，要解决畜禽粪污随意排放、秸秆就地焚烧或丢弃等问题。

农业供给侧结构性改革要求"提质增效转方式、稳粮增收可持续"，为市场提供更多优质安全的"米袋子""菜篮子""果盘子"和"茶盒子"等农产品，发展农村沼气能够实现化肥、农药减量，推动优质农产品生产，保障食品安全。

中国能源生产供应结构不合理、天然能源缺口较大，国家生物天然气发展规划要求，到 2030 年，全国生物天然气产量要达到 300 亿 m³/年。因此，发展农村沼气，可降低煤炭消费比例、填补天然气缺口，进一步优化能源供应结构。

随着种养业的规模化发展、城镇化步伐的加快、农村生活用能的日益多元化和便捷化，农民对生态环保的要求更加迫切，农村沼气建设与发展的外部环境发生了很大变化，农村沼气亟待向规模发展、综合利用、效益拉动、科技支撑的方向转型升级。

农村沼气原料主要包括农作物秸秆、畜禽粪污、农产品加工剩余物、农村有机生活垃圾等。目前阜南县可统计的城乡有机废弃物年生物天然气生产潜力为 21 413 万 m³。随着经济社会发展、生态文明建设和农业现代化的推进，沼气的生产潜力还将进一步增大。

2016 年 12 月 21 日，中央财经领导小组第十四次会议在北京召开，国家主席习近平在会上指出：加快推进畜禽养殖废弃物处理和资源化。要坚持政府支持、企业主体、市场化运作的方针，以沼气和生物天然气为主要处理方向，以就地就近用于农村能源和农用有机肥为主要使用方向，力争在"十三五"时期，基本解决大规模畜禽养殖场粪污处理和资源化问题。

2017 年 1 月 25 日，国家发展和改革委员会与农业部联合发布了《全国农村沼气发展"十三五"规划》，在分析农村沼气发展成就、机遇与挑战、资源潜力等基础上，明确了"十三五"时期农村沼气发展的指导思想、基本原则、目标任务，规划了发展布局和重大工程，提出了政策措施和组织实施要求。

2017 年 2 月 5 日中央 1 号文件《中共中央 国务院关于深入推进农业供给侧结构性改革 加快培育农业农村发展新动能的若干意见》的第九条：推进农业清洁生产。大力推行高效生态循环的种养模式，加快畜禽粪便集中处理，推动规模化大型沼气健康发展。以县为单位推进农业废弃物资源化利用试点，探索建立可持续运营管理机制。鼓励各地加大农作物秸秆综合利用支持力度，健全秸秆多元化利用补贴机制。安徽省能源局基于《全国农村沼气发展"十三五"规划》，已编制完成《安徽省生物天然气中长期发展规划》，在国家和省级两级政策的指导下，农业废弃物沼气与生物天然气的开发利用具有很强的必要性与及时性。

2019 年 12 月，国家发展和改革委员会、国家能源局、财政部、自然资源部、生态环境部、住房和城乡建设部、农业农村部、应急管理部、中国人民银行、国家税务总局联合下发了《关于促进生物天然气产业化发展的指导意见》（发改能源规〔2019〕1895 号），提出，到 2025 年，生物天然气具备一定规模，形成绿色低碳清洁可再生燃气新兴产业，生物天然气年产量超过 100 亿 m³。到 2030 年，生物天然气实现稳步发展。规模位居世界前列，生物天然气年产量超过 200 亿 m³，占国内天然气产量一定比例。

二是资源情况。目前阜南县可统计的城乡有机废弃物年生物天然气生产潜力为 21 413 万 m³，其中：

A. 畜禽粪污

阜南县常年畜禽养殖年存栏量为 100 万～120 万猪当量，依据《第一次全国污染源普查畜禽养殖业源产排污系数手册》与 COD 理论产气量计算，阜南县畜禽养殖粪污产气（甲烷）潜力为 13.33 万 m³/d。阜南县全县耕地面积为 8.17 万 hm²，结合养殖承载力分析，全县规划标准畜当量为 205 万头，规模养殖将达到 177 万猪当量，生物天然气产能潜力为 21.06 万 m³/d。

B. 农作物秸秆

根据《阜南县农作物秸秆综合利用规划》与实际农作物播种面积，目前阜南县农作物秸秆资源以小麦、水稻、玉米秸秆为主，三者的总量为 110 万 t，约占秸秆总量的 90%，可收集秸秆总量近 80 万 t。在可收集秸秆中，玉米秸秆为 18.16 万 t，水稻秸秆为 13.24 万 t，大豆秸秆为 1.41 万 t，小麦秸秆为 42.60 万 t，农作物秸秆年生物天然气产能潜力为 10 868.10 万 m³。考虑到秸秆多元产业联动的资源化需求，将 20 万～30 万 t 秸秆作为生物天然气资源的原料保障，不仅不会影响其他秸秆产业，还能够确保在其他秸秆产业波动的条件下，秸秆得到有效处理。

三是城乡其他有机废弃物资源。近年来，蔬菜生产废弃物资源。蔬菜生产作为提高农户收入、增加农业效益的重要手段而得到大力发展，蔬菜废弃物产生量会逐年增加，及时有效处理与利用蔬菜废弃物已逐渐成为蔬菜三产区蔬菜生产的关键制约因素。因此，蔬菜生产废弃物将逐步成为生物天然气重要的原料来源之一。

A. 病死畜禽资源

病死动物数量在正常年份与养殖量成正比，遇见重大疫情会出现波动。病死动物通过高温无害化处理后，可以作为沼气工程原料，进行能源化利用。

B. 垃圾及污泥资源

阜南全县生活垃圾量达 1 537.9t/d，餐厨垃圾产生量达 118.3t/d，生物天然气产能潜力分别为 2 492 万 m³/年、208 万 m³/年。污泥年产生量 36 000t，产气潜力为 65 万 m³/年。

随着环保督察的加强，农副产品加工以及农村改厕后形成的可收集人粪尿等有机废弃物也可以作为生物天然气生产原料，未来可用于生产生物天然气的有机废弃物资源量和产气潜力更大。项目原料收集区域如图 6-29 所示。

图 6-29 阜南县农业废弃物沼气与生物天然气开发利用 PPP 项目原料收集区域

②项目建设时间、地点和规模

一是阜南县农业废弃物沼气与生物天然气开发利用 PPP 项目（苗集站点）。

A. 建设时间：2018 年 8 月 1 日。

B. 建设地点：安徽省阜阳市阜南县苗集镇前进村。

C. 建设规模：规划建设用地面积为 25 416.02m² （约 38.12 亩）；规划总建筑面积为 8 497.64m²。

二是阜南县农业废弃物沼气与生物天然气开发利用 PPP 项目（龙王站点）。

A. 建设时间：2018 年 8 月 1 日。

B. 建设地点：安徽省阜阳市阜南县龙王乡韩郢村。

C. 建设规模：规划建设用地面积为 20 446.29 ㎡ （约 30.65 亩）；规划总建筑面积 4 118.92m²。

三是阜南县农业废弃物沼气与生物天然气开发利用 PPP 项目（公桥站点）。

A. 建设时间：2018 年 8 月 1 日。

B. 建设地点：安徽省阜阳市阜南县公桥乡公桥村。

C. 建设规模：规划建设用地面积 29 968.31m² （约 44.93 亩），规划总建筑面积 4 118.92m²。

四是阜南县农业废弃物沼气与生物天然气开发利用 PPP 项目（张寨站点）。

A. 建设时间：2021 年 12 月 31 日。

B. 建设地点：安徽省阜阳市阜南县张寨镇杨圩村。

C. 建设规模：规划建设用地面积 54 335.53m² （约 81.50 亩）；规划总建筑面积 18 066.64m²。

五是阜南县农业废弃物沼气与生物天然气开发利用 PPP 项目（柴集站点）。

A. 建设时间：2021 年 12 月 31 日。

B. 建设地点：安徽省阜阳市阜南县柴集镇郑楼村。

C. 建设规模：规划建设用地面积 39 131.45m² （约 58.69 亩）；规划总建筑面积 16 972.20m²。

六是阜南县农业废弃物沼气与生物天然气开发利用 PPP 项目（田集站点）。

A. 建设时间：2021 年 12 月 31 日。

B. 建设地点：安徽省阜阳市阜南县田集镇柳林村。

C. 建设规模：规划建设用地面积 51 614.11m² （约 77.42 亩）；规划总建筑面积 23 862.57m²。

七是阜南县农业废弃物沼气与生物天然气开发利用 PPP 项目（王堰站点）。

A. 建设时间：2021 年 12 月 31 日。

B. 建设地点：安徽省阜阳市阜南县王堰镇关堂村。

C. 建设规模：规划建设用地面积 32 370.36m² （约 48.55 亩）；规划总建筑面积 13 822.98m²。

八是阜南县农业废弃物沼气与生物天然气开发利用 PPP 项目（焦陂站点）。

A. 建设时间：2021 年 12 月 31 日。

B. 建设地点：安徽省阜阳市阜南县焦陂镇付庄村。

C. 建设规模：规划建设用地面积 40 566.81m² （约 60.85 亩）；规划总建筑面积 16 828.42m²。

③运营单位基本情况

阜南林海生态技术有限公司成立于 2016 年，是一家以阜南县城乡有机废弃物无害化处理、生物天然气与生物有机肥料生产销售以及现代生态循环农业产业为主体的科技型专业化运营企业。2018 年由上海林海生态技术股份有限公司与阜南县政府方代表阜南县农业投资有限公司共同牵头发起阜南县农业废弃物沼气与生物天然气开发利用 PPP 项目，为此，对阜南林海生态技术有限公司进行了改组，公司专业负责 PPP 项目的全周期运营工作，运营期为 30 年。

（2）项目概况

①工艺技术路线

阜南县农业废弃物沼气与生物天然气开发利用 PPP 项目所用原料为农作物秸秆、畜禽粪污以及其他城乡有机废弃物，物料经预处理后协同处置，经发酵后产生沼气，发酵后的物料经固液分离后固体部分用于生产固体有机肥，液态部分用于生产液态有机肥。项目工艺流程如图 6-30 所示。

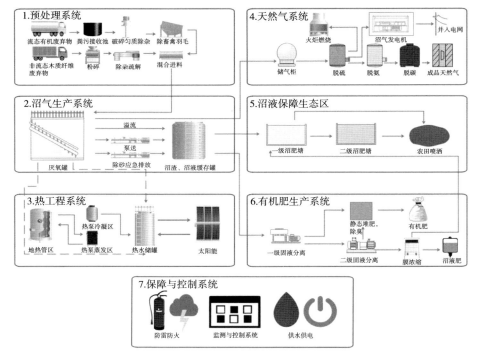

图 6-30　阜南县农业废弃物沼气与生物天然气开发利用 PPP 项目工艺流程

一是原料预处理。

A. 粪污预处理车间

此车间包含洗车消毒车间、粪污接收池、粪污提升泵、电动单梁与抓砂斗、除臭吸风管道以及控制柜。洗车消毒车间内置清洗消毒装置，运送粪污的外来车辆在此进行清洗消毒，并将粪污倾倒进粪污接收池。粪污接收池接收运来的粪污，池内有搅拌机对池内物料进行搅拌。池内有中心破渣机，用于去除粪污接收池里的漂浮物质，防止其聚积、干化成块。同时，通过抓砂斗抓取沉积在粪污接收池的砂石等杂质，由车辆转运至惰性物质堆场。粪污接收池的物料通过粪污提升泵被送往调浆罐，最终与秸秆及发酵助剂均匀混合后被泵送至厌氧罐。

B. 秸秆预处理车间

此区域包含破包机、破碎机、固体进料箱、疏解机、混合进料器和添加剂加注设备。外运的秸秆在堆场存放，通过抓草机被送至破包机，然后被送至破碎机破碎形成粒径较小的颗粒，再经固体进料箱去往疏解机进行疏解后进入混合进料器与流态物料及发酵助剂均匀混合后被泵送至厌氧发酵罐。

二是厌氧发酵。物料在厌氧罐中发酵，产生沼气和沼渣、沼液。沼气从厌氧罐顶部溢出，经管道被输送至储气柜。沼渣、沼液有两路，一路通过溢流和除砂的方式去往沼渣、沼液缓存罐，一路通过泵送进入固体有机肥加工车间的固液分离区。

三是沼气储存。储气柜接收并储存来自厌氧罐的沼气。来自厌氧罐的沼气经脱氨塔脱氨后去往气柜外部的集水井脱除凝水，然后进入储气柜。从储气柜出去的沼气同样经过气柜外部集水井脱除凝水，经风机增压去往沼气净化区域。

四是沼气净化。去往沼气净化区域的沼气经脱水后被送往脱硫塔，脱硫后的沼气90％进入沼气脱碳提纯系统完成脱碳过程，脱碳后的沼气经减压计量加臭后通过管网进入燃气市场，其余10％进入发电机房用于发电上网，在紧急状态下也可自发自用，在供气系统和发电系统同时出现故障时，沼气应急去火炬燃烧放空。

五是沼渣、沼液固液分离处理。出厌氧罐的沼渣、沼液去往沼渣、沼液缓存罐，直接被泵送至固体有机肥加工车间的固液分离区域。进入固体有机肥加工车间的固液分离区域后，依次经过一级、二级、三级固液分离。

六是固体有机肥加工和沼液处理。泥状的沼渣经破碎后被送入吨包机进行吨包存放后被送至张寨或公桥站点集中处理加工。纤维状的沼渣经吨包处理后堆放，然后进行后续处理。沼液尾水进入营养回收系统处理后得到液态有机肥，其余尾水处理进行生态还田。

区块链管理系统如图6-31所示。

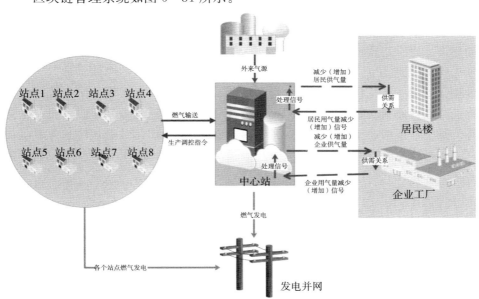

图6-31　区块链管理系统

②主要建设内容

阜南县农业废弃物沼气与生物天然气开发利用 PPP 项目分 3 期建设，近期实施年限为 2018—2022 年，投资 10.44 亿元（融资前总投资，含建设投资和铺底流动资金）；中期投资 11.82 亿元；远期投资 12.24 亿元。本书所指项目为一期工程（2018—2022 年），中期和远期项目建设，规划方案中的启动时间安排非绝对时间，政府和社会资本双方均可以根据社会需要和市场需要，提出启动中期、远期项目。

一期工程（2018—2022）：完成沼气和生物天然气生产站点 8 个、中心站点 1 个及产业相关设施建设和收购，实现覆盖区域范围内 80％的畜禽粪污和 10％的可收集农作物秸秆以及城乡其他有机废弃物的无害化处理与利用（含餐厨垃圾、病死动物、市政污泥等）。日产沼气 18 万 m^3（折合甲烷 10.8 万 m^3）；敷设生物天然气管网 270.79km（包含收购现有城市管网），覆盖县城、经济开发区、乡镇区域，结合瓶装液化气实现覆盖区域内全部城乡燃气用气供应。

具体指以下项目投资、建设、运营维护、移交：

一是沼气和生物天然气处理站点 8 个，每个站点的建设内容包括原料收储运系统、沼气与生物天然气生产系统。

A. 沼气与生物天然气处理站点

新增龙王、苗集、公桥、王堰、田集、柴集、焦陂、张寨 8 个站点，其中苗集、王堰站点池容 1.2 万 m^3，龙王、公桥、柴集、张寨站点池容 2.4 万 m^3，田集、焦陂站点池容 3 万 m^3（目前已经完成龙王、苗集和公桥 3 个站点的建设，每个站点池容 1.2 万 m^3；龙王和公桥站点进一步扩容，每个站点新增池容 1.2 万 m^3）。原来 15 个站点布局的方案被替代。每个站点建立原料预处理区（包括秸秆预发酵疏解、粪污除杂、原料调节）、厌氧发酵系统、沼气提纯与储存系统、沼渣沼液加工系统、控制、配电、消防、场区道路及绿化等。其中，田集、柴集、苗集、焦陂 4 个站点有市政有机废弃物（含市政污泥、食品废渣、酒糟、餐厨垃圾等）协同处理配套设施，协同原料预处理、协同产品无害化处理。

B. 站点原料收集、转运设施

各站点建立畜禽粪污原料收储运系统，完成对覆盖乡镇内规模化养殖场粪污的收集、预处理与利用；建设站点附属秸秆堆场（含蔬菜废弃物）50～60 亩农业用地，配套 2～3 台秸秆打捆设备、秸秆抓草机、转运农用车，一套秸秆破碎和再压储设施，破碎后的秸秆在堆储场占地 10～15 亩。

C. 沼渣深加工中心

在焦陂、柴集、龙王、张寨 4 个站点建设配套沼渣深加工中心，开展沼渣的肥料化和纤维质高附加值产品（包装材料等）的深度开发。

D. 病死动物处理中心

利用转型后的龙王示范点（2016 年前期开发中建设）建筑和设施，开展病死动物的集中无害化处理，处理后的产物一部分作为有机肥深加工辅料，一部分作为各站点沼气发酵原料辅料。

E. 生态消纳与循环农业

在各站点配套 800～1 000 亩生态保障用地，用于消纳少量沼液与循环农业示范，建设田园综合体。

二是中心站点 1 个，建设内容包括调峰气源站、集中维修中心、集中调度中心、集中测试和分析中心，集中管理中心，园区集中供热设施、道路、绿化、消防等。

三是产业相关设施建设和购置，包括燃气管网、燃气分销、肥料分销等。

A. 燃气管网及附属设施

包括新建干网 270.79km（含收购现有燃气公司城区管网，预估 70km），小区局域网均为开发商建设，不需考虑，未建局域网的小区和社区逭过一事一议和政府方确定费用筹措，不含在本项目建设中。管网附属设施含调压站等。

B. 燃气销售

县城燃气分销依托中心站，乡镇燃气销售采用 LPG 分销与管道气分销合建站，全县布局 10 个点。

C. 肥料营销

结合 8 个站点，开展肥料合作营销，不再新增肥料专营门店设施。

中期工程：扩容前期所建 8 个沼气与生物天然气站点及 LPG 储配站；扩容前期 8 个站点储气柜的容积满足覆盖区域储气调峰的需求。

远期工程：扩容全县 8 个沼气与生物天然气站点，并扩容储气柜，满足覆盖区域储气调峰的需求；铺设供气支网 380km，满足新增城镇居昆和中心村居民用气需求。

生物天然气站点与中心站如图 6-32 所示。

③运行情况

阜南县农业废弃物沼气与生物天然气开发利用 PPP 项目认真执行国家产业政策和行业的节能设计标准，合理利用能源，充分考虑能源二次使用和资源综合利用，以求最大限度地节约能源和资源。积极采用先进的节能新技术、新工艺、新设备，严禁采用国家或行业主管部门淘汰的落后工艺、落后设备。实物消耗总量 4 069.46 折标煤量（吨标准煤）。目前已建设运营的有龙王、苗集、公桥 3 个生物天然气站点，日产生物天然气 1.8 万 m³。

图 6-32　生物天然气站点与中心站

④经济效益分析

阜南县农业废弃物沼气与生物天然气开发利用 PPP 项目预计总投资 10.44 亿元。项目建成后正常年总收入可达 37 622.3 万元，其中：营业收入为 35 567.2 万元，政府补贴收入为 2 055.1 万元，运营期年均收入为 37 496.9 万元。项目运营期可实现年均利润总额 9 978.43 万元，按 25% 的税率缴纳企业所得税，年均净利润为 7 746.41 万元。

（3）商业模式

①模式基本内容

一是阜南模式简介。阜南县农业废弃物沼气与生物天然气开发利用 PPP 项目是目前国内唯一经财政部批准立项并实施的以整县农业废弃物利用全量、全覆盖与以沼气、生物天然气开发为核心内容的 PPP 项目。该项目 2016 年 4 月立项，2017 年 7 月完成前期规划论证及财政部 PPP 项目入库，2017 年 11 月招标，2018 年 1 月确定中标人，签订合同。2020 年 11 月 30 日，项目公司接管县域城市燃气设施，"四站贯通"，阜南模式成功运营；2021 年 3 月 1 日，安徽省能源集团有限公司牵头控股五方共同签署生物天然气产业阜南模式推广合作框架协议并成立安徽省生物天然气开发股份有限公司。阜南模式的核心内容主要有 3 个方面：

A. 通过多元化的处理技术，促进有机废弃物全利用

阜南县农业废弃物沼气与生物天然气开发利用PPP项目能对全域畜禽粪污、农作物秸秆、病死动物、厨余垃圾等生产和生活有机物质废料进行全量消纳。项目投产后，可处理177万头猪当量畜禽粪污、20万t秸秆及其他有机废弃物。同时，大幅减少二氧化碳排放。据测算，该项目满负荷运转，每年综合减排二氧化碳62万t，可中和5.5亿kW·h燃煤电厂碳排放。

B. 通过全域化的统筹布局，促进县域利用全覆盖

按照站田式布局，在全县建立了8个生物天然气生产站点和1个中心站。铺设主干管网27km，实现县城及全县城乡的燃气供应全覆盖。

C. 通过一体化的产业联动促进复合利用全循环

阜南县农业废弃物沼气与生物天然气开发利用PPP项目为全县种植业和养殖业打造了全新的有机废弃物清洁能源生产新行业，倒逼种植、养殖大户加快产业结构调整。同时，项目投产后，可年产有机肥15万t，有力推进了全县有机农业的发展。

二是阜南模式的价值。阜南模式是认真贯彻习近平总书记创新、协调、绿色、开放、共享的发展理念的结果，也是加快实现"双碳"目标的有效路径，体现了多种效益的有机统一，在安徽北部、安徽全省乃至全国都极具推广价值：

A. 践行创新发展理念

一方面是技术创新，同济大学朱洪光教授科技团队拥有自主、先进和成熟可靠性的技术；另一方面是模式创新，阜南县通过天然气生产销售等特许经营权的独家授权、运营绩效补贴、企业盈利政府不分红、协调秸秆回收等多种创新，积极参与到项目建设和运营过程中，为长期稳定发展探索机制保障。

B. 践行协调发展理念

全域全量化站田式商业机制为养殖业、种植业的健康发展提供了强有力支撑，推动了生态宜居、产业兴旺和生活富裕三大目标的实现。按照城市环卫治理思路收集利用农业废弃物，推动了城乡协调发展。搭建共享平台，谁污染、谁付费，解决人居环境整体提升难题。

C. 践行绿色发展理念

通过农业废弃物的利用，切实解决了农牧大县畜禽粪污、秸秆等转化的难题，对水资源保护和改善土壤有较大好处；有机肥的推广使用实现了全循环。

D. 践行开放发展理念

引入社会第三方，通过一个开放式平台进行商业化合作，探索种养结合循环利用的路径，创新全域全量化有机废弃物兜底处理商业和政策模式。

E. 践行共享发展理念。阜南模式既可推动养殖业快速发展，又可带动种

中国生物天然气产业探索与实践

植业品质提升，进而增加农民收入。同时，伴随着上下游企业的跟进与配套，可以带动农副产品加工和设备制造业发展，建设国家级生物天然气新产业发展基地，有很好的发展前景。

②运行机制分析

按国家、省、市、县标准执行秸秆、有机肥、病死动物处理等相关补贴，配额内肥料销售以及发电补贴。

③推广应用情况

按照站田式布局在全县建立的 8 个生物天然气站全部投产可解决全县 177 万头猪当量畜禽粪污、20 万 t 秸秆，以及藤蔓、病死动物、餐厨垃圾等的协同处理。

一是能源效益。本项目完成并达产后，年产生物天然气 5 000 万 m^3，可以替代 5 000 万 m^3 天然气，折标准煤 64 500.0t，可为阜南县约 26 万户居民提供生活所需燃料。

二是生态效益。发展农业废弃物沼气与生物天然气利用产业，不仅可解决区域农业面源污染问题，还可改善农村生态环境，为农作物高产优质提供有机肥源，增强农产品的市场竞争力。

三是社会效益。发展沼气与生物天然气产业，直接经济效益虽不突出，但是社会效益非常显著，是典型的民生项目。首先，各沼气与生物天然气站点可以改善当地环境状况，造福当地居民。其次，可以改善区域能源结构，实现低碳生活。最后，可以吸纳当地一定数量的劳动力就业，提高就业率。

四是经济效益。项目建成达产后可实现营业收入 37 622.3 万元，新增利税总额 10 489.63 万元，税后财务内部收益率为 10.45%，静态投资回收期 12.63 年（含建设期），具有较好的经济效益。

更重要的是，可以带动规模化养殖业、有机种植业、清洁能源利用工业和服务业，以及项目建设期间的建材业、项目建成后的机电维修服务业等相关产业的发展。相当于在当前的基础上，全县生产总值提高 21%，对全县整体经济提升具有显著影响。

此外，发展农业废弃物沼气与生物天然气利用产业，不仅可以解决区域农业水源污染问题，还可改善农村生态环境，为农作物高产优质提供有机肥源，增强农产品的市场竞争力，具有显著的生态环境效益。

④可借鉴的经验

全域全量化站田式布局；多源有机废弃物混合协同发酵；生物天然气发酵生产热物理工程；燃气与电力联供多梯度综合能源利用；沼渣沼液营养回收与资源化利用；生物天然气产供联动区块链管控。

176

（4）推广条件

①适用区域

该技术以畜禽粪污与农作物秸秆为主要原料进行厌氧发酵，因此适用于养殖与粮食生产大县。

②配套要求

一是依据全县各类有机废弃物产生量与空间分布。通过规模与站点选址模型确定区域内生物天然气站点总规模与站点数量以及选址方案。

二是确定项目工程建设与运营的投融资、原料收集与终端产品销售及收益保障、运营年限及移交方式等模式。

三是通过招投标确定项目工程投资、建设与运营社会资本方。

四是确定建设方案与工艺技术方案。

五是完成项目建设并运营。

六是政府出台保障原料收集、终端产品销售的相关文件。

6.2.2　临泉国能天然气有限公司规模化生物天然气项目

（1）基本情况

①项目建设的基本背景及资源情况

安徽省临泉县是农业生产和畜牧养殖大县，临泉县有丰富的秸秆和畜禽粪污资源，为了解决当地秸秆和畜禽粪污带来的众多环境污染问题，积极响应国家号召，对秸秆和畜禽粪污进行资源化利用，变废为宝，在临泉县政府及各级农业主管部门的大力支持和帮助下，临泉国能天然气有限公司在临泉县建成了年产 720 万 m^3 的大型生物天然气项目。项目区效果图见图 6-33。

图 6-33　临泉国能天然气有限公司规模化生物天然气项目效果图

临泉县资源情况：2021 年临泉县年存栏黄牛 64.8 万头，存栏生猪 510 万头，年均畜禽粪污约 524.5 万 t。2021 年临泉县小麦种植面积 146.23 万亩，玉米种植面积 108.34 万亩，其他农作物 26.28 万亩，各类农作物秸秆理论资源总量 157.83 万 t，可收集资源量约为 133.51 万 t。为项目生产运营提供了丰富的原料资源。

②项目建设时间、地点、规模

项目是国家 2016 年规模化大型沼气工程转型升级项目，年产生物天然气 720 万 m^3（技术提升后年产生物天然气 1 440 万 m^3），总投资 1.74 亿元，项目占地面积 41 184.5m^2（约 61.83 亩），建设地点在临泉县临庐现代产业园内。该项目于 2017 年 4 月开工建设，2019 年 12 月建设完成。发酵罐见图 6-34。

图 6-34　临泉国能天然气有限公司规模化生物天然气项目发酵罐

③运营单位基本情况

临泉国能天然气有限公司成立时间为 2015 年 10 月，注册资本 5 000 万元，地址为安徽省阜阳市临泉县邢塘街道富泉路与腾飞路交叉口向东 10m 路南。公司分 3 个板块进行了项目的整体投资：规模化生物天然气项目；年产 5 万 t 生物肥建设项目；临庐现代产业园加气站、储配站及园区燃气组网、供应项目。

主要经营项目：生物天然气生产，秸秆及畜禽粪污能源化利用，新兴能源、清洁能源综合利用；天然气城镇管网建设；天然气加气站建设；工业居民供气；天然气综合利用、煤制气、沼气提纯；有机肥、生物有机肥及微生物菌剂的研发、生产、经营等。

临泉国能天然气有限公司投资建设的项目是国家及安徽省规模化生物质能

重点项目，也是临泉县唯一一家有能力规模化处理农村有机废弃物及城镇餐厨垃圾等有机废弃物的企业。公司利用有机废弃物生产的生物天然气为绿色、低碳、清洁、可再生燃气，能为碳达峰、碳中和目标的实现作出贡献。

临泉国能天然气有限公司取得了临泉县临庐现代产业园区燃气持许经营权、燃气经营许可证、生物肥料证书（粉剂、颗粒）、微生物菌剂证书（粉剂、液体）、有机肥料证书（粉剂、颗粒）。公司所获荣誉：两化融合管理体系证书，发明专利17项，十佳创新先锋企业、中华环保联合会会员单位、中华环保联合会室内环保专业委员会会员单位等荣誉称号。公司已被临泉县评为规模以上企业、高新技术企业、战新企业、节能环保优质生产企业、数字化车间（县级、市级）、绿色工厂等。本项目的建成完成了从农村农作物秸秆和畜禽粪污收集、处理到清洁能源的市场化使用及沼渣沼液生物有机肥的生产、推广这一完整的循环产业链条。既有良好的社会效益，又有非常可观的经济效益。

（2）项目概况

①项目工艺流程见图6-35。

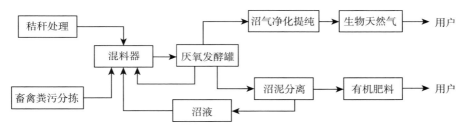

图6-35　临泉国能天然气有限公司规模化生物天然气项目工艺流程

一是原料预处理系统。本项目原料包括畜禽粪污、秸秆、餐厨垃圾等有机废弃物。为保障原料充足，临泉国能天然气有限公司建设了秸秆收储运体系，采取自行设点运作及与秸秆经纪人合作等多种模式。同时，公司与临泉县养殖大户签订畜禽粪污收购协议，保障了原料的充足供应。

二是原料处理进料系统。公司有6个5 000m³的发酵罐，其中一个发酵罐已完成技术升级（多物料高浓度高温厌氧发酵），其余4个保留原系统。

中温全混式厌氧发酵工艺。秸秆进料分为2条生产线，即2个独立的接收槽，单个容积100m³，起到计量和缓冲作用；同时，设有畜禽粪污进料口（活动盖板）、沼液回流口、发酵浆液回流口、自来水进口，设备设施设计合理，秸秆粉碎要求3cm和畜禽粪污震动筛选后进入料池，母料混溶后，经过活塞螺旋打料至厌氧发酵罐。

高温高浓度厌氧发酵工艺。在厌氧发酵池旁设立进料池可直接进料，原料通过进料管进入活塞式进料装置，经过活塞式进料装置被压至发酵罐，每次进料约 0.6t，时间约 8min。进料过程简单，不需要泵体输送，不会发生泵体堵塞，操作工艺简单，降低能耗，节约成本。

三是厌氧发酵系统。中温发酵系统采用的是全混式厌氧发酵工艺，单个罐体产气量 5 000m³/d。高温厌氧发酵系统在原全混式厌氧发酵罐的基础上进行了技术改造，公司利用 3 年时间自主研发完成了多物料高浓度高温厌氧发酵制沼气小试、中试、大生产研发工作，于 2021 年底完成大生产改造，并投入运营，经过 4 个月的生产运行达到了预期目标。单个罐体产气量 15 000m³/d，单位容积日产气率为 1∶3，沼气产能比全混式厌氧发酵工艺提高 3 倍，沼气成本降低到 0.8 元以下，经济效益显著。高温厌氧发酵工艺的创新点：罐内物料高浓度（20％以上）无须机械搅拌，不结壳，固体含量高，沼渣黏稠且菌群数量大，对后期生产有机肥更有利；高温发酵，罐内温度自然保持在 55℃ 左右，无须外部加温，更节能；沼渣不需要二次发酵，可以直接用于生产有机肥。

四是沼气提纯系统。项目选用膜提纯机组对厌氧发酵产生的沼气进行提纯，先进行沼气脱硫，然后进入沼气提纯工序，通过脱水、除杂质、增压、脱碳后产生生物天然气，然后通过管网供城镇居民、工商企业使用，也可以加压后利用车辆运输外销。

五是沼渣脱水系统。沼渣脱水系统负责发酵后浆液的固液分离，并将部分沼液回流至厌氧发酵罐。该系统的设备集中在固液分离间。固液分离间可以与堆肥车间合并，节省沼渣运距。

物料在厌氧消化池内发酵一个周期后，厌氧消化剩余物为沼渣、沼液，由厌氧发酵罐出料，通过管道送入脱水系统，经脱水机进行固液分离，产生沼液和脱水沼渣。

沼液暂存在沼液暂存池，回流沼液（约占沼液总量的 95％）被泵送至进料池进行调浆，外排沼液（约 5％）被泵送到沼液池生产液体肥料。脱水沼渣含水率在 65％ 左右，通过皮带机被输送到肥料生产系统，被加工制成有机肥后销售。可根据原料的干湿度灵活调节原料比例，使全过程不进行沼液排放，不会对项目周边造成二次污染。

六是沼渣、沼液的处理。临泉国能天然气有限公司同中国农业科学院合作，经过两年的研制，成功利用沼渣生产有机肥及生物有机肥，用沼液生产液体生物菌肥，具有广泛的使用和推广价值。该公司已具备批量生物有机肥生产条件，现已投产。项目的研制成功标志着该公司有效地解决了生物天然气生产中的沼液处理难题，完成了生物天然气行业的绿色闭环发展。真正意义上实现了"吃进"秸秆粪污等有机废弃物，经厌氧发酵和净化提纯，"吐出"生物天然气和生物有机肥，形成生物天然气产业完整的生产链，变废为宝、一举多得。

②主要建设内容

一是规模化生物天然气项目。该项目总投资 1.16 亿元,项目占地面积 33 971.9m²(约 51.1 亩),建设地点位于安徽省临泉县临庐现代产业园内。

该项目建设主要内容:5 000m³ 全混式厌氧发酵罐 6 座,总容积 30 000m³;3 000m³ 储气柜 1 个;420m³ 沼液暂存池 1 座;提纯系统及生物天然气减压、增压系统;3 580m² 堆肥车间 1 座;1 700m² 进料车间 1 座;秸秆存放场;集粪池;办公楼;动力站锅炉房;配套建设的厂区道路、绿化、门卫室等附属设施。

设备购置内容:运输车、固液分离机、搅拌机、厌氧发酵系统设备、双膜储气柜、沼气提纯设备、粉碎机等设备。

为了保障项目原材料充足,临泉国能天然气有限公司在临泉县周边建设 8 个秸秆收储点,每个收储点配备有厂房、粉碎机、打包机、抓机等。

二是年产 5 万 t 生物肥建设项目。该项目依托生物天然气项目的堆肥车间,利用生物天然气生产过程中所产生的沼渣、沼液生产生物有机肥,项目总投资 932 万元,于 2020 年 11 月建设完成,已投入运行。

主要设备:三级发酵系统、无菌压缩空气制备系统、原料灭菌干燥系统、蒸汽锅炉、无菌培养室、菌种检测中心、生物肥料检测中心、铲车喂料机、立式粉碎机、滚筒筛分机、槽式发酵翻堆机、自动包装机、双轴连续搅拌机、链式粉碎机、造粒机(圆柱形、圆形立式环模造粒机)、自卸车等现代化设备。

三是临庐现代产业园加气站、储配站及园区燃气组网、供应项目。临庐现代产业园加气站、储配站项目占地面积 7 212.6m²(约 10.83 亩),建设地点为临泉县临庐产业园内。

项目建设主要内容:新建储配站站房 1 座,建筑面积 71.91m²;建设罐容 50m³ 的储气罐 4 座、每小时 5 000m³ 的控温气化器 4 台、每小时 10 000m³ 的调压计量撬 1 座、每小时 10 000m³ 的复热器 1 座、放散管及其他辅助设施。配套建设供配电、给排水、绿化、照明、消防、环保、道路、围墙等公用附属设施以及加气站 1 座。

临泉国能天然气有限公司于 2019 年 12 月取得临泉县临庐产业园起步区 5km² 的燃气特许经营权。目前公司根据临庐产业园起步区燃气管线规划方案已建成,日供气能力可达 30 万 m³,年供气能力 10 950 万 m³,项目总投资 1 499 万元,已全部投入使用。该燃气管道的建成将保障园区内近远期用气量的需求。

③运行情况

为保障原料来源的稳定性,采用公司自行运作模式和与秸秆经纪人直接合作两种模式;肥料销售的主要客户群体为安徽省内种植大户及代理商等。

2020 年营业收入为 2 033 万元，缴纳税费 30 万元。2021 年营业收入 2 403.74 万元，缴纳税费 37 万元。

2022 年 1—3 月利润总额 170 万元。

④经济效益分析

生物天然气项目既具有一定的社会效益，又具有很好的经济效益和生态效益，符合国家和地方有关发展规划和乡村振兴产业政策。发展生物天然气不仅有利于补齐天然气供需短板，降低进口依存度，提高能源安全保障程度，有效缓解能源危机；还能够保护城乡生态环境，做到节能减排和经济循环，促进生态文明建设，为"双碳"目标作出巨大贡献；是当前我国重点发展可复制、可推广的生态能源项目。

（3）商业模式

①模式基本内容

从原料采集到生产生物天然气、进而制作沼渣沼液生物有机肥、生物天然气城市管网供应，已形成完整的循环经济产业链。下一步将按照现有模式在临泉县全县域进行复制，使得全县有机废弃物资源全利用、县域利用全覆盖、复合利用全循环。

项目的全县域推广和复制将对种植、养殖、生活中产生的有机废弃物进行绿色无害化处理，变废为宝，实现有机废弃物从田中来回到田中去的闭路循环。人居环境得到了治理，农民用上了清洁能源，既为"双碳"目标作出贡献，又能使土壤得到了改良。

②运行机制分析

核心技术是高产能多物料高温厌氧发酵制沼气技术和沼渣、沼液制生物肥技术。主导产品为生物天然气、生物有机肥和液体生物肥料。原材料为农作物秸秆、畜禽粪污等。通过技术研发极大地降低了生产成本，再加上完善的原料收储保障及广阔的产品终端市场、政府的大力支持，整个项目才能够顺利运营并不断发展。

③推广应用情况

阜阳市委、市政府和临泉县委、县政府对项目给予高度重视，全力支持临泉国能天然气有限公司利用两年的时间（即 2022—2023 年）在临泉县全面推广，依照现有产业模式在全县域建设农村有机废弃物能源化、无害化处理中心 7 个，每个处理中心覆盖面积 30～50km^2，建成后全年消耗秸秆量约 45 万 t，全年处理畜禽粪污量约 200 万 t。

有机废弃物处置站点建成后，各乡镇的农作物秸秆、畜禽粪污都能够资源化利用，乡镇居民都能够用上生物天然气这一清洁能源，沼渣、沼液做成生物有机肥供农民生产使用。每一个建设有机废弃物处置中心的村镇都将成为绿色能源示范村镇，秸秆、畜禽粪污资源化利用、污染治理示范镇，循环经济生态文明建设示范镇。形成"一沼一镇一特色"，开创中国农业农村沼、种、养三结合良性循环发展新模式。为全国新农村建设作出示范。

④可借鉴的经验

变废为宝，搭建循环产业链、节能减碳，完全符合中央提出的生态环境可持续发展的理念。临泉国能天然气有限公司经过生产运营及技术研发，提高了厌氧发酵工艺水平、降低了生物天然气生产成本、完成了生物天然气产业链条、培养了一批懂技术懂生产的专业人员、生产了优质的产品：生物天然气、生物有机肥、液体生物菌剂。

（4）推广条件

①适用区域

该模式适合在广大农村地区推广建设，更适用于农业种植生产和畜牧养殖资源丰富的地区，不受地理、气候因素的影响。

②配套要求

项目建设地区需配套解决建设用地需求、生物天然气销售渠道、燃气特许经营权；原料采集方面需要当地政府授予有机废弃物采集权、处理特许经营权，同时保障当地政府积极推动并参与项目发展，在农用电政策、有机肥销售及产业资金扶持等方面予以大力支持。

6.2.3 江苏大丰畜禽粪污无害化处理及沼气综合利用项目

（1）项目情况

①项目建设背景及资源情况

畜禽粪污、农作物秸秆以及农产品加工废弃物等生物质的处理利用已经被纳入中国能源发展战略。沼气技术是最成熟的生物质废弃物利用技术，在实现农业废弃物资源循环利用，改善能源、环境、卫生条件和温室气体减排等方面正在发挥越来越积极的作用。《国民经济和社会发展第十四个五年规划和2035年远景目标纲要》中明确提出，要大力发展循环经济，推进农林废物资源化利用，按照循环经济要求规划、建设和改造各类产业园区，实现土地集约利用、废物交换利用、能量梯级利用、废水循环利用和污染物集中处理。同时，《可再生能源法》的颁布与实施给中国沼气工程建设带来了千载难逢的大好机遇。

江苏省盐城市大丰区畜禽养殖业发展迅速，畜禽养殖业已经成为农村经济最具活力的增长点和农民增收、农业增效的一条有效途径。大丰区畜禽养殖污染现状调查结果显示，每天产生各类畜禽粪污量达7 500t，如何处理畜禽养殖污染物是当地政府保护农村生活和生产环境的重要工作。因此迫切需要资金和技术支持，建立处理效果好、经济实用、管理方便的畜禽粪污处理示范工程，实现畜禽养殖污染"减量化、资源化、无害化、生态化"，从而引导全区畜禽散养、规模化养殖的污染综合治理，促进全区畜禽养殖业与资源环境协调、健康、可持续、循环、绿色发展。

规模化沼气工程已经成为当前处理畜禽粪污的重要选择。通过发展规模化沼气工程，将畜禽粪污、生活垃圾等废弃物高效转化为清洁能源（沼气）和有机肥，有效降低农药、化肥等农业投入品的使用量，减少农业面源污染，提高耕地的有机质含量，促进生态农业、有机农业发展，节本增效。既可解决农业生物质废弃物的出路和农村生态环境问题，又可提供可再生能源和有机肥，并可打造新的农工一体化生态产业链。

②项目建设时间、地点和规模

江苏道远节能环保科技有限公司是一家从事畜禽粪污无害化处理的专业性公司，2017年承担江苏大丰畜禽粪污无害化处理及沼气综合利用项目，2020年4月实现进料试生产运行。项目建设地址位于江苏省盐城市大丰区草庙镇川东静脉产业园，由中国城市建设研究院有限公司设计。项目总投资1.3亿元，占地50亩，日处理各类畜禽粪污1 000t（其中：鲜畜禽粪污500t、TS为20%，养殖场冲洗污水500t，TS约为0.8%），即年可无害化处理畜禽粪污约36万t。采用先进的中温厌氧发酵工艺，建有6座4 000m³的中温厌氧发酵罐，可日产沼气25 000m³。所产沼气被用于沼气发电，配套建有3台1 000kW沼气内燃机发电机组，可实现年发电2 100万kW·h，年生产沼渣固态有机肥1.1万t。

③运营单位基本情况

项目运营公司江苏道远节能环保科技有限公司现有员工22人，公司主要职能部门有综合办公室、财务部、生产部、采购部、销售部、技术部。厂区厌氧发酵及沼气发电系统生产24h运行，有机肥生产采取不定期运行生产方式。厌氧发酵及沼气发电生产分为三班二倒，基本实现生产运行自动化，每班2人，负责生产系统设备的运行监控。配有设备维护人员3人，以确保生产设备正常运行。

（2）项目概况

①技术路线

养殖场粪污经粪污泵被吸入车辆储罐装车，由封闭式粪污运输车辆按照规划的行走路线运送至粪污处置厂区。车辆入厂后经称重计量自卸入原料匀浆池进行调配，调配池安装有立式电动搅拌机。经过机械格栅机初步过滤其他杂质。经进料螺杆泵送入一级厌氧发酵罐，粪污原料在一级厌氧罐内发酵后被输送至二级厌氧发酵罐继续发酵产生沼气。在进料池和厌氧发酵罐内利用回收沼气发电机组的余热对原料进行加热和保温。两级厌氧发酵罐产生的沼气经管道集中收集后被送入脱硫塔进行生物脱硫处理，去除沼气中的硫化氢气体，沼气再进行脱水干燥后被送至气柜储存。沼气经罗茨风机增压后被送至沼气内燃机发电机组，沼气在内燃机内燃烧做功，带动发电机输出电能。沼气燃烧后的烟气余热和发电机组的设备余热被充分回收利用，经余热锅炉和板式换热器回收热量后被泵送至热水储存罐。热水储存罐内的热水经由热水循环泵分别被送至原料调配池加热原料和厌氧发酵罐增温保温进行热交换。由厌氧发酵罐排出的粪污原液，经过沼液暂存池后被泵送至固液分离机，进行粪污的固态和液态物质分离。分离后的固态沼渣经掺和、搅拌、造粒、烘干、包装等工艺形成固态有机肥。分离后的沼液被送至沼液储存池，由封闭式运输罐车外运还林还田。

主要采用中温厌氧发酵技术和发电机组余热利用系统，生产工艺流程为：收集粪污＋粪水—车辆运输—称重—匀浆池—混合调配—格栅机—进料池—厌氧发酵罐—沼气脱硫净化—沼气脱水干燥—储气柜—沼气增压—沼气发电机组—电能输出—电网变电站。有机肥生产工艺：厌氧发酵—沼液暂存池—固液分离—固态有机肥和沼液还林还田。

②主要建设内容

项目建筑面积约 1.8 万 m^2，厂区包括生产区和办公管理区。生产区包括原料收集及预处理区、厌氧发酵区、沼气净化区、沼气发电机房、沼液储存区、有机肥车间、固液分离间等。办公管理区包括生产办公楼、员工宿舍楼、员工食堂等。根据厂外道路的接口方向和总平面功能分区以及控规要求，该项目考虑清污分流设计布置。生产区车辆主要为粪污运输车、沼液运输车，利用厂区东侧作为车辆出入口。厂区次出入口为南侧出入口，主要为人员出入，在办公楼前设置停车区。在厂区南侧靠发电机房处设有消防车辆通道。厂区管理区与生产区被绿化带及建筑物、围墙隔离开。主要建筑：

一是建有原料预处理调配池 1 座，钢筋混凝土结构。其中：匀浆池 430m^3，12m×12m，深度为 3m，池顶部安装有 2 台立式搅拌机。进料池 860m^3，24m×12m，深度为 3m，池顶部安装有 4 台立式搅拌机。在预处理调配池安装有一套生物除臭系统，确保臭气不外溢。

二是 500m^3 集水池 1 座，钢筋混凝土结构，12m×14m，深度为 3m。

三是厌氧发酵罐 6 座，单座有效容积 4 000m^3，罐体直径为 18m，罐体高度为 17m，采用封闭式碳钢拼装罐，内衬防腐保护层，外壁进行保温处理。罐顶设计有操作平台，各罐平台相互连通，罐顶安装有立式长轴搅拌机。对厌氧发酵罐的液位、物料温度、沼气压力进行在线监测，并与进出料系统、物料增温系统等进行联动。固液分离机 4 台，处理能力 30m^3/h。

四是沼气净化脱硫塔 2 座，每座处理能力 600m³/h，环氧树脂材质，采用生物脱硫工艺，配套安装有循环水箱、循环泵、鼓风机等设施。4 000m³ 双膜储气柜 1 座。

五是厂内沼液存储池 1 座，有效容积 10 500m³，结构形式采用坑式覆膜，沼液池底防渗层依次为基础、膨润土防水毯、长丝针刺无纺土工布、光面 HDPE 膜。

六是发电机厂房 1 座，建筑层数 1 层，框架结构，主体高度为 7.8m，建筑面积为 500m²。厂房内布置有 3 台 1MW 的沼气内燃机发电机组及余热回收利用系统设备。发电机电压等级为 10kV，3 台发电机组均安装有余热回收利用设备，将发电机组的烟气余热和设备缸体余热回收至 125m³ 的热水罐，用于对原料的加热和厌氧发酵罐的保温。10kV 配电室两间，室内布置有发电机高压开关柜及并网联络柜，设计有 10kV 线路保护、发电机保护、母线差动保护、光差保护等电力系统保护设备。在厂内并网联络柜和保安电源开关柜处均安装有上下网电能计量装置。

七是有机肥车间为 1 层，框架结构，预制双 T 钢筋混凝土屋面板，建筑面积为 3 000m²，建筑高 10.1m。有机肥生产车间安装有配料机、粗细筛分机、双轴搅拌机、造粒机、称重包装机以及多条肥料输送皮带机，

八是全厂的工艺运行控制系统均布置在生产控制中心，厌氧发酵系统采用分散控制系统，即 DCS 控制系统，对厂区内的厌氧发酵、沼气净化设备进行自动化控制。发电机组采用 PLC 控制系统以及后台监控系统均可实现远程操作。

九是生产办公楼为 3 层（局部为 4 层）建筑，框架结构，总高度为 14.55m，总建筑面积为 2 254m²。

十是宿舍楼为两层建筑，框架结构，建筑总高度为 8.55m，总建筑面积为 1 002m²。

③生产运行情况

粪污原料的运输主要依靠公司组织的粪污运输封闭式罐车，公司目前拥有粪污运输车辆 21 台，确保粪污原料满足每天生产运行的需要。主要是收集周边 4 个乡镇 116 家养殖户的粪污，涉及养殖规模出栏量约 50 万头。

当前处置的畜禽粪污以猪粪为主，为提高产气率掺有不超过 10% 的鸡粪。产生的沼气中甲烷含量基本稳定在 55% 左右，甲烷含量最高时可达到 60%。沼气中的硫化氢含量经过生物脱硫系统后基本控制在 5mg/L 以下，完全能够满足发电机组的进气技术要求。

发电机组运行稳定，长期稳定负荷可带至 90% 以上。发电机组 1 2020 年 11 月 9 日并网发电。发电机组 2、发电机组 3 于 2021 年 12 月 12 日实现并网

发电，经测算发电机组 2、发电机组 3 每立方米沼气发电可达 2.2kW·h。并网线路及机组电气保护运行正常。与盐城市地调、大丰区县调通信、数据传输正常。

厌氧发酵后的沼液全部被外运还林还田。最大运输处置能力可达 1 000t/d，沼液最远运输距离 52km，为加强对粪污及沼液运输车辆的管理，每台车辆均装有 GPS（全球定位系统）装置，且每台车辆前后均装有车载摄像头，对粪污来源、沼液去向进行车车跟踪、时时监督，对沼液还林还田建立管理台账，确保不会造成二次污染。目前沼液消纳主要是农场麦田和水稻田以及规模化蔬菜田。种植作物分为粮食、蔬菜、油料、特色农作物及花卉、果树、苗木等。主要施肥方式为大田灌溉和机械喷洒。

为实现当地水环境整治提升工作目标，强化环保企业责任与担当，为使该项目可持续发展，形成畜禽粪污无害化处理及综合利用循环经济的闭环运营，目前正在进行沼液深度污水处理工程建设，工程建成运行后可对沼液等全部实现达标排放。

④效益分析

一是社会效益。项目的建成为当地养殖户解决了"畜禽粪污哪里去"的难题，推动了当地养殖业的发展；促进了农民再就业，提高了当地农民收入，有力促进了美丽和谐新农村建设；为当地生态建设、农业循环经济的发展、绿色 GDP 的创造探索出可复制推广的新型模式；改善了当地环境卫生条件，减少了疾病的发生，提升了大丰区畜禽粪污综合治理水平，创建了更加优美的生活环境和良好的投资环境。

二是生态效益。大丰区畜禽养殖规模较大，养殖废弃物的量逐年增加，而随着人民生活水平的提高，养殖污染对大丰区的生态环境是一个严峻的挑战。该项目充分考虑了大丰区畜禽粪污资源化综合利用和绿色种养结合循环经济，不但减少了畜禽养殖对环境的污染，还替代了部分化肥，实现了畜禽粪污统一收集、集中处置，每年可无害化处理畜禽粪污 35 万 t，利用清洁能源沼气发电，每年可减少二氧化碳温室气体排放 2.1 万 t，同时有效解决了周边养殖户畜禽粪污的排放问题，改善了周边生态环境，实现了农业畜禽粪污的资源化、无害化处理，做到了畜禽养殖零污染、零排放，实现了生态建设和经济建设的双赢。

三是经济效益。项目投产后每年可无害化处理畜禽粪污 36 万 t，生产生物质沼气 900 万 m³，实现年发电 2 100 万 kW·h。生产沼渣固态有机肥 1.1 万 t。项目年总产值达 3 000 万元。沼液、沼渣有机肥使用面积每年可达 10 万亩，可以减少化肥施用量 3 500t，增加种植户收益 500 万元，综合经济效益初步显现。随着厌氧发酵和沼气发电等生产系统的不断优化完善，必将产生更大的经济

效益。

（3）商业模式

①模式基本内容

政府补贴＋公司化运营＋养殖户＋原料及沼液运输＋种植户＋沼液污水深度处理。其中：区、镇政府给予粪污处置企业一定的运输补贴。粪污处置企业采用公司化管理运营模式，自主经营，自负盈亏。养殖户需支付一定的运输费用（即粪污处置费）。农场或种植户提供沼液消纳土地。沼液污水深度处理实现达标排放。

②运行机制分析

对粪污采用厌氧发酵＋沼气发电等核心技术，工艺设计由行业知名公司进行专业化设计，发电机组选择知名品牌设备，以便取得更好的经济效益。粪污处置企业主要依靠上网电量的销售微利维持企业的生产运营。在项目建设时享受一定的政府财政补助，上网电价享受国家新能源政策电价。

③推广应用情况

江苏大丰畜禽粪污无害化处理及沼气综合利用项目具备一定的项目建设和生产运营经验，考虑在建设资金等投资条件具备时，再复制两个粪污处理项目。

④可借鉴的经验

粪污处置为环保和新能源领域，在国家政策大力支持和推广的背景下，地方政府相应加大企业扶持力度。例如在沼液的消纳上给予沼液消纳所需的土地优惠政策，在沼液污水深度处理项目上给予建设投资和污水处理成本方面的补助，打通畜禽粪污无害化处理及沼气综合利用全产业链，实现闭环运营的"最后一公里"。

项目建设选择有成熟设计经验和资金实力的 EPC 一体化工程总承包公司，可确保粪污处理项目顺利建设并早日投入生产运营。

（4）推广条件

①适用区域

江苏大丰畜禽粪污无害化处理及沼气综合利用适合在全国范围内的养殖大县全面推广，以建设处理规模不小于粪污 1 000t/d（配套沼气发电机组）为宜，粪污收集和运输范围半径不超过 35km。周边沼液消纳有适宜的土地和沼液经深度处理后有可实现达标排放的适宜河流。

②配套要求

为使项目可持续发展，形成畜禽粪污无害化处理及综合利用循环经济的闭环运营，打通畜禽粪污处置"最后一公里"，实现沼液污水处理达标排放，需要同时配套建设沼液深度处理设施。

6.2.4　安丘市大盛镇畜禽粪污大型沼气发电项目

(1) 基本情况

①项目建设背景及资源情况

将养殖场粪污和农业秸秆资源化利用及农村能源建设作为缓解农村地区能源短缺现状、改善农村地区能源结构和农业生态环境的重要措施，对提高农民收入、改善农民生活水平具有重要的作用。为此，中国颁布了一系列有关发展新能源和畜禽粪污处理及现代绿色农业的政策，如《畜禽粪污资源化利用行动方案（2017—2020年)》，明确指出畜禽粪污处理要以畜牧大县和规模养殖场为重点，以沼气和生物天然气为主要处理方向，以农业有机肥和农村能源为主要利用方向。要求立足农村能源革命的总体要求，推动以畜禽粪污为主要原料的能源化、规模化、专业化沼气工程建设，促进农村能源发展和环境保护。

安丘市大盛镇及周边地区有大量的农业农村废弃物。周边有大量现代化农业种植和养殖企业，在10km范围内每天可提供大量粪污。江苏立华牧业股份有限公司30万套种鸡场距离项目地3km以内，存栏1万头的猪场距离项目地1km，工程建设地半径10km内有立华牧业合作社150家，肉鸡存栏量1 000万只以上，每天产生鸡粪1 000t以上。该项目每年生产10万t有机肥，是现代农业、蔬菜和高端水果的优质肥料，项目周边地区是中国重要的农业发展和蔬菜种植基地。因此，本项目所需原料充足，产生的沼肥有足够的种植基地消纳。

本项目可以实现畜禽粪污和农作物秸秆废物的无害化处理，产生清洁能源，发挥环境效益、社会效益和经济效益，打通养殖业和种植业隔断，形成良性循环，走农业可持续发展之路。图6-36为项目效果图。

图6-36　安丘市大盛镇畜禽粪污大型沼气发电项目效果图

②项目建设时间、地点和规模

建设时间：2018年8月开工建设，2019年11月一期工程建设完成并网发电。

建设地点：潍坊市安丘市大盛镇郭家庄村。

建设规模：1MW沼气发电暨10万t/年有机肥项目。图6-37为发电机房。

图6-37 发电机房

主要包括6 000m³池容的高效厌氧发酵罐、1MW沼气热电联产机组、5万t/年产能的固体有机肥生产线、5万t/年产能的全元有机液体肥车间、2 000m²现代农业研究所。一期工程已全部建成并稳定运行，禄禧大盛大型沼气发电一期工程是中国第一个全套原装进口德国设备的大型沼气发电项目，并积极推广应用国家"863""973"重大科研项目的多项最新研究成果，项目全天候稳定可靠运行，废弃物处理能力和沼气产气量均为中国普通沼气工程的2倍以上。有机肥车间见图6-38。

图6-38 有机肥车间

③运营单位基本情况

运营单位是山东禄禧大盛环保科技有限公司。

潍坊理工学院充分发挥在新能源、大数据、节能环保和智能机器人等领域的人才和技术优势，成立山东禄禧大盛环保科技有限公司，在潍坊安丘大盛镇建设禄禧大盛沼气发电及零碳智慧农场示范项目。潍坊理工学院现代农业与环境研究所办公楼见图6-39。

图6-39　潍坊理工学院研究所办公楼

安丘市大盛镇畜禽粪污大型沼气发电项目秉承潍坊理工学院提出的"依靠科技，利用好农村废弃资源，系统解决农村清洁能源、人居环境和产业兴旺三大问题"的新时代农村绿色发展理念，采用"高效厌氧发酵""生物质气电冷热肥五联供""农业微生物"等先进技术，化害为利，实现农业废弃物资源化利用，供应生物天然气、热力、电力和有机肥。项目已被列为潍坊市国家农业开放发展综合试验区先行先试项目，致力于打造乡村振兴齐鲁科技样板，实现农业智慧绿色发展。

沼气工程目前已建成并稳定运行，日处理畜禽粪污约200m³，原料为农业农村废弃物，年处理量7万t；日产沼气量9 000m³，沼气全量发电、自用余电上网，日并网电量1.8万kW·h，年发电效益332万元（电价按照目前脱硫标杆电价0.394元/kW·h、省补0.156元/kW·h计算，国补0.2元/kW

·h 还在排队中）。热电联产，发电余热用于加热厌氧发酵罐及用于有机肥生产。固体有机肥生产线每年利用粪污、沼渣、菌糠等原料 5 万 t，目前年产固体有机肥 2 万 t。大部分沼气就近还田，部分沼液制成复合微生物沼肥。

（2）项目概况

①工艺和技术路线

工艺技术路线如图 6-40 所示。

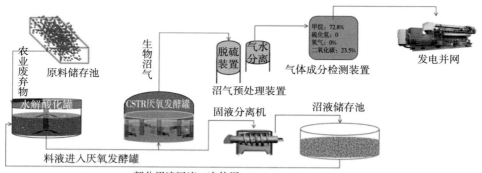

图 6-40　安丘市大盛镇畜禽粪污大型沼气发电项目整体工艺流程

农业废弃物（鸡粪、秸秆、菌糠）经过粉碎、除杂后进入原料储存池，然后将固体和液体废弃物投入水解酸化罐，沼液部分回流，将水解罐料液 TS 调至 10%，pH 为 6.2~6.8，COD 为 50 000mg/L，有机酸比值调至 0.3~0.4。将水解料液通过旋切机、进料泵泵送进 6 000m³ 全混式厌氧发酵罐，发酵罐常年温度 40℃，水力停留时间 30d（HRT），发酵罐内部装有搅拌器，定时搅拌提高罐内微生物接触面积及传热效率，发酵罐内为封闭空间（厌氧环境），在厌氧环境中料液中的有机物被厌氧菌、发酵菌、甲烷菌等微生物发酵产生沼气，沼气通过燃气管道进入脱硫系统，经过脱硫后的沼气硫化氢含量在 100mg/L 以下（未脱硫前沼气中硫化氢含量在 5 000mg/L 左右），脱硫完成之后进行脱水，然后通过气体检测仪检测沼气中的甲烷及二氧化碳浓度，最后进入 1MW 颜巴赫 J320 热电联产机组进行发电并网。

②主要建设内容（高效厌氧沼气发电系统）。

A. 原料储存池

容积：2 000m³。储存物料种类：固体有机废弃物（农作物秸秆、林业有机废弃物、菌糠、木屑）；液体有机废弃物（猪粪、鸭粪、鸡粪、牛粪、旱厕粪污）。主要作用：储存原材料。

B. 水解酸化罐

容积：1 000m³。配套设备：潜水搅拌器 2 台、进料泵 1 台、液位传感器

2 个、旋切机 1 台。主要作用：将固体与液体有机废弃物按照一定浓度进行调节混合、溶解，检测料液 pH、有机酸指标，分析料液在好氧条件下的水解产酸效果，为厌氧发酵做好前端产酸基础。

C. 全混式厌氧发酵罐

容积：6 000m³。配套设备：罐内潜水搅拌器 5 台、排料泵 1 台、固体进料设备 1 台、液位传感器 1 个、气体位置传感器 4 个、温度传感器 1 个、气体流量计 1 个、加热装置 1 套、换热器 1 台、气膜鼓风机 2 个、电脑控制系统 1 套。主要作用：将水解酸化后的料液在厌氧环境中通过微生物（发酵性细菌、产氢产乙酸菌、甲烷菌）进行分解，产生沼气。

D. 沼气预处理装置

设备处理量：500m³/h。

脱硫系统：贫液塔、富液塔、再生槽、加药箱、板框压滤机、贫液泵 2 台、富液泵 2 台、曝气风机 2 台、进料泵 2 台、硫化氢检测仪 1 台、控制系统各 1 套。

脱水系统：冷干机、压力表、温湿度变送器、控制系统各 1 套。

主要作用：脱硫系统主要是去除沼气中的硫化氢，防止含有硫亿氢的沼气进入发电机组对发电机零部件造成腐蚀。脱水系统主要是去除沼气中的水分。

E. 气体成分检测装置

主要作用是检测沼气中甲烷浓度、二氧化碳浓度、硫化氢浓度、氧气浓度。

F. 发电并网系统

装机容量：1MW。配套设备：1MW 颜巴赫燃气发电机组、发电机控制系统、并网设备、变压站。主要作用：利用沼气燃烧发电并入国家电网。

G. 固液分离装置

流量：35m³/h。主要作用：对发酵残余物进行固体和液体分离。

H. 沼液池

容积：12 000m³。主要作用：对固液分离机分离出的液体沼液进行储存。

I. 固体有机肥设备

对沼渣、鸡粪、菌糠等混合好氧发酵，烘干造粒。

J. 液体有机肥装置

对沼液进行微滤、曝气、配菌，做成高档液体有机肥。

K. 沼液回流装置

沼液回流流量：50m³/h。配套设备：回流泵 2 台、回流管线。主要作用：对沼液回流二次使用，一方面可减少沼液外排污染环境，另一方面作为替代水进入水解罐混合料液。

③运行情况

一是原料消耗。

发酵原材料。每年处理畜禽粪污、秸秆等农业农村废弃物 12 万 t 以上。

脱硫药剂。催化剂 4kg/d，络合剂 2kg/d。

二是产品规模：每日产沼气 9 000m³，每日发电并网电量 2 万 kW·h。

三是工程能耗：项目生产日用电能耗 1 300kW·h。

④经济效益分析

项目总投资 4 700 万元人民币。其中引进德国设备和技术 1 400 万元，沼气热电联产机组及并网设备 800 万元，沼肥生产线 1 200 万元，土地、土建及配套设施 1 000 万元，流动资金 300 万元。

沼气发电年收入 332 万元，固体有机肥年收入 1 000 万元，液体有机肥年收入 500 万元，项目年销售收入 1 832 万元。年利润 486 万元，投资收益率 10.3%。

（3）商业模式

①模式基本内容

"环保＋能源＋农技"三位一体托管服务。政府主导，以企业为主体，委托技术过硬、资金实力强的第三方公司治理农村生态环境，重点对农厕污水、畜禽粪污、农作物秸秆和农村生活垃圾等实现无害化处理和资源化利用；供应零碳电力、热力和生物天然气；地方财政加大投入，推进有机肥替代化肥，鼓励农企合作推进测土配方施肥，增加优质绿色农产品供给。

②运行机制分析

一是厌氧为主，好氧为辅。沼气全量发电，自发自用，余电上网。热电联产，充分利用发电余热，热量用于发酵罐供热和有机肥生产。

二是农业微生物技术为沼液赋能。在潍坊当地筛选功能微生物能更有效防治土传病害，校企一体化，建立经济作物生物防治技术体系。农业废弃物经过无害化处理后复配成微生物肥料，有效改良土壤，能大幅降低化肥、农药用量，政府支持引导施用微生物肥料，创建生态农场，做强绿色农业品牌。

三是政府统筹推进，力求实效。生态循环农业产业链条长，涉及部门多，需要加强顶层设计，县级政府设立农业绿色发展领导小组，主要领导担任组长；建立"政府主导、企业主体、群众参与"多方协同的农村生态环境治理和农业绿色发展机制；专业化的第三方公司提供"环保＋能源＋农技"三位一体托管服务；安丘市率先建设化肥减量增效示范区，探索建立耕地地力保护补贴发放与有机肥还田等耕地地力保护行为挂钩的有效机制。

四是省级财政补贴沼气发电。0.2 元/（kW·h）中央电价补贴还未落实，但山东省发展和改革委员会对沼气发电进行电价补贴，标准为 0.156 元/

（kW·h），每季度结算，已经落实。

五是疏堵结合，治理农业面源污染。加大对畜禽粪污污染行为的惩处力度，严格落实《固体废弃物污染环境防治法》，引导养殖企业形成谁污染谁付费的思想。政府支持企业建立畜禽粪污、农作物秸秆等农业农村废弃物收运体系。

③推广应用及效益情况

"环保＋能源＋农技"三位一体托管服务模式已推广的工程数量 1 个，位于国家农业开放发展综合试验区的智慧农牧循环示范项目区。项目预计投资收益率高于 10%，年处理畜禽粪污等农业农村废弃物 10 万 t 以上。

④可借鉴的经验

一是高度重视农业微生物技术。干发酵和堆肥技术无法处理含水率高的有机废弃物，沼液消纳成为沼气工程持续运行的最大制约因素，必须直面困难。沼液虽富含养分，但也存在生态风险，合理利用是资源，反之则为污染。山东禄禧大盛环保科技有限公司开发的沼液复合微生物肥料系列产品，极大地提升了沼液价值，打通了沼气行业发展的瓶颈。新型沼液复合微生物肥料具备提供全元素营养、土壤改良和防治病虫害三大功能。

二是根据有机废弃物含水量选择合适的技术路线。可以简单地按有机废弃物含水量高低来选择技术路线。

A. 对于高含水量（＞75%）的有机废弃物，最优选择是厌氧产沼气。

B. 含水量适中（35%～75%）的有机废弃物可选择好氧处理产有机肥。

C. 对于低含水率（＜35%）的有机废弃物有多种利用方式，厌氧产沼气不是最优路径。

三是项目成功的必要条件。

A. 项目发酵原材料丰富。潍坊立华牧业有限公司将鸡粪免费送到项目处进行处理（处理量为 100t/d）。大盛镇 10km 以内养鸭、养猪户粪污按量处理收处理费（10 元/m^3）。

B. 厌氧发酵工艺技术成熟。安丘市大盛镇畜禽粪污大型沼气发电项目采用德国厌氧发酵工艺技术，成套引进德国设备，采用全混合产气储气一体式反应器技术和沼气冷热电三联供（CCHP）技术彻底解决中国北方冬季气温低给厌氧发酵带来的不利影响，发酵温度常年恒温 40℃，容积产气率达到 1.8m^3/m^3。

C. 依靠雄厚的技术、人才实力。潍坊理工学院整合新能源、大数据、人工智能、生物与化学等学科的技术储备和智力资源，成立现代农业与环境工程学院服务于该项目。研究方向包括高效厌氧发酵技术、全元有机肥技术和智慧农业等。目前科研团队拥有博士 6 人、硕士 100 人，研究所积极参与国家农业开放发展综试区建设，先后与德国、瑞典、日本、荷兰、以色列等国建立了合作关系，为综试区发展建设、提升潍坊"三个模式"和打造乡村振兴齐鲁样板提供基础理论支撑、前沿核心技术支撑和人才队伍支撑。

四是沼气副产物生态循环农业产业链。项目的沼液利用方式主要是沼液原液还田和作为肥料。

A. 沼液作肥料通过微生物技术为沼液赋能，针对潍坊地区主要经济作物西瓜、生姜等的常见病害，内外防治。外源防治通过分离病原微生物筛选拮抗微生物，起到抑制病害的作用。同时通过内生真菌的筛选进行内源防治，内外结合，解决西瓜、生姜等的常见病害。

B. 通过对沼液成分及粒径等理化性质进行分析，结合土壤改良需求进行土壤改良剂的研发，改良、熟化土壤，增加土壤有机质，解决现阶段农业生产活动造成的土壤问题。

C. 以沼液为基液进行液体水溶肥料的研发，针对潍坊的主要经济作物进行系列套餐肥的研发，形成自有肥料品牌。

⑤沼液肥推广情况

一是华夏庄园大盛基地。果树种植面积 400 亩，精滤沼液 50 元/m³，沼液原液 10 元/m³。

二是华夏庄园关王基地。设施大棚大樱桃种植面积 400 亩，蔬菜种植面积 150 亩，大葱种植面积 100 亩，露天大樱桃种植面积 500 亩，生姜种植面积 50 亩，精滤沼液 50 元/m³，沼液原液 15 元/m³。

三是大盛厚德园基地。大樱桃种植面积 200 亩，沼液原液 10 元/m³，精滤沼液 50 元/m³。

四是大盛南瓜基地。大棚南瓜种植面积 50 亩，精滤沼液 50 元/m³，沼渣肥 200 元/m³。

五是双红农场基地。桃树种植面积 800 亩，精滤沼液 50 元/m³，沼液原液 10 元/m³。

六是太白韭菜种植基地。韭菜种植面积 800 亩，芫荽种植面积 20 亩，精滤沼液 50 元/m³，沼液原液 10 元/m³。

七是兰花种植基地。朱顶红种植面积 30 亩，沼液微生物肥料 800 元/m³，沼液原液 10 元/m³。

八是汶水田园基地。猕猴桃种植面积 50 亩，梨树 20 亩，沼液原液 10 元/m³。

（4）推广条件

①适用区域

"环保＋能源＋农技"三位一体托管服务模式适用于华北、东北地区。以乡（镇）或县域为单位进行托管服务，有稳定的畜禽粪污和农作物秸秆，项目半径30km内有机废弃物资源量在10万t以上，日产沼气1万 m^3 以上。产品主要包括电力、热力、生物天然气、固体有机肥、沼液复合微生物肥料等。

②配套要求

项目落地需要30亩左右的建设用地。当地政府对农业农村有机废弃物无害化处理和资源化利用高度重视，有明确的政策支持建设废弃物收运储体系和沼液还田措施。落实生物天然气、沼气发电等生物质能源进网补贴政策。

6.2.5 滨州中裕食品有限公司720万 m^3 生物天然气项目

（1）基本情况

①项目建设背景及资源情况

滨州中裕食品有限公司所在地滨城区位于黄河三角洲腹地，地处山东半岛蓝色经济区、黄河三角洲高效生态经济区和济南省会城市群经济圈的交会处，是滨州市委、市政府驻地。滨城区是国务院批准的对外开放城市之一，初步形成了纺织、轻工、化工、食品、机械、建筑六大产业。滨城区是农业农村部认定的第三批国家现代农业示范区、科学技术部认定的第七批国家农业科技园区、山东省出口农产品质量安全示范区。全区辖1乡2镇7个街道办事处，599个行政村（居），面积697.5km²，总人口49.05万人，其中农业人口27万人，耕地面积68万亩。农业经济平稳健康发展。2017年滨城区实现第一产业增加值13.33亿元，在现代农业发展中，以小麦玉米加工、生猪肉鸭养殖为主导的两大产业迅速崛起，形成了农牧结合、三产融合的现代农业发展模式，年实现加工产值80亿元。项目全景见图6-41。

图6-41 滨州中裕食品有限公司720万 m^3 生物天然气项目全景

滨州中裕食品有限公司在小麦加工与深加工中产生大量副产品，副产品深加工处理仍然产生大量的废弃物。利用废弃物进行农牧结合养殖转化，大量畜禽粪污就会对环境造成污染，畜禽粪污给环境带来的污染和对公司产业自身可持续发展带来严重影响，已成为制约公司三产融合发展的主要因素。

在滨州中裕食品有限公司三产融合农牧循环经济产业链中有 150 万亩优质麦订单种植基地，每年加工优质小麦 100 万 t，其副产品包括麦麸和次粉近 50 万 t。把这些副产品深加工成小麦蛋白粉（谷朊粉）、小麦淀粉、高级食用酒精等产品进行转化增值，之后产生的液体酒糟属加工副产物。利用这些副产物进行饲料加工养殖生猪，延长了产业链，提高了生产效益。公司建有年出栏 30 万头生态良种猪的养殖基地，大量粪污需要资源化开发利用。

在保证优化生态环境的前提下，实现三产融合快速发展，利用废弃物生产清洁能源和有机肥还田是循环发展的最佳选择。利用畜禽养殖场中的粪污建设配套的沼气、生物天然气工程，可以从根本上解决粪污污染问题，同时可以得到清洁能源和有机肥，对于建设生态型节约型社会、保障生态农业可持续发展都具有决定性意义。

②项目建设时间、地点和规模

滨州中裕食品有限公司 720 万 m^3 生物天然气项目位于滨州市滨州工业园区永莘路以北、罗郭路以东、济东高速以南，项目建设期 2 年，2016 年 3 月开工建设，2018 年 2 月竣工验收。项目沼气储存柜见图 6-42。

图 6-42 滨州中裕食品有限公司 720 万 m^3 生物天然气项目沼气储存柜

③运营单位基本情况

滨州中裕食品有限公司成立于 2003 年 10 月，坐落于滨州工业园区。经过

18 年的创新发展，探索形成了"三产融合、绿色循环"的中裕模式，成功打造了包含"高端育种、订单种植、仓储物流、初加工、深加工、废弃物综合利用、生态养殖、蔬菜种植、食品加工、餐饮商超服务"十大板块的小麦全产业链条，是目前中国最长、最完整的麦业产业链条。通过这条产业链条，生产出了十大类 500 多种产品，包括面粉挂面系列、酒精谷朊粉系列、高纤维系列、纯粮猪肉系列、烘焙系列、面食速冻系列、绿色蔬菜系列等。

滨州中裕食品有限公司年小麦加工能力 100 万 t，年产挂面 42 万 t、谷朊粉 6 万 t、特级酒精 10 万 t、速冻食品 2 万 t、烘焙食品 2 万 t，年出栏生猪 150 万头，年销售收入 70 多亿元。公司建立了覆盖全国的线上、线下销售网络。线下，全国稳定的经销商客户已经达到 1 700 个，产品走进了全国 2.2 万家大型超市和 30 万家中小型超市。线上，登录电商平台，并依托自建的"中裕商城""中吃网""好食材"3 个电商平台，打造了网上生鲜超市新模式，线上销售收入年增长率达到 30% 以上。

滨州中裕食品有限公司注重科技创新，成功创建了农业农村部小麦加工重点实验室和国家小麦加工产业技术创新中心两大全国独有的国家级科研平台，获批了国家级博士后科研工作站，成立了滨州沿黄农业生态保护和高质量发展研究中心，引进国内小麦全产业链科研团队 13 个，拥有院士工作站两个，引进了泰山产业领军人才团队。2020 年，由公司承担的山东省重大科技创新专项小麦麸皮精深加工课题取得重大突破，从小麦麸皮中提取的高品质小麦膳食纤维中试成功，并科学配制出高膳食纤维系列食品，具有明显的辅助降血糖、降血脂作用，该项成果属国内首创。

滨州中裕食品有限公司跨界融合发展餐饮商超业务，打造了"中裕快餐""法兰卡 1876"西点、"面食家"主食、"麦便利"商超等品牌，是山东省十佳粮油食品快餐连锁企业和中央厨房示范企业。2018 年下半年开始，公司借助多年的餐饮积累和行业实力，精准发力团餐业务，目前已成功运营财政部、国家粮食和物资储备局、国家粮食和物资储备局科学研究院、山东省委省人大、山东省财政厅、山东省公安厅、山东省滨州市直事业单位等机关食堂 100 多家。

滨州中裕食品有限公司获评农业产业化国家重点龙头企业、全国"小麦粉加工 30 强、挂面加工 10 强""全国农产品加工业示范企业""全国主食加工业示范企业""'中国好粮油'示范企业""全国绿色食品一二三产业融合发展园"等。滨州中裕食品有限公司是 2018 年青岛上合峰会食品安全保障企业，"中裕"商标被评为中国驰名商标。2020 年，滨州中裕食品有限公司获评"中国十佳粮油标杆品牌"，排山东省现代高效农业产业民营企业十强榜单第四位，入围山东省"十强"产业集群领军企业，是高效农业领域滨州唯一上榜企业。2020 年和 2021 年，中裕品牌价值两次位居中国品牌价值榜（食品加工制造）

前列，品牌价值达 21.03 亿元。

（2）项目概况

①工艺技术路线

滨州中裕食品有限公司 720 万 m³ 生物天然气工程采用高浓度料液中温发酵工艺，厌氧消化采用完全混合式厌氧消化工艺，工艺流程如图 6-43 所示。

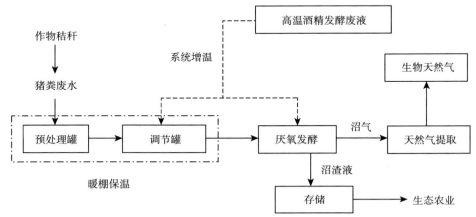

图 6-43　滨州中裕食品有限公司 720 万 m³ 生物天然气项目工艺流程

一是预处理工艺。养殖场的粪污首先进入集污池，经管道输送进入预处理罐，罐内设搅拌设备，与秸秆混合后进入调节罐，调节罐内设有搅拌系统，同时还设有加热装置，使粪污保持在一定的温度，热能由高温酒精发酵废液提供，粪污进一步调匀后经提升泵提升至全混式厌氧反应器进行厌氧发酵，反应器内设搅拌器，使物料处于全混合状态，在适宜的酸碱度、温度条件下确保厌氧反应充分进行。

发酵产生的沼气经脱水、脱硫处理后用沼气流量计计量。利用沼气时，用增压装置加压，送至生物天然气提取装置。

厌氧发酵罐产生的沼渣、沼液排入沼渣、沼液储存池。沼渣、沼液储存池内的沼液用于农田灌溉。底部排出的沼渣、沼液不经固液分离直接还田。

二是厌氧消化工艺。厌氧消化采用完全混合式反应消化反应器，消化器内发酵料液浓度控制在 10% 左右，消化器内有 3 台机械搅拌装置，原料在消化器内的流动呈全混合状态，原料与底物充分接触，发酵效率高。厌氧消化器产生的沼气经过提纯成为生物天然气。系统通过加入高温酒精发酵废液对发酵物料进行升温，维持中温发酵温度。

三是沼渣、沼液处理工艺。对于发酵后的沼渣、沼液，采用黑膜存储袋存储、全自动进出料、自动化定时搅拌、水压无动力排渣、三级存储、多级串联和自动减压排气的存储和运行工艺。

其优点为将大型沼气工程厌氧发酵后的沼液通过黑膜存储袋自行吸收热功能，保持农业营养液肥再发酵，经过三级串联存储延长滞留时间，增加沉淀过滤后，再定期搅拌使发酵菌种充分相溶，保证营养液肥的高优品质，利用地理落差尽量做到料液自行进出，在水压差和重力作用下定期排渣，营养液肥在无氧密封条件下会产生气体。

②主要建设内容

项目建设 3 300m³ 的秸秆存储池 3 座，3 200m³ 的集料池 2 座，600m³ 的预处理罐 4 座，600m³ 的调节罐 8 座，7 500m³ 的全混式厌氧反应器 4 座，30 000m³ 的沼液储存池 3 座，3 000 m³ 的储气柜 1 座及其配套设施；建设天然气提取装置一套（含脱硫装置、脱碳装置、脱水装置）；配套天然气、养殖场粪污水及沼液输送管道和辅助设施建设。项目建设后形成年处理秸秆 2.38 万 t、畜禽粪污 30.6 万 t，年产生物天然气 720 万 m³、沼渣沼液 48 万 t 的产业化生产能力。设备设施见表 6-7。

表 6-7　滨州中裕食品有限公司 720 万 m³ 生物天然气项目设备设施

序号	设备名称	数量（台、套）
1	秸秆粉碎机	2
2	秸秆运输车	2
3	格栅	2
4	切割泵	4
5	预处理罐	4
6	预处理罐搅拌机	4
7	渣浆泵	4
8	调节罐	8
9	调节罐搅拌机	8
10	渣浆泵	6
11	厌氧罐	4
12	厌氧罐搅拌器	12
13	自动排渣系统	6
14	排气减压管道系统	6
15	搅拌系统	3

（续）

序号	设备名称	数量（台、套）
16	双模储气柜	1
17	凝水器	4
18	阻火器	8
19	沼气流量计	1
20	火炬	1
21	鼓风机	1
22	生物脱硫塔	1
23	罗茨风机	2
24	循环水泵	1
25	沉淀池	1
26	加药装置	1
27	生物脱硫装置电控系统	1
28	生物脱硫仪器仪表	1
29	化学脱硫塔	2
30	沼气压缩机	2
31	沼气常压缓冲罐	1
32	沼气带压缓冲罐	1
33	吸收塔	1
34	一级闪蒸塔	1
35	常压解吸塔＋储水罐	1
36	天然气缓冲罐	1
37	水轮机	1
38	水泵	2
39	风机	1
40	制冷机	1

序号	设备名称	数量（台、套）
41	沼气分析仪	2
42	仪表及控制系统	1
43	压力水洗部分管道阀门	1
44	脱碳部分安装	1
45	分子筛脱水装置	1
46	水源热泵	1
47	循环冷却水塔	1
48	压缩空气系统	1
49	消防及放散系统	1
50	阀门管道系统	1
51	电气及控制系统	1
52	正负压保护器	1
	合计	127

③运行情况

滨州中裕食品有限公司 720 万 m^3 生物天然气项目日处理养猪场粪污和秸秆 916t，其中养猪场粪便 250t，养猪场污水 600t，作物秸秆 66t；月于增温的液态酒糟废液 500t；日产沼气 3.6 万 m^3；年产沼肥 48 万 t（按 360d 计），沼肥用于周边农田。为保障沼气工程完工后安全运行，滨州中裕食品有限公司进一步落实沼气工程安全生产责任制，成立以总经理为组长的安全运行管理小组，进一步加强对沼气运行管理的领导，做到责任落实到人、宣传培训到位、管理措施到位和督促检查到位，认真排除各种安全隐患，把安全管理工作贯穿于沼气生产运行的全过程。

④经济效益分析

滨州中裕食品有限公司 720 万 m^3 生物天然气项目示范带动作用突出。项目建设实现了农业废弃物资源的无害化治理及资源循环化深度利用，构建了"养殖、种植—粪污、秸秆—天然气—有机肥—种植"的闭路循环产业链，形成的粪污、秸秆产生沼气，沼气产生生物天然气，沼渣、沼液还田的循环发展模式,对黄河三角洲区域农牧产业结构的调整和提质增效起到巨大的示范作用和显著的带动作用,是黄河三角洲高效生态农业发展的典型试点。投资成本15 490万元,其中大型沼气工程14 260万元、废弃物集中收集运输、地下管道、机械设备1 230万元;主要设备运行年限30年,年运行成本1 246万元,其中电费306万元、人员工资191万元、收集运输费180万元、修理费30万元、折旧费516万元、土地租赁费3万元、其他费用20万元。每年生产生物天然气720万 m^3,收益1 800万元,沼肥收益960万元,年共计收入2 760万元,折年净利润达到1 514万元,静态回收期为7.48年,财务内部收益率达13.14%,敏感性风险分析结果表明,在销售收入、经营成本和项目投资单因素变化±5%的情况下,财务内部收益率变化均在基准收益率的12%以上。

(3)商业模式

①模式基本内容

采用了"有机废水—粪污—沼气—生物天然气—生态农业"生态模式。

基本流程是以畜禽粪污、作物粉碎秸秆为主要原料,加入液态物料混合后进入大型沼气工程调节罐,调节温度、浓度、pH等指标;之后进入厌氧罐进行处理生产沼气,产生沼渣、沼液;之后沼气提纯生物天然气,沼渣、沼液进入混合罐后排入黑膜储存袋;最后生物天然气并网燃气管道,沼肥还田。

该模式解决的突出问题是养殖粪污的清洁处理问题,将养殖粪污转化为清洁可再生能源和有机肥,实现了小麦加工产业的废弃物资源化利用,达到了绿色生态循环可持续发展的目的。

②运行机制分析

滨州中裕食品有限公司720万 m^3 生物天然气项目已积累较为丰富的沼气工程建设能力和技术推广经验,在沼气利用过程中,建立了稳定的沼气利用技术推广体系,培养了一批具有较高素质的沼气项目运行利用推广人才。项目是小麦加工产业链下游的废弃物的资源化利用,是实现绿色循环发展的必要环节,项目建设运营收益及作用显然超出了盈利本身。

③推广应用情况

据了解,滨州中裕食品有限公司720万 m^3 生物天然气项目及运作模式在全国尚属首例。该项目每年可处理本区域的畜禽粪污30.6万t,可实现经济效益和生态效益的有机统一。粪污发酵产生的沼气用于制备生物天然气,生产清洁可再生能源,实现物质、能量的良性循环,产生的沼渣、沼液用于粮食种植,可提高土壤肥力、增加土壤的有机质。生态循环覆盖核心区涉及滨城区秦皇台乡、滨北办事处、三河湖镇、杨柳雪镇、市中办事处、市西办事处、梁才办事处7个地域,辐射区涉及滨州市经济技术开发区、滨州市高新区、惠民县、沾化区,辐射半径90km,涉及面积30万亩。目前沼渣、沼液用量48万t,使用面积 10 万亩，主要用于滨城区秦皇台乡、滨北办事处、三河湖镇、杨柳雪镇、市中办事处 5 个区域。

滨州中裕食品有限公司 720 万 m^3 生物天然气项目生态效益显著。项目投入运营后预计新增生物天然气 720 万 m^3，可替代标准煤 9 240t，可减排二氧化碳 6 200t；能在海河流域减少 50 万 t 的畜禽粪污、高浓度有机废水、农作物秸秆等废弃物对黄河三角洲区域环境的影响，每年可减少 COD 7 070.4t、总氮 518t、总磷 194.4t、氨氮 86.4t 的排放。项目年处理秸秆 2.38 万 t，为秸秆生态化、资源化利用探索了可行道路。

④可借鉴的经验

该模式以小麦全产业链绿色循环发展为依托，将液态酒糟加工成液态纯粮饲料用于生猪养殖，用养殖粪污生产沼气并提纯生物天然气，沼肥通过地下管网封闭还田，实现了全产业链封闭运行的"零污染"和"零非放"，是粮食加工废弃物资源化利用最直接、最有效的处理技术模式之一，应在有条件的地区大力推广。在具体实施中应具备以下基本条件：一是要有完整的粮食产业链，主要包括利用粮食精深加工后的废弃物进行生态养殖，养殖粪污资源量大，需要集中处理；二是在厌氧反应中，有足量的可以用于增温的液态酒糟液或其他可用于增温的废水，保障冬季正常进行厌氧发酵，如果在南方也可以省去增温环节；三是能够取得生物天然气并网石油燃气管道资质，同时易于并网，如果不能入网石油天然气，也可以采用沼气热电联产的方式进行能源转化；四是有规模匹配的消纳沼肥的耕地；五是该模式一次性投入较大，利润低，成本回收慢，应结合项目实施争取政策补助，促进项目落地实施与运营。

（4）推广条件

①适用区域

该模式适用于全国大部分地区，尤其适合黄河三角洲地区及盐碱地面积大的其他地区盐碱地的改良。在长江流域以北较寒冷地区，冬季需要进行加温才能保证厌氧发酵正常进行。另外，推广该模式还要有完整的粮食产业链条，有相应的消纳沼肥的自有或流转的规模化农田等。

②配套要求

一是进一步提高该技术模式对于促进农业生态保护和高质量发展重要性的认识，加大该技术模式推广应用力度，促进乡村生态振兴。

二是政府加大政策、资金支持力度。在生物天然气方面，生物天然气并网能够取得生物天然气并网石油燃气管道资质，享受生物天然气价格补贴。在项目建设方面，鼓励生物天然气并网燃气管网，鼓励沼气热电联产项目建设，制定并落实生物天然气价格补贴、生物质能源发电电价补贴。在土地方面，要增

205

加对企业的用地支持，支持企业匹配可以消纳沼肥的耕地。

6.2.6 山东民和牧业大型肉鸡基地生物天然气示范项目

（1）基本情况

①项目建设背景及资源情况

全国规模化养殖的快速发展和大量畜禽废弃物的集中排放已对环境承载力构成巨大威胁，要发展现代畜牧业，又要保护好美好家园的生态环境，为循环农业把好畜禽业这一关，就必须解决畜禽养殖对环境造成的污染。在循环农业、节能减排等理念的引导下，为了专业致力于解决养殖环境污染、创造新能源、节能减排，山东民和牧业股份有限公司于 2009 年 7 月成立山东民和生物科技股份有限公司，以母公司丰富的养殖资源为依托，生物科技通过"畜禽废弃物集中收集处理—高效厌氧发酵—沼气综合利用—沼肥分散消纳"的创新模式，气、热、电、肥高效联产，实现了资源充分循环利用和市场化发展。

山东民和牧业股份有限公司是农业产业化国家重点龙头企业，现有职工近 2 000 人，下设种鸡场、孵化场、商品鸡产业化基地、食品公司、饲料厂等 30 多个生产单位。现存栏父母代肉种鸡 350 万套，年孵化商品代肉鸡苗 3 亿多只、商品代肉鸡年出栏 2 000 多万只，年屠宰加工鸡肉食品 6 万多 t，饲料生产能力 40 万 t。年产鸡粪 22 万 t、污水 17 万 t。

烟台是山东省乃至全国著名的果业之乡，拥有丰富的果业资源，该项目所产沼液可作为公司水溶肥车间现有植物营养液的生产原料，进行沼液的高附加值加工，生产"新壮态"系列高端植物营养液，与当地丰富的果业、种植业资源进行充分融合可推动烟台生态农业发展走向新的高度，形成一个以生物燃气为纽带的集种植、养殖、加工于一体的良性循环经济模式。

②项目建设时间、地点和规模

在畜禽废弃物资源化利用方面，山东民和牧业股份有限公司利用地域优势，在畜禽养殖基地内，于 2007 年投资 8 000 万元建设了装机容量 3MW 的生物燃气热电联供沼气发电项目；2012 年投资 4 000 万元建设了沼液处理能力达 300t/d 的资源化利用沼液浓缩水溶肥项目；2014 年投资 1.2 亿元，引进了国外先进沼气提纯装置以及创新工艺，建设年产 1 500 万 m³ 高纯度生物天然气的沼气高效压缩提纯等资源综合利用项目，并积极开展德国农业部与中国农业农村部沼气合作项目中德"国际最佳实践"沼气创新示范项目，以国际合作的形式开展膜提纯工艺在沼气提纯工程中的应用，实现技术的优化。截至 2021 年底，公司沼气工程连续 13 年实现全年连续稳定运行，年处理鸡粪 21 万 t、污水 17 万 t，利用沼渣生产生物有机肥 20 000t、生产高端生态有机肥"新壮态"系列 6 万 t，发电量 2 400 万 kW·h，减排折合标准煤 6 000t，同时减排温室气体 80 000t 二氧化碳当量。目前，已在蓬莱建成 386 个沼液施肥示范村，推广沼液施肥面积 20 万亩。基于沼液种植的果蔬品质显著提高的特点，注册了"民和沼果"和"民和沼菜"商标，同时，公司自有种植基地 1 000 余亩，种植能源玉米、苜蓿等能源作物，用于多原料沼气厌氧发酵的研究与生产。成功构建了"畜禽养殖—沼气工程—清洁能源—高效肥料—果蔬种植"有机结合的完整循环生态农业产业链，实现了畜禽废弃物的高效开发利用，形成了无污染、零排放、高收益的循环生态农业模式。

③运营单位基本情况

山东民和牧业股份有限公司前身是农业农村部山东蓬莱良种肉鸡示范场，始建于 1985 年，改制于 1997 年，先后被认定为农业产业化国家重点龙头企业、全国农业标准化示范区、国家出口鸡肉标准化示范区、全国畜牧优秀企业、国家首批肉鸡无高致病性禽流感生物安全隔离区、中国畜牧协会副会长单位、白羽肉鸡联盟副主席单位、国家畜禽养殖废弃物资源化处理科技创新联盟副理事长单位、山东现代高效农业产业民营企业十强企业。2008 年 5 月 16 日，公司股票在深圳证券交易所成功挂牌上市，山东民和牧业股份有限公司也成为国内白羽肉种鸡行业首家上市公司。

目前公司下设种鸡场、孵化场、饲料厂、商品鸡基地、食品公司、进出口公司、生物科技公司、民信食品公司、潍坊民和食品公司等 58 个生产单位。现存栏父母代肉种鸡 370 万套，年孵化商品代肉鸡苗 3 亿多只、商品代自养肉鸡年出栏 3 000 多万只，年屠宰分割各类鸡肉产品 7 万多 t，饲料生产能力 40 万 t，年畜禽废弃物沼气发电 3 000 多万 kW·h，年沼气提纯生物天然气 1 500 万 m³，年产固态生物有机肥 5 万 t、有机水溶肥 16 万 t（其中新壮态植物生长促进液 6 万 t，新壮态冲施肥 10 万 t）。

公司已建立了以父母代肉种鸡饲养、商品代肉鸡苗生产销售为核心，集肉鸡养殖、屠宰加工、有机废弃物资源化开发利用于一体的较为完善的循环产业链，实现了自动化、智能化、工厂化生产和集约化管理，向着生态平衡、安全环保、优质高产的现代畜牧业迈进。

公司科研实力在行业内处于领先水平，多项科技成果获得了省（部）级以上科技奖励：自主研发的"肉用种鸡全程笼养新技术开发"获国家星火计划奖；与中国农业大学合作研究的"联栋纵向通风鸡舍"获得农业农村部优秀工程设计二等奖、"规模化养鸡环境控制关键技术创新及设备研发与应用"获得中华农业科技一等奖；"鸡鲜精稀释及冻液技术研究""特大型集中式鸡粪沼气发电工程技术集成与示范"获山东省科技进步二等奖；"商品肉鸡多层平养技术研究"获山东省科技进步三等奖；公司参与完成的"畜禽粪便沼气处理清洁发展机制方法学和技术开发与应用"项目先后获得中华农业科技奖一等奖和国家科学技术进步奖二等奖。此外，公司还承担了多项国家和省级科研项目，并拥有国家发明和实用新型专利26项。

公司秉承健康可持续的企业发展理念，先后投资建设了生物有机肥项目、沼气发电项目、沼液浓缩水溶肥项目和沼气提纯生物燃气项目等多个有机废弃物资源循环利用项目。其中畜禽废弃物处理沼气发电项目已成功稳定运行十多年，以其突出的资源节约和环境保护效益成为中国大农业领域首个在联合国注册成功的CDM（清洁发展机制）项目；沼气提纯压缩项目成为中国首批规模化生物天然气试点项目，树立了畜牧行业发展低碳循环经济的标杆。基于在该领域的突出贡献，公司多次被授予山东省循环经济示范单位、低碳山东模范单位、山东省创新型民营企业等荣誉称号，并获得了山东省优秀节能成果奖、国家能源科技进步奖等多项专业奖励。

（2）项目概况

①工艺技术路线

山东民和牧业股份有限公司对现有废弃物进行资源化利用，在一定程度上进行科学组合，遵循"资源化、减量化、无害化、生态化"的原则，使禽畜粪污得到多层次的循环利用并且已建立具有山东民和特色的、完善的"生态健康养殖—安全绿色食品—资源高效利用—有机果蔬种植"循环生态农业产业链。经过不断探索与努力依靠技术创新已经成功走出了一条大农业、大循环的道路，成功实现了物质与能量的循环利用，实现了农业与科技、经济与环保的互动支持、良性互动。项目的建设促进了当地果业、种植业的发展，生态效益显著。畜禽废弃物资源化循环利用产业链如图6-44所示，民和特色循环产业链如图6-45所示。

山东民和牧业大型肉鸡基地生物天然气示范项目采用"原料分散收集—集中沼气处理—沼气发电—沼肥分散消纳"的废物处理工艺，形成了以沼气为纽带的热、电、肥、温室气体减排四联产模式。

一是发酵原料的多元化。将公司自有鸡粪与农业废弃物花生壳通过好氧堆槽发酵制作高质量有机肥料、生物有机肥。沼气多元物料的混合发酵扩大了发酵原料来源，保证了沼气工程的成功运行；更重要的是还可以很好地处理除畜禽粪污以外的其他有机物，如畜产品加工过程中产生的废弃物、有机种植业产生的秸秆等，公司畜禽粪污经自有运输车辆、污水通过管道收集被送至子公司民和生物沼气工程集中处理。图6-46为山东民和牧业大型肉鸡基地生物天然气示范项目有机肥车间。

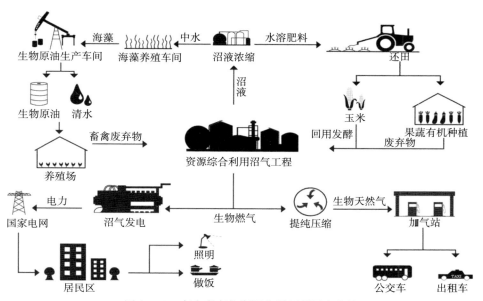

图 6-44 畜禽废弃物资源化循环利用产业链

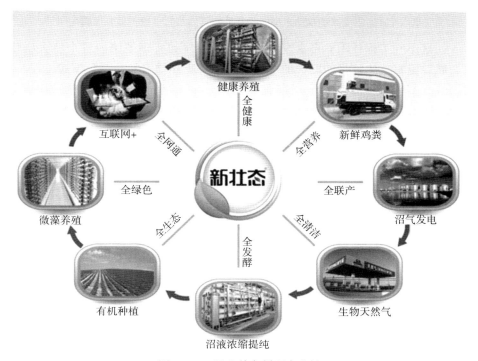

图 6-45 民和特色循环产业链

图 6 - 46　山东民和牧业大型肉鸡基地生物天然气示范项目有机肥车间

二是沼气工程技术。畜禽废弃物沼气发电项目实现了国内首个特大型热、电、肥、温室气体减排四联产的"集中式畜禽废弃物沼气处理"模式工程，是中国唯一实现全年稳定运行 13 年的大型沼气发电项目，并积极开展德国农业部与中国农业农村部两国沼气合作项目中德"国际最佳实践"沼气创新示范项目，以国际合作的形式开发膜提纯工艺在沼气提纯工程中的应用项目，实现了技术的优化。影响沼气工程运行的因素包括温度（中温 38℃）、有机物浓度（TS 为 7%左右）、pH（8.0 左右）等多个方面，技术含量高，需要根据各地的实际情况精心设计和施工，需要专业技术人员运营和维护，缺一不可。GE颜巴赫沼气发电机组如图 6 - 47 所示，天然气加气站如图 6 - 48 所示。

三是沼液浓缩技术。将鸡粪发酵产生的沼液，通过高效膜浓缩工艺工程化实现沼液深度开发和利用，成功制备浓缩沼液，解决沼液用量大、运输难的问题。沼液浓缩车间如图 6 - 49 所示。

山东民和牧业大型肉鸡基地生物天然气示范项目中除生产浓缩沼液外，还生产大量的水，而这部分水又重新回到鸡舍，用于鸡舍的冲刷。成功实现了无污染、零排放的目标，实现了水资源的良性循环利用。

四是沼液有机种植。要根据不同地域、不同作物的实际情况使用沼液、有机肥，保证肥效并且控制病虫害，减少化肥农药用量，与国家"双减"政策相

图6-47 山东民和牧业大型肉鸡基地生物天然气示范项目GE颜巴赫沼气发电机组

图6-48 山东民和牧业大型肉鸡基地生物天然气示范项目天然气加气站

呼应,杜绝高毒农药,减少污染,降低残留,所产果品及蔬菜具有绿色、生态、无残留等特点。

②主要建设内容

沼气发电工程包括8座3 200m³的厌氧发酵罐,装机容量1 063kW的发电机组3台,配套工程包括2座2 000m³的匀浆调节池、2 000m³的沼液储存

211

图 6-49　山东民和牧业大型肉鸡基地生物天然气示范项目沼液浓缩车间

罐、50 000m³ 的沼液储存池、2 150m³ 的储气柜和 4 座生物脱硫塔；生物天然气提纯工程包括 1 000m³ 的集水池 1 座，450m³ 的匀浆池 2 座，80m³ 的除砂池 4 座，1 340m³ 的水解酸化池 6 座，3 720m³ 的厌氧罐 12 座，2 150m³ 的双膜干式储气柜 2 座，配备日处理 53 800m³ 粗沼气的膜提纯压缩装置以及其他相应的配套室外工程和管道工艺设施；沼液提纯浓缩项目建设有 2 535m³ 的调节池 1 座、84m³ 的超滤浓液池 1 座、84m³ 的污水池 1 座、150m³ 的污泥池 1 座，购置沼液膜前预处理系统、多级膜滤系统等各类生产设备设施。

　　③运行情况

　　一、二期沼气工程可实现年处理鸡粪 21 万 t、污水 17 万 t，年并网发电 2 600 多万 kW·h。同时，引进了国外先进沼气膜提纯装置以及创新的工艺，年产生物天然气 1 500 万 m³；投产运行的沼液资源化利用工程通过高效、低耗的膜浓缩工艺及设备优化集成，富集沼液中的营养物质，实现沼液的高倍浓缩，工程日处理沼液 300t，日产沼液浓缩有机叶面肥 20t，处理后清液达到回用标准后，用于冲刷鸡舍，实现水的循环利用，沼液浓缩有机叶面肥保留了沼液中丰富的生物活性物质，高倍浓缩了作物生长所需各项营养物质，且更易被作物吸收，具有提高肥效和调控作物生长的双重作用。

　　④经济效益分析

　　山东民和牧业股份有限公司畜禽废弃物资源化利用工程整体投资 2.5 亿元，沼气发电项目总投资 9 000 万元，其中土建投资 400 万元、设备投资 6 500

万元、其他直接投资 1 800 万元，铺底流动资金为 300 万元。生物天然气项目总投资 1.15 亿元，其中土建工程投资 1 265 万元、设备购置及安装投资 1.02 亿元。沼液浓缩提纯项目总投资为 4 500 万元，其中建设投资为 1 500 万元、设备购置及安装投资为 2 500 万元、配套设施及其他费用为 500 万元。

沼气发电全部并入国家电网，申请进入国家可再生能源电价补贴目录，可实现电力销售收入 1 700 余万元，有机肥、"新壮态"系列水溶肥等产品可实现年销售额 3 000 万元；生产的高品质生物天然气中甲烷含量＞97％，符合并高于中国压缩天然气和车用天然气的标准。项目产业化达产后，可日提纯生物天然气 4.2 万 m³、年提纯生物天然气 1 500 万 m³，按照 2.5 元/m³ 销售，预计年销售生物天然气收入为 3 750 余万元。

（3）商业模式

①模式基本内容

山东民和牧业大型肉鸡基地生物天然气示范项目抢抓机遇，全力打造民和特色"以沼气工程为纽带的生态循环农业模式"。该模式是以畜禽废弃物资源化利用工程和沼气工程为纽带、将畜禽养殖业与种植业有机结合的循环农业模式；是实现了无污染、零排放、资源高效利用的循环农业。成功构建了以"畜禽养殖清洁化—产业链条循环化—废弃物能源化高效利用—有机种植"为主体的循环农业体系。

②运行机制分析

山东民和牧业股份有限公司在畜禽废弃物资源化利用工程的建设运营过程中吸收了世界先进的项目建设经验，并在多个领域实现了自主创新，在"发酵原料的多元化、沼气发电及生物天然气提纯压缩技术、沼液浓缩技术、沼液有机种植技术"等方面取得了 26 项国家专利，获得了多项国家级和省（部）级科技进步奖，企业技术中心实行规范化研发经费管理，每年具备稳定充足的研发经费投入，保障研发工作顺利开展，旨在加快生物燃气科技创新、科研成果转化和产业化工程示范推广。

在沼气工程及沼液浓缩工程的基础上，成功建成了中国最大的、独一无二的沼液有机种植生态基地，以山东民和沼气工程为依托，以山东蓬莱区为中心，辐射周边县市，基地的农户按照标准使用沼液、有机肥，保证肥效并且控制病虫害，减少化肥用量，杜绝高毒农药，减少污染，降低残留，所产果品及蔬菜集安全、无残留等特点于一身。民和牧业股份有限公司在示范村发展沼液服务点，以现金补贴的方式在村里建设了不少于 20m³ 的沼液周转池 1～2 个；公司配备了 3t、6t 和 8t 等不同型号的沼液运输车，负责把沼液运到村里（种植大户送到地头）；果农出资在田间地头建设约 1m³ 的沼液灌溉池（桶），每个新建池当年购买沼液 2t 以上，公司还给予建池补贴。通过这种模式，建成了沼液储存池—运输车—周转池—沼液灌溉池（桶）的散户沼液施肥模式。目前，已在蓬莱区建成 386 个沼液施肥示范村，推广沼液施肥面积 20 万亩。基于沼液种植的果蔬品质显著提高的特点，公司注册了"民和沼果"和"民和沼菜"商标，分配给沼液施肥示范村和示范户使用，提高了沼液用户的经济效益，得到广大群众的认可。

③推广应用情况

通过以沼气工程成功运行为纽带，实现了畜禽养殖业与种植业的完美结合，公司为农户提供优质沼液肥料，并与蓬莱农业局合作在蓬莱区刘家沟镇南吴家村建设 1 000 亩"省级沼液有机种植生态园"；有机叶面肥已经在全国推广示范，示范面积 10 万亩，建成沼液使用技术培训基地 1 座，集中对种植户进行专业的技术指导。

目前，山东民和牧业大型肉鸡基地生物天然气项目虽已建设完工，由于尚无燃气经营许可证，无法参与到市场中，尚未全负荷生产，未发挥最大效益。但年销售生物天然气 150 万 m^3，销售单价 2.0 元/m^3；液态肥沼液实行惠农政策，免费供应农户。发电并网电价 0.594 元/（kW·h），日发电量 7.0 万 kW·h，以全年 330d 计，年发电销售收入为 1 372 万元。同时，项目的建设有效带动了以沼气为纽带的集能源业、种植业、养殖业、加工业于一体的良性循环经济模式，带动了地区养殖业、新能源、有机种植、物流运输等多个相关行业的发展，增加了 3 200 个就业机会，让 20 000 余名农民人均增收 10 000元，对于促进社会发展、提高社会收入具有显著的意义，经济效益比较显著。

该项目有效地解决了环境污染问题，环保效益显著，对中国社会发展具有深远意义；沼气经过提纯压缩生产生物天然气，可替代其他天然气、原煤或石油，有利于改善中国的能源结构，节能效益显著。

④可借鉴的经验

多年来山东民和牧业股份有限公司凭借养殖与沼气技术的持续创新与示范，纵向延伸，横向拓展，实现物质、能量、水资源循环，产品实现增值化、多元化、高附加值化，开发形成具有民和特色的种植、养殖业相结合的废弃物循环利用模式，使养殖生态环境进一步改善，公司循环经济产业逐步得到发展与升级，逐步探索出了可借鉴、可复制、可推广的循环经济道路，起到示范作用。

紧扣循环经济发展这条主线，立足资源型城市实际，紧紧把握城乡统筹、资源综合利用、民生改善等重点，突出标杆项目的引领作用，加大重点工程推进，使工作有序推进。经过政府和企业的共同努力，山东民和牧业股份有限公司循环经济事业持续快速发展，逐步形成了多元化发展的新格局，为循环经济带来了新气象。

（4）推广条件

①适用区域

要根据各地的实际，结合不同区域特点制定实施规划，发挥原料充足、接近农户、易于就近供气的优势，以集中供气为重点，明确重点及配套措施，通过合理布局，分区建设，因地制宜，完善分类指导的运行机制，推进沼气集中、连片、规模化发展；在有机种植方面，受区域政策、产业基础及产业特征等方面因素的影响，种养一体化模式日益丰富，逐渐形成"公司＋基地＋农户"多元主体一体化运行机制，通过强化公司与农户的诚信意识，平等互利、友好协商，形成稳定的购销合作关系，大力推进订单农业的发展。

②项目优势

山东民和牧业大型肉鸡基地生物天然气示范项目是建立在多年沼气工程成功运行的基础上，以沼气为纽带，种植业与养殖业结合形成优势互补、相互依存，多业结合，综合利用的生态能源模式，并运行沼液资源化利用工程，生产可纳入市场化竞争机制的高品质水溶肥产品，实现沼气工程产品的多元化、增值化；进一步完善了公司专业的沼肥销售技术服务团队，通过市场化运行管理机制的创新提高项目经济效益，市场前景广阔。

6.2.7 诸城舜沃农业科技有限公司规模化沼气项目

（1）基本情况

①建设背景及资源情况

2016 年 12 月 21 日，习近平总书记在第十四次中央财经领导小组会议上明确提出：加快推进畜禽养殖废弃物处理和资源化，关系 6 亿多农村居民生产生活环境，关系农村能源革命，关系能不能不断改善土壤地力、治理好农业面源污染，是一件利国利民利长远的大好事。要坚持政府支持、企业主体、市场化运作的方针，以沼气和生物天然气为主要处理方向，以就地就近用于农村能源和农用有机肥为主要使用方向，力争在"十三五"时期，基本解决大规模畜禽养殖场粪污处理和资源化问题。

总书记的讲话对畜禽粪污处理的重大意义、处理技术手段（沼气化）、运作组织方式、产品用途等均提出了十分明确和具体的要求，是畜禽粪污治理和资源化利用的金标准。

诸城市共有畜禽规模化养殖场 627 个，专业户 7 350 个，散养户 15 957 个，每年出栏生猪约 130 万头、肉鸡 1 亿只、蛋鸡 270 万只、肉鸭 1 180 万只，约产生畜禽粪污 200 万 t，其中肉鸡产生粪污 30 万 t、肉鸭产生粪污 3.5 万 t、生猪产生粪污 164 万 t。

农作物秸秆资源：秸秆总产量为110.47万t，其中，玉米秸秆60.68万t、小麦秸秆41.61万t、其他谷物秸秆0.0177万t、棉花秸秆0.5090万t、花生秸秆6.8万t、豆类秸秆0.6159万t、薯类秸秆0.2326万t。

②工程建设时间、地点和规模

诸城舜沃规模化沼气项目位于诸城市枳沟镇乔庄社区王村驻地，于2017年9月开始建设，2019年9月正式投产，总占地面积19.29亩（图6-50、图6-51、图6-52）。

图6-50　诸城舜沃农业科技有限公司规模化沼气项目全景

图6-51　诸城舜沃农业科技有限公司规模化沼气项目沼气储气柜

图6-52　诸城舜沃农业科技有限公司规模化沼气项目抛翻车间

③运营单位基本情况

诸城舜沃农业科技有限公司成立于2015年，由北京齐舜农业有限公司全资控股，注册资本5 000万元。公司致力于打造现代生态循环农业经济，是一家集科技研发、良种培育、沼气工程、有机肥生产销售、有机种植、农产品销售等循环体系于一体的综合型、产业化、高科技农业企业。

在诸城市委、市政府和相关部门的支持下，投资了1.3亿元建设生态农业循环经济示范项目。诸城舜沃农业科技有限公司旗下2万m³沼气工程年可收集处理项目周边30km范围内的20万t粪污、7 000t秸秆，年产沼气850万m³，目前产出的沼气被全部用于发电并入国家电网，年发电量1 600万kW·h。沼渣作为有机肥制备原料被用于生产商品有机肥。同时，诸城舜沃农业科技有限公司按"示范带动、分散收集、集中转运、统一处理"的思路，建设畜禽粪污收集处理一体化项目。公司运输车队把收集的粪污运至沼气和有机肥生产基地进行无害化处理，达到每年3万t商品有机肥的生产能力，区域内治理率达到90%以上。公司流转1 500亩农田建设有机种植示范区，产出的沼液被用于农田灌溉消纳，种植玉米、小麦加工农产品外售，收储秸秆作为沼气原料，做到废弃物、养殖粪污集中处理，沼渣沼液就地循环利用，形成了"养殖业＋农业废弃物—沼气—有机肥料—高效种植业"的综合循环农业基本模式。

（2）工程概况

①工艺技术路线

一是原料收集。与周边30km范围内的肉鸡养殖场与肉鸭养殖场全部签订粪污委托收集处理协议，建立运输台账，当地主管部门监督双方严格履行协议。秸秆通过运输车被运至项目秸秆暂存池，压实后堆放储存。

二是原料预处理。通过流程管理等方式，粪污原料进场后，迅速进入预处理单元进行调配处理，避免粪污在场内堆积存放。将各种畜禽粪污运入厂内之后，根据粪污种类、含固率等进行调浆、沉砂、除杂等处理，通过厂内生产调控，对低含固率粪污与高含固率粪污进行调配处理，将进料粪污浓度调配至6%～8%，有利于提高预处理阶段的沉砂、除杂效率。

工程共设置 2 座粪污调浆、沉砂、除杂一体式预处理池，单座预处理池容积 400m³。每座预处理池设置 1 台预处理顶搅拌电机、4 台侧搅拌搅拌机，进行粪污匀浆，预处理池设置泵房，用于安装进料泵，预处理后将物料通过管道输送至厌氧发酵单元。秸秆通过圆盘粉碎机被二次粉碎后，通过传输皮带被送至厌氧罐顶部进料。

三是厌氧处理。粪污到场后首先进入 2 个 400m³ 的预混池，调匀至可进料状态，泵入反应后的料液经固液分离后产生沼渣和沼液。工程共设置 4 座单罐有效容积 5 000m³ 的高效全混式厌氧发酵罐，发酵罐配套搅拌设备、增温加热设备、保温设施等辅助设施。将物料泵入厌氧发酵罐内搅拌均匀，在中温条件下进行厌氧反应，温度设在 38～40℃，水力滞留期最低为 27d。厌氧发酵有利于彻底杀灭病原微生物、病虫卵等，杀灭效率可以达到 99.0%～99.9%，有利于防止病原微生物等的扩散，改善诸城市城乡公共卫生环境。图 6-53 为诸城舜沃农业科技有限公司规模化沼气项目厌氧发酵罐。

每台发酵罐侧壁安装大浆片搅拌机 5 台，保温层使用阻燃级别聚氨酯发泡制作，保温层厚度不低于 100mm，降低罐体散热量。发酵罐内物料浓度可以控制在 6%～8%，发酵罐内物料总氨态氮浓度控制在 3 500mg/L 之下。

四是沼气净化。沼气净化单元包含沼气脱硫设施、除尘设施、脱水设施和增压设备。为控制锅炉烟气污染物排放，将沼气中硫化氢浓度脱除至 20mg/L 以下，达到《天然气》（GB 17820—2018）对天然气燃料硫含量的要求。诸城舜沃农业科技有限公司规模化沼气项目采取络合铁湿法化学脱硫与氧化铁干法化学脱硫两级脱硫工艺，在提高脱硫效果的同时降低脱硫成本。沼气中含有少量颗粒物，为避免对后续脱水、增压等设备及试剂造成污染，设置布袋除尘设施。脱水单元采用冷干脱水工艺，沼气冷干降温至 20℃ 以下，有利于提高后续发电机燃烧效率。脱水和脱硫之后的沼气经风机增压至不低于 5kPa，经管道输送至发电机房，经发电机前增压风机进一步增压后进入发电机。

五是发电。诸城舜沃农业科技有限公司规模化沼气项目采用 2 台 1MW 颜巴赫 J320 沼气内燃机，甲烷浓度 55%，1m³ 沼气可发电 2kW·h。图 6-54 为项目发电机室。

六是固液分离。发酵后沼液进入固液分离单元，诸城舜沃农业科技有限公司规模化沼气项目配套 1 台高效压滤式固液分离设备，分离后沼液含固率低于

图 6-53　诸城舜沃农业科技有限公司规模化沼气项目厌氧发酵罐

0.2％，沼渣含固率大于 35％。分离后部分高氨氮沼液（约 1 500t/d，原料中含有 50％的鸡粪）进入密闭式沼液暂存池，进一步二次发酵。沼渣进入有机肥单元进行堆肥处理。固液分离单元每天获得含固率 35％的沼渣 30t，全部用于有机肥生产；产生沼液 500t，用于大田与果、菜、茶施肥，替代化肥。

　　七是固态有机肥和液态肥生产。沼渣经固液分离后进入好氧堆肥车间进行翻抛处理，分离后沼渣含固率达到 35％左右，沼渣堆肥过程中无须额外添加辅料，一方面降低沼渣堆肥成本，另一方面有利于改善肥料品质，避免辅料不能充分腐熟影响有机肥品质，这也是诸城舜沃农业科技有限公司规模化沼气项目选择厌氧发酵＋好氧发酵两段式工艺的优势之一。厌氧＋好氧工艺除了有利于彻底杀灭病原微生物，还有利于提高粪污原料腐熟度。沼渣中含有丰富的兼性好氧微生物，同时比原始粪污原料黏性降低、透气性更好，进入好氧翻抛车间后升温迅速且不需要额外添加发酵菌剂，同时由于沼渣已经过厌氧处理，发酵周期较短，有利于提高好氧发酵效率。沼渣经 10～15d 好氧发酵后即可以进入陈化阶段，好氧发酵阶段沼渣有机质降解率约为 20％，好氧发酵后原料含固率在 50％～60％，可以进入造粒阶段。为提高固态有机肥原料产品附加值，诸城舜沃农业科技有限公司规模化沼气项目 80％以上的沼渣原料被用于生产颗粒有机肥，实际生产中将根据市场需求，通过添加功能性菌剂和调配养分配

图 6-54　诸城舜沃农业科技有限公司规模化沼气项目发电机室

方，形成一系列作物专用有机肥或生物有机肥。沼液中含有丰富的氮、磷、钾、钙、镁、溶解性生化腐殖酸，以及少量微量元素、吲哚乙酸、赤霉素、小分子酸、氨基酸等养分和活性物质，对植保、促根等具有积极效果，是一种优质的液态肥。

八是施用。诸城舜沃农业科技有限公司规模化沼气项目周边土地通过管道输送沼液，靠近国道处设沼液中转池，用罐车抽取运输至粮食和蔬菜、果树种植户和基地供其免费使用，施肥方式为漫灌、喷灌和滴灌，有机肥以每吨600～1 200元的价格被提供给蔬菜、果树种植户和基地使用，施肥采用机械撒肥车或人工撒肥。

项目运行流程如图6-55所示。

②主要建设内容

建设容积为18 120m³的秸秆青贮间1座、5 000m³的全混式厌氧发酵罐4座、2 000m³的气柜2座、20万m³的沼液池1座，建设锅炉房、固液分离间、消防泵房、发电机配电上网间、控制室、配电室、科研楼、门卫室等，建筑面积3 000m²。

③运行情况

诸城舜沃农业科技有限公司规模化沼气项目年处理秸秆7 000t、粪污15万t；年产沼气850万m³，年发电量1 500万kW·h，沼气经脱硫脱水净化后

图6-55　诸城舜沃农业科技有限公司规模化沼气项目运行流程

用于发电；产生沼肥3万t，沼肥主要用于有机果蔬基地的肥料供应。经计算项目每年可代替标准煤4 749t，减少二氧化碳排放1.99万t、氮氧化物排放199.92t、二氧化硫排放352.8t。

诸城舜沃农业科技有限公司自有1 500亩有机种植示范基地，产生的沼液用于种植有机粮食。秸秆收储作为沼气原料，做到废弃物、养殖粪污集中处理，沼渣、沼液就地循环利用，形成了"养殖业＋农业废弃物—沼气—有机肥料—高效种植业"的综合循环农业基本模式。

④经济效益分析

对大型沼气综合利用项目而言，投资回收期、投资回报率是重要的经济评价指标。诸城舜沃农业科技有限公司规模化沼气项目总投资1.2亿元，其中沼气工程投资8 540万元、有机肥项目投资1 716万元、种植项目投资220万元，以2021年年发电1 500万kW·h、年销售有机肥5 000t为例，综合分析如下：

一是项目年收入。该项目收益由发电上网和销售有机肥、粮食产品三部分构成：年发电1 500万kW·h，按照上网电价0.75元/（kW·h）计算，2021年发电年营业收入1 125万元。销售有机肥5 000t，按平均销售价格600元计算，2021年有机肥销售收入300万元。2021年玉米产量825t，收入98万，小麦产量750t，收入178万，其中京东销售收入112万。

以上收入合计1 701万元，为该项目总的年收益。

二是项目年支出。

A. 直接生产成本：原材料费用为 222 万元，水电费为 101 万元，人工费用为 20 名员工的年工资支出 180 万元。

B. 土地租赁费：项目租赁种植土地 1 500 亩，每年每亩租赁费 800 元，年租赁费 120 万元。

C. 固定资产折旧：按平均年限法计算，房屋及构筑物按 20 年计，设备按 10 年计。折旧费 699 万元。

D. 维修维护费：年需约 138 万元。

E. 管理费：日常支出年需约 195 万元。

综上所述，直接生产成本、固定资产折旧、维修维护费及管理费 4 项合计约 1 655 万元，为项目年总支出。

三是项目经济效益。年营业利润为 46 万元，收益率为 2.7%。投资回收期为 7 年（不考虑工程建设周期的情况下）。除去成本方面的费用（包括折旧、维修、工资等费用），项目建成后预计在 7 年之内收回成本。

（3）商业模式

①模式基本内容

一是用工业的思想发展农业，即规模化、标准化、机械化、智能化。二是做环境友好、可持续发展的生态循环农业企业。把产业链适当拉长，把在上个环节产生的废弃物作为有价值的原料用到下个生产环节，做到充分利用。诸城舜沃农业科技有限公司规模化沼气项目种养循环模式：项目以诸城农业废弃物为基础保障，以沼气工程为纽带，以有机种植为扩展，形成"养殖—沼气—农田"的现代生态循环农业模式。

②运行机制分析

2017 年，在诸城市委、市政府和相关部门的大力支持下，向山东省农业农村厅、发展和改革委员会申请规模化大型沼气中央预算内资金 3 000 万元建设 20 000m³ 沼气工程，申请畜禽粪污资源化利用整县推进中央补贴资金 850 万元，建设年生产 3 万 t 商品有机肥生产线 1 条，配置粪污收集运输车 13 台。运行过程中发电价格在基准电价 0.594 元/（kW·h）的基础上享受山东省政府精准补贴 0.75 元/（kW·h）至 2023 年，税收享受三免两减半政策。

③推广应用情况

诸城舜沃农业科技有限公司规模化沼气项目作为诸城市第三方畜禽粪污处理中心，对周边 30km 的 40 余家肉鸡养殖场和 200 余家肉鸭养殖户的粪污进行收集处理，区域内治理率达到 90% 以上，经计算该项目每年可代替标准煤 4 902.4t，减少二氧化碳排放 2.94 万 t（通过发电减少二氧化碳排放 1.34 万 t、通过有机肥替代和粪污处理减少二氧化碳排放 1.6 万 t）、减少氮氧化物排放

199.92t、减少二氧化硫排放 352.8t。在农村，农作物秸秆、畜禽粪污处理是环境污染的老大难问题。通过该项目对秸秆、畜禽粪污的综合利用，可以变废为宝，能有效解决秸秆焚烧、粪污乱堆造成的环境污染问题，真正实现取之于田、还之于地，达到循环利用的目的。

畜禽粪污经厌氧发酵（沼气化）处理，具备巨大的碳减排潜力，主要体现在三个方面：减少农牧废弃物堆肥、不合理处置过程造成的大量甲烷、一氧化二氮等高效温室气体的排放；能源替代效应，替代煤炭、天然气等化石能源开采、运输和使用过程中产生的大量温室气体；有机肥替代化肥，减少化肥生产、使用等过程。根据 IPCC 的一般计算原则，不同畜禽粪污经厌氧发酵处理之后，其综合碳减排效应可以达到每吨粪污 300～600kg 二氧化碳当量，未来诸城市畜禽粪污全部经厌氧发酵处理之后，可以减少温室气体排放 80 万 t 二氧化碳当量，按照全国平均单位 GDP 二氧化碳排放强度每吨二氧化碳当量1.04 万元进行计算，相当于减少诸城市 12％的温室气体排放量，碳减排能力巨大。

借鉴诸城舜沃农业科技有限公司规模化沼气项目针对农业废弃物处理的经验，诸城市泰石投资控股集团公司全量化畜禽粪污处理工作有序开展，依托以环境保护促进产业优化和升级的思路，将为诸城市实现农业发展与环境保护的和谐统一提供有力保障。

④可借鉴的经验

诸城舜沃农业科技有限公司规模化沼气项目积极对接中国科学院成都生物研究所、山东省农业科学院等科研院所，建立了厌氧发酵维稳、生物有机肥、专用有机肥和有机水溶肥研发、沼液应用等管理系统与工作，保证项目的生产和产品稳定。

放眼全国，沼液消化判断沼气工程的运行是否正常、是否顺畅的重要环节，通过企业流转土地示范带动、农业主管部门政策倾斜和宣传引导的方式把固态与液态肥料与当地种植业紧密结合，为项目的持续运行提供保障。

（4）推广条件

①适用区域

诸城舜沃农业科技有限公司规模化沼气项目模式适用于养殖业、种植业发达地区，养殖业为沼气提供充足的原料来源，种植业可以消纳沼气发酵后的沼渣、沼液。沼气工程的余热回收利用模式能保证不受气候影响。

②配套要求

诸城市政府在用电、选址方面给予支持，方便企业根据当地的种植、养殖结构与运输半径，优化资源配置。支持生物天然气补贴、生物质标杆电价补贴等价格政策。

在秸秆等原料预处理和农业有机肥加工等涉及农产品初加工环节，落实享受农业用电电价政策。

6.2.8 "N2N"区域生态循环农业模式

（1）典型案例名称

"N2N"区域生态循环农业模式是指在一定区域（县域）范围内，采用"政府引导、企业主导、市场运作"的方式，以农业废弃物资源化利用中心和有机肥生产中心为核心，整合上游 N 家养殖企业和下游 N 家种植企业，通过第三方处理养殖场的粪污、病死畜禽，实现资源化利用，通过现代农业技术和有机肥料等的应用，恢复种植生态体系，建立区域生态循环农业体系。

（2）典型案例概述

新余市渝水区是生猪调出大县，2018 年渝水区（含高新区）生猪存栏34.09 万头、牛存栏 4.14 万头、家禽存笼 179.94 万羽。为解决养殖粪污处理难题，发展生态循环农业，新余市渝水区在 2013 年引进江西正合生态农业有限公司（以下简称正合公司）开始探索和实践畜禽粪污第三方集中处理的新模式。

新余市渝水区全面推进养殖场的生态化改造，实现粪污源头减量化，2014年，新余市政府出台新余市生猪养殖业生态化改造方案，实施禁养区逐步退出、限养区加快改造、可养区稳步提升，实现粪污无害化处理与废弃物资源化利用，逐步建立畜牧业与种植业循环利用的农业生态体系。2017 年 3 月起，新余市开展了以水环境专项整治为主要内容的"保家行动"，集中实施畜禽养殖、水库退养、工业污染专项整治，全面推进水环境综合治理，禁养区畜禽养殖场已全部关停，可养区生态化改造验收通过 167 户，对其他不符合要求的养殖场也全部进行关拆。新余市政府出台的政策和采取的措施改善了区域内养殖场的生产条件，实现了粪污源头的减量化，为推行畜禽粪污资源化利用创造了重要的前提条件。

正合公司在 2014 年、2017 年先后建成投产了罗坊沼气集中供气站、南英沼气发电站，以大型沼气工程和有机肥生产作为农业废弃物资源转化利用中心，将 N 家养殖企业与 N 家农业企业、种植大户和合作社结合起来，实现区域农业大循环，由此创立了"N2N"区域生态循环农业模式（以下简称"N2N"模式），该模式成功解决了当地一系列区域性的环保、民生、生态问题。图 6-56 为罗坊沼气供气站、南英沼气发电站。

罗坊沼气供气站

南英沼气发电站

图 6-56 罗坊、南英沼气发电站

正合公司投资 5 341 万元建设了罗坊沼气供气站，2014 年底，新余罗坊沼气供气站正式通气，建设发酵容积为 7 150m³ 的大型沼气工程，建设了病死猪无害化处理车间 1 座，有机肥生产车间 1 座，实现了向罗坊镇 6 000 余户居民供沼气燃气。

2016 年正合公司投资 8 584 万元在渝水区南英垦殖场建设沼气发电项目，2017 年 12 月，建成发酵容积达 20 000m³ 的沼气工程，建成年产固态有机肥 2 万 t 的生产车间 1 座，建设发电并网规模 3MW 的发电站 1 座。

上述两站的建设，以沼气生产为纽带，旨在实现：解决县域范围内年出栏 60 万头生猪粪污的处理；解决每年 10 万头病死猪集中无害化处理；年可处理粪污（TS 在 6% 以上）40 万 t，年可发电 2 000 万 kW·h；年产固态有机肥 5 万 t，年产沼液肥 38 万 t；可服务生态种植面积 10 万亩，每年减少化肥施用量 1 万 t。

(3) 总体技术线路和项目方案

"N2N" 模式技术路线见图 6-57。

主要技术路线：

一是粪污源头减量技术与收集储运系统。

二是基于全量化处理的粪污及养殖废水高效沼气处理技术及工艺。随着粪污源头减量、全量化处理技术的发展，发酵原料成分复杂、浓度高，研发相对应的沼气处理技术和工艺是提高产气率和第三方集中处理经济效益的关键。

三是畜禽粪污（沼渣）中有害物质减量去除新技术。南方农田土壤酸化，重金属活性高，长期施用畜禽粪污导致重金属积累，威胁农产品质量安全。因此，畜禽粪污中有害物质减量去除新技术研发对其后续资源化利用至关重要。

四是粪便（沼渣）堆肥及沼肥利用新技术与新装备。

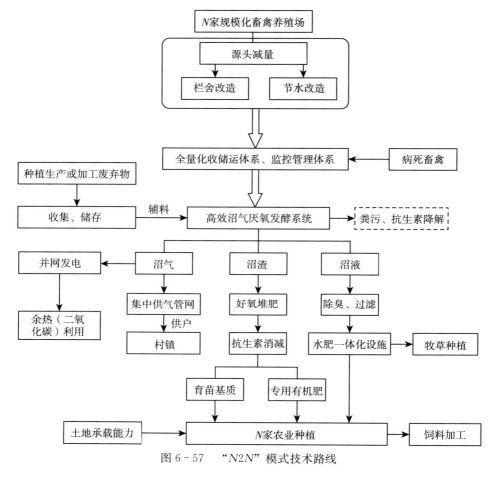

图 6 - 57　"N2N" 模式技术路线

（4）项目方案

①对区域养殖场进行生态化改造

养殖场生态化改造后，应具备高床设施、雨水分流设施、漏缝板机械刮粪设施、粪污收集池及搅拌泵，有病死猪无害化处理暂存冷库。生态化改造后可实现粪污源头减量化，有利于储运沼气和沼气生产。

②第三方建设农业废弃物处理中心和有机肥生产中心

一是收储运系统建设。包括粪污运输车，病死猪密封式车厢车辆，其他农业废弃物运输车辆等，车辆装定位监测系统。

二是沼气生产利用系统。包括：原料预处理及进料系统；全混式厌氧发酵罐；配套的出料系统；配套的固液分离系统，化学精脱硫、生物脱硫系统；沼气储存、净化、利用系统；沼气供气系统或沼气发电系统。

三是病死猪无公害处理成套系统。

四是有机肥生产线和厂房设施。

五是种植企业或农户建设田间沼液储存池、田间喷灌设施设备，改善生产条件。

（5）工作与政策保障体系

运营采用"政府引导、企业主导、市场运作"的模式，整合上游 N 家养殖企业和下游 N 家种植企业，构建一条绿色循环产业链，通过政府的引导、宣传，以法规制度为保障，严格执法。"N2N"区域生态循环农业模式运营已开展的主要工作有以下几点：

①对当地猪场实行生态化改造，从源头减少粪污量

当地政府积极推动养殖场进行生态化改造，改善生态环境条件，实现粪污源头减量化（TS 在 6% 以上），达到畜禽粪污第三方集中处理的基本要求。

②当地周边养殖场自愿与第三方处理企业签订收集处理粪污的合同

合同签订后，共同推进"第三方集中全量化处理"模式实施，明确粪污处理责任和收费事项，谁受益谁付费、养殖企业付给第三方企业处理费用。

③建设粪污收储运体系，合理布局运输区域和线路，降低成本，提高效率

由于采取"第三方集中全量化处理"模式，第三方集中处理企业要从猪场收集废弃物运回处理中心。粪污运输主要采用吸污车，病死采用带有密封式车厢的车辆，在整个运输过程中保证不产生二次污染。在运输管理上，可以采取三种形式，一是公司自有车队运输，二是运输合作社提供车辆运输，三是农户个人承包运输。车辆安装定位监测系统，按规定线路行驶，严防滴漏；车队给每辆运输车分配运送线路，提高运输效率；为加强猪场防疫，粪污收集池应建在猪场外围并配有消毒设施。

④第三方企业的作用

通过第三方企业的农业废弃物处理中心和有机肥生产中心实现资源转化利用，通过供气、发电、生产有机肥、沼液肥、建设产品研发中试基地、建设生态示范园区来实现多种渠道收益，保障企业经济效益。

⑤田间消纳体系建设

当地政府和社会化服务组织积极引导种植户进行沼液肥综合利用，建设田间储存沼液设施和喷灌设施，第三方企业与种植户签订合同定向供给沼液肥，实现还肥于田。

⑥延伸产业链

开展耕地土壤治理，修复利用稀土尾矿，开展牧草种植和加工，带动草食畜牧业发展。

⑦政府支持

a. 推动养殖场生态化改造，实现粪污源头减量，严格执法，加强对养殖粪污处理的监管；b. 推动病死猪无害化处理工作，建立"监管部门、养殖业主、保险机构、处理中心"四方联动监管机制，严格执法，加强对病死猪无害化处理的监管；c. 推动有机肥替代化肥，引导和支持种植企业和农户在田间建设储存池和喷灌设施；d. 引导、支持农户成立合作社，组织参与粪污收集运输、沼液肥施用、示范种植等工作；e. 支持开展耕地修复、牧草种植、农厕改造等工作。

（6）效益分析

①经济效益

南英沼气发电站自 2017 年 12 月投产以来连续稳定运行，实际年处理养殖场粪污 20 余万 t，发电约 1 000 万 kW·h，生产有机肥 2 万 t，生产沼液肥约 18 万 t，处理病死猪约 7 万头。产值：粪污处理费 200 万元，发电收益 580 万元，有机肥销售收入 1 600 万元，病死猪处理补贴 490 万元，年收益 2 870 万元，年利润 700 余万元，企业自筹部分预计静态回收年限为 9 年，考虑企业产能还在继续上升，回收年限有希望进一步缩短。

②生态效益

正合公司现在形成的"养殖废弃物处理—产生沼气供燃气和发电—产生沼渣沼液供有机肥生产—有机肥施用于绿色农产品基地"环节，能够无缝衔接，延伸了沼气产业链，实现了养殖废弃物的无害化处理与资源化利用，每年可为年出栏 60 万头生猪或猪当量养殖场解决环保污染问题，每年可处理养殖废弃物 40 万 t。产生的沼气供户用和发电使用，每年可节能折合标准煤 4 800 余 t，可减少二氧化碳排放 1.2 万 t。

有机肥生产中心按照绿色农产品基地的需要，生产相应的各类固态商品有机肥和液态喷施肥，可以有效地解决农业生产过程中农药化肥过量、不当使用所造成的环境污染问题，提高农产品质量。南英沼气发电站推广使用有机肥，每年可替代化肥 1 万 t。

③社会效益

正合公司"N2N"模式推动了区域内猪场生态化改造，改善了生产条件和环境，降低了猪场环保投入，解决了猪场的后顾之忧；由第三方企业收集处理粪污，专业化水平高，粪污处理设施先进，处理效率高，资源转化利用率高，并且可充分发挥规模效益，具有传统的单一猪场建设沼气工程无可比拟的优势；第三方处理企业可充分发挥专长，建立科研平台，积累实践经验，推动行业技术进步；"N2N"模式的运行在区域内形成生态产业链，推动养殖业、种植业生态化发展，推动有机肥替代化肥，推动沼液肥高质利用，推动农田土壤环境修复和农业技术推广，打造绿色生态循环农业。

6.3 华中地区

6.3.1 河南中海博能生物质能源开发有限公司 12 000m³/d 规模化生物天然气项目

(1) 基本情况

①项目建设背景及资源情况

河南中海博能生物质能源开发有限公司 12 000m³/d 规模化生物天然气项目（简称中海博能项目）是国家发展和改革委员会、农业农村部 2016 年批复的国家试点项目，项目总投资 9 300 万元，占地 95 亩，以秸秆、餐厨垃圾、畜禽粪污、农村改厕废水、厨余垃圾等有机废弃物为原料，生产沼气进而提纯成生物天然气外售，沼渣沼液加工成液态和固态有机肥外售；建设规模为日产 1.2 万 m³ 生物质天然气，年产生物有机肥 20 000t，年产液态肥 2 万 t；该项目以"全消纳、零排放、资源化"为目标，实现区域内的养殖业畜禽粪污、种植业废弃秸秆、城市厨余垃圾、人居环境治理的改厕粪污等多种原料的资源化无害化利用，所产沼气提供能源，沼渣生产优质有机肥反哺种植业（图 6-58）。

图 6-58 中海博能项目区现场照片

②项目建设时间、地点和规模

建设时间：2018 年取得土地证正式开工，2019 年 12 月厌氧产气锅炉点火成功，2020 年 4 月提纯调试成功，同年 6 月通过五方验收（自验），8 月通过长垣市农业农村局、发展和改革委员会验收。2021 年 3 月 15 日，通过河南省农业农村厅、河南省发展和改革委员会终验。

建设地点：河南省长垣市芦岗乡再制造工业园区。

建设规模：年利用秸秆 2 万 t（干基），年产生物天然气 436 万 m^3，年产有机肥 2 万 t。

③运营单位基本情况

河南中海博能生物质开发有限公司注册资金 9 300 万元，公司股东为博能盛诺（北京）生物质能源科技有限公司、青岛博亚投资控股有限公司、北京舜德瑞管理咨询中心（有限合伙），公司设立管理委员会进行公司管理，管理层 5 人。公司设立财务部（2 人）、安全生产部（8 人）、业务部（2 人）、办公室（含门岗、厨师 4 人）等部门，总计 21 人。

（2）项目概况

①工艺路线

一是工艺路线。以秸秆、餐厨垃圾、畜禽粪污、农村改厕废水、厨余垃圾等有机废弃物为原料，采用 CBSR 厌氧消化工艺，所产沼气经净化、提纯，作为生物天然气外售，沼渣、沼液被加工为液态和固态有机肥外售。

二是工艺流程。工艺流程如图 6-59 所示。

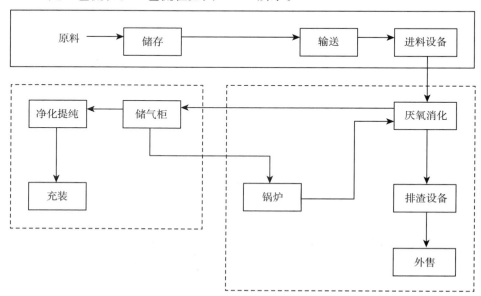

图 6-59　中海博能项目工艺流程

三是核心技术及其要点。采用 CBSR 厌氧消化工艺，可以满足多原料混合发酵。发酵时，混合发酵原料中的固形物被秸秆层截留并继续发酵。根据不同原料所需的发酵周期，可以通过控制秸秆层厚度实现发酵料液浓度在 6%～17% 的任意调节，显著提高发酵效率。

四是配套技术及其要点。

A. 进料

秸秆从堆场通过抓草车被输送到秸秆粉碎车间，通过粉碎机、输送带进入发酵罐顶部进料搅拌设备，与回流沼液混合接种，底部排渣。餐厨垃圾经预处理设备除杂除油后，被泵送到厌氧发酵罐。畜禽粪污进入混料池，与回流沼液混合，除砂除杂后被泵送到厌氧发酵罐。

B. 厌氧发酵

厌氧发酵器为圆柱体，由布料器、搅拌器、正负压保护器等组成。物料进入顶部进料布料器，均匀分布；随着连续（批次）进料和排渣，物料呈层状逐步下移到反应器底部，反应器底部设有粗分离器，使物料进行初步固液分离，发酵残渣（沼渣）进入排渣系统被排出；该反应器带有强化搅拌装置，可使发酵料均匀布料，提高排渣及物料与微生物之间的传热、传质效果。

图 6 - 60 为中海博能项目储气柜。

图 6 - 60　中海博能项目储气柜

C. 净化提纯

沼气经风机增压后，依次进入湿法粗脱硫塔、干式精脱硫塔脱硫，脱硫后的沼气再进入脱碳工序。净化后的沼气经 TSA 脱水，干燥后的气体为生物天然气。生物天然气甲烷含量能够达到 95% 以上，完全符合一类天然气国家标准。图 6-61 所示为中海博能项目沼气净化流程，图 6-62 所示为中海博能项目加气工作。

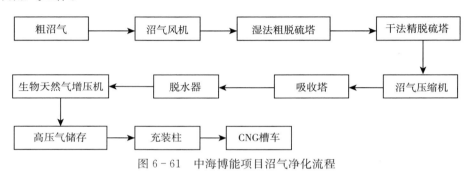

图 6-61 中海博能项目沼气净化流程

图 6-62 中海博能项目加气工作

②主要建设内容

中海博能项目建设内容包括建筑面积 2 500 m² 的综合办公楼 1 座，配套公用工程车间、上料车间和有机肥车间（图 6 - 63）等附属设施厂房，面积总计约 8 000m²，配套建设占地 80 亩的秸秆收储场地 4 座。额外新增建设 100t/d 的餐厨垃圾及改厕垃圾无害化处理系统 1 套，100m³ 的混料池 1 座，20 000m³ 的沼液池 1 座。关键设备包括单体池容 5 500 m³ 的厌氧发酵系统 4 套，容积 6 000 m³ 的双膜储气系统 1 套，沼气提纯压缩设备 1 套，CNG 充装系统 1 套，园区供气管网 1 项、移动瓶组 26 台（套）。

图 6 - 63 中海博能项目有机肥生产车间

③运行情况

一是工程原料消耗。以 2021 年计算，全年累计完成发酵原料投料 45 960t，其中农作物秸秆 9 857t、餐厨垃圾和畜禽粪污 36 103t。

二是产品规模。2021 年，工程沼气产量为 652 万 Nm³，提纯 CNG 量为 351 万 Nm³，沼渣量为 1.09 万 t。

三是工程能耗。2021 年，工程用电 343 万 kW·h，用电费用约 206 万元，人工费用 99.08 万元，维修及其他费用约 33 万元。

中海博能项目 2021 年度生产情况见表 6 - 8。

表 6 - 8 中海博能项目 2021 年度生产报表

时间	投料量（吨）		沼气量 （×10⁴Nm³）	CNG 量 （×10⁴Nm³）	沼渣量 （t）	电耗 （万元）	人工 （万元）	维修 （元）
	秸秆	餐厨（粪污）						
1 月	441	4 985	50.343 5	20.143	200	17.512 5	13.31	1 798

（续）

时间	投料量（吨）		沼气量 （×10⁴ Nm³）	CNG量 （×10⁴ Nm³）	沼渣量 （t）	电耗 （万元）	人工 （万元）	维修 （元）
	秸秆	餐厨（粪污）						
2 月	102	2 730	25.276 6	9.561	600	12.064 5	7.31	12 064
3 月	641	3 125	52.683 5	30.145	800	17.986 5	7.31	1 352
4 月	546	3 467	45.592 7	22.829	800	9.083 6	7.31	6 612
5 月	1 020	2 339	56.364 7	29.980	1 200	18.924 8	7.31	16 720
6 月	1 065	1 676	57.056	33.92	1 300	18.432 1	7.31	6 500
7 月	1 515	234	59.369	35.205	1 000	18.483 6	7.31	13 000
8 月	532	4 235	60.69	36.383	1 200	19.562 5	8.31	12 350
9 月	1 230	1 820	55.342 0	30.286	800	18.986 7	8.33	14 670
10 月	1 020	1 730	50.343 5	26.193	1 200	16.762 5	8.31	18 900
11 月	965	4 325	66.320 8	38.902	1 200	19.523 4	8.45	2 560
12 月	780	5 436	73.057 2	37.424	600	18.654 7	8.51	32 400
合计	9 857	36 103	652.439 5	350.974	10 900	205.977	99.08	138 926

④经济效益分析

一是项目投资及资金构成。项目总投资 9 143.52 万元，其中中央预算内投资 3 155 万元、自有资金 5 988.52 万元。分项资金：建筑工程费用 2 445.08 万元，仪器设备购置及安装费用 6 237.77 万元，工程建设及其他费用 458.67 万元。

二是收入及成本。生物天然气年销售收入为 982.37 万元。全年总支出 688.17 万元。中海博能项目 2021 年成本分析见表 6-9。

表 6-9　中海博能项目 2021 年成本分析

	项目	产量	单价（元）	收入（万元）	备注	
收入	CNG（万 m³）	350.974 2	2.8	982.73	价格在 2.6~3.2 元波动	
	沼渣（t）	10 900	0	0	有机肥未启动销售	
	政府补贴			55	秸秆补贴	
	小计			1 037.73		
	项目	数量	单价（元）	合计（万元）	折合（元/m³）	备注
成本	秸秆（t）	9 857	230	350	1	
	电/（kW·h）	343.295 7	0.6	205.977 4	0.59	阶梯电价
	人工（年薪）	16	6.192 5	99.08	0.28	
	其他			33.109 4	0.1	
	小计			688.166 8	1.97	
利润				349.563 2 万元		

三是利润分析。在不考虑折旧费用、有机肥销售收入的情况下，年利润为349.563 2万元。在补贴或者政府委托处理模式下，仅靠售气收入只能维持公司正常运转。

（3）商业模式

①模式基本内容

模式名称：河南中海博能城乡废弃物循环利用模式。

模式内涵：中海博能项目通过对区域内畜禽粪污、农作物秸秆、城市厨余垃圾、改厕污水等进行收集，实现第三方专业化、市场化的集中处理，在解决农业农村废弃物污染问题的同时，生产生物天然气和有机肥，实现资源的循环利用。

②运行机制分析

一是厌氧核心技术。中海博能项目采用秸秆层作为其他原料厌氧发酵的载体进行混合发酵，对不同发酵周期的原料在厌氧罐内停留的时间进行合理调节，同时拓展了原料来源，提高了池容产气率 $[1.8m^3/(m^3 \cdot d)]$。提纯设备因为规模选型问题（1.2万 m^3/d）而无法增容，因而限制了产能。

二是提纯核心技术。采用高压水洗改进型提纯设施，利用有机溶剂作为脱碳介质，性能稳定，脱碳效率较高压水洗提高了2.6倍，提纯成本下降了30%，取得了良好效果。

三是主导产品利用。在生物天然气的利用上，采用工业用户点供服务模式，对公司附近的5家用气企业采用管网输送，较远的3家工业用户采用CNG运输，生物天然气销售供不应求。但在有机肥销售方面，还需要探索生产肥料种类和拓展销售渠道。

四是能落实的配套政策。目前中海博能项目所在地政府打破了燃气专营权垄断，生物天然气销售状况良好。税务方面，给予增值税即征即退政策，减轻了企业负担。其他补贴方面，通过申报秸秆综合利用项目，争取到100元/t的秸秆补贴资金。

③推广应用情况

中海博能生物质能源开发有限公司是自投自运维企业，目前已经投资了河南、河北的两个生物天然气示范项目，分别占地95亩、60亩，均已投产运行，能够实现收支平衡，对当地的社会、生态环境和经济协调发展起到积极作用。

④可借鉴的经验

一是原料收储方面。在当地招聘秸秆经纪人，将自有秸秆收集设备按台（套）分配给个人或组织，以每吨秸秆270元为标准，按照运抵秸秆收储点包数结算单包价格。

二是充分利用自有设备。组织人员、招募农机操作手，租赁部分农机设备，采取自主收集模式，提前1个月联系收集地块，并以乡、镇、村为单位，做好沟通工作，规划进场路线和运输路线，落实打包后的临时存放地点。

三是工艺方面。主要是支持多原料混合发酵的厌氧系统和有机溶剂物理脱碳装置，该装置较同类装置降低了单位生产成本，装置运行连续可靠。

（4）推广条件

①适用区域

适用中海博能项目的有养殖大县、农业大县及食品加工聚集区生物天然气缺乏和有机肥需求量较大的区域。适宜规模在 20 000m³/d 以上（生物天然气）。

②配套要求

建设用地应在 60 亩以上，适宜协同处理餐厨垃圾、污泥等政府付费项目。

6.3.2 湖北绿鑫生态科技有限公司日产 1.5 万 m³ 规模化生物天然气产业融合发展示范项目

（1）项目基本情况

①项目建设背景及资源情况

2011 年，为贯彻落实《国务院办公厅关于加快推进农作物秸秆综合利用的意见》（国办发〔2008〕105 号）文件精神，加快推进农作物秸秆综合利用，指导各地秸秆规划实施，力争到 2015 年秸秆综合利用率达到 80% 以上，国家发展和改革委员会、农业部、财政部在各地报送"十二五"秸秆综合利用规划的基础上，制定《"十二五"农作物秸秆综合利用实施方案》。为贯彻落实中央关于建设生态文明、做好"三农"工作的总体部署，适应农业生产方式、农村居住方式、农民用能方式的变化对农村沼气发展的新要求，出台《2015 年农村沼气工程转型升级工作方案》，积极发展规模化大型沼气工程，开展规模化生物天然气工程建设试点，推动农村沼气工程向规模化、综合利用、科学管理、效益拉动的方向转型升级。2016 年，湖北绿鑫生态科技有限公司日产 1.5 万 m³ 规模化生物天然气产业融合发展示范项目（简称绿鑫生物天然气项目）得到国家发展和改革委员会与农业部联合批复，是全国 64 个试点中唯一采用"混合原料高温高负荷多级连续"发酵工艺的项目。项目辐射周边 15km 区域，覆盖 28 个村庄、4 个社区街道、耕地面积 18 万亩、山林面积 30 万亩。

②项目建设时间、地点和规模

建设时间：2016—2020 年（分 3 个阶段）。

建设地点：湖北省宜城市流水镇落花潭社区。

建设规模：年处理农作物秸秆、畜禽粪污、餐厨余料、有机生活垃圾等各类有机废弃物5.6万t，装机容量1 500kW，年产生物天然气500万m³，年产有机肥3万t。

③运营单位基本情况

湖北绿鑫生态科技有限公司成立于2013年6月8日，注册资本2 907.87万元，是一家中德合作的有机废弃物资源化领域领军企业，集节能环保、新能源、生物质能装备制造和生物有机肥生产销售于一体，是深耕有机废弃物资源化零碳循环发展产业的高新技术企业。业务涵盖有机废弃物资源化，生物天然气、电能、生物质能高端装备制造，规模化生物天然气项目设计施工及运营管理，高品质有机肥及基质产品的生产与销售，土壤改良服务等多方面。湖北省省级产业引导基金多轮股权投资所得，增强了企业软硬实力，让绿鑫模式在省内外多地进行复制，为国家生物天然气产业的发展和"双碳"目标的实现作出了积极贡献。

（2）项目概况

①项目技术路线

绿鑫生物天然气项目采用以"预处理＋高浓度混合原料连续多级厌氧处理＋沼气提纯制生物天然气＋沼气热电联产＋电能上网＋余热回收利用＋沼渣沼液深加工制有机肥"为核心的处理技术。项目技术流程如图6-64所示。

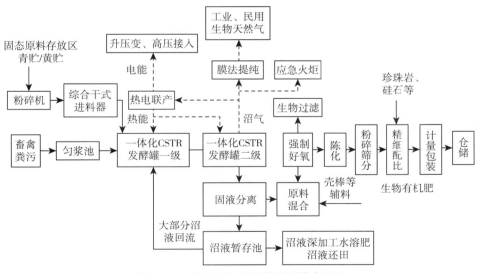

图6-64　绿鑫生物天然气项目技术流程

绿鑫生物天然气项目的流程包括秸秆预处理、粪污预处理、一级沼气发酵、二级沼气发酵、发酵残余物固液分离、发酵液回流、沼气发电、上网系统、热电联产机组余热回收利用、沼气提纯制生物天然气（膜法）、生物天然气入管网、生物天然气压缩和充装站、固态液态沼肥深加工以及智能监控系统等部分。

一是原料收运储。绿鑫生物天然气项目以黄贮秸秆为主要原料，以畜禽粪污、果蔬垃圾、淀粉渣、食品加工废弃物为辅料，不定期与秸秆进行混合发酵。

A. 秸秆原料

绿鑫生物天然气项目秸秆原料主要包括玉米秸秆和水稻秸秆。项目联合当地规模化水稻生产企业，采用"农保姆"的形式对水稻秸秆进行全程跟踪收集。项目实施单位组织专门的运输队伍负责秸秆的收集和运送。秸秆粉碎后采用黄贮的方式压实并密封储存。

B. 畜禽粪便

项目方与多家规模化养殖企业签订畜禽粪污处理协议。全程采取密闭车进行收运，固态的送入干粪池储存，液态的送入匀浆池储存。这样的收储模式不仅能有效避免在粪污收集过程中造成的禽畜病菌交叉感染，还能有效防止在畜禽粪污转运过程中以及在项目基地存储时因产生异味而污染空气。

二是厌氧消化工艺及核心设备。

A. 厌氧发酵反应器

绿鑫生物天然气项目采用混合原料干式与半干式连续多级厌氧发酵工艺，整体项目采用 3 个独立模块，每个模块包括两级全混式厌氧反应器，3 个模块并联运行。一级反应器进料平均含固率超过 35%，属于干式发酵，罐内混匀后含固率可达 18% 左右；二级反应器为半干式，通过特别定制高通过型螺杆泵从一级将物料输送至二级。此工艺可有效提高单位池容的生产效率，合理延长原料发酵停留时间，保障整个沼气工程稳定生产。

厌氧反应器采用半地下式的钢砼方案，其中 5m 在正负零以下，3m 在正负零以上，不仅能取得良好的保温效果，还保证了固态原料相对较低的进料扬程。厌氧反应器采用环氧树脂类涂料进行防腐。每个主反应器均包括固态和液态原料进料系统、储气装置、保护储气膜、联合搅拌装置、气体负压报警及过压保护、自动温控模块、被动式保温、主动式加热、自洁功能观察窗、生物原位脱硫、检修及维护保护保养通道、液面高度监控系统、紧急物料导出接口。二级反应器同样装备了上述功能模块（除固态原料进料系统外）。预处理后的物料经过主反应器深度发酵后再进入二次反应器进一步反应。

绿鑫生物天然气项目厌氧反应器实景如图 6-65 所示。

图 6-65　绿鑫生物天然气项目厌氧反应器实景

B. 进出料方式

绿鑫生物天然气项目采用固态原料与液态原料独立进料系统，突破目前大部分项目将秸秆粉碎后混合在粪污中泵入反应器的进料模式，引进的固态原料进料器具有自动定量、定时进料的功能，固体原料每天被分 4～5 次加入进料仓，由底部液压式推进系统每 30min 进料一次，实现全天 48 次连续均匀进料。干式综合进料器配有带绞刀的抓料混匀装置，可对秸秆进行进一步破碎，大大降低了进料泵缠死及磨损的风险，大幅度提高了进料效率，能实现全自动进料，降低人力资源成本。

视含固率的情况，将回收的干畜禽粪便、畜禽粪尿分别通过固态原料单元及液态原料单元送入反应器。匀浆池内混合粪污经由螺杆泵进入厌氧罐进行厌氧发酵。液态进料装置设置检修口，当有较大的难破碎的物料进入进料系统时，可通过检修口取出，不影响系统其他部分运行。绿鑫生物天然气项目干式进料器如图 6-66 所示。

C. 搅拌方式

绿鑫生物天然气项目采用平插式大型桨式搅拌器，采用三级行星齿轮变速器间歇工作，搅拌与进料交错进行。搅拌器分别安装在反应器不同位置，设计不同高度，能实现轴向径向推动搅拌，保证反应器内原料在周向、径向及高度方向的充分混合，使罐内新旧料液形成上下环流的流态，搅拌强度大，罐内无死角。此设计使得产甲烷菌均匀分布在整个体系中，提高了发酵效率，同时防止了漂浮层的出现和结壳现象。

另外，通过中控系统可轻松调节发酵罐内的搅拌器的方向和高度，及时处

图 6-66 绿鑫生物天然气项目干式进料器

理结壳或浮块。系统维护时无须关闭，可最大限度地保证运行时间和运行效率。此类搅拌器可有效保证厌氧装置内搅拌均匀、无死角和大量残渣，因此无须特意在厌氧罐底部设计出渣口，且一般浮渣可通过厌氧泵房内的螺杆泵随发酵完物料泵出。

绿鑫生物天然气项目大型桨式搅拌器如图 6-67 所示。

图 6-67 绿鑫生物天然气项目大型桨式搅拌器

D. 保温措施及保温效率

高温厌氧发酵反应需要在厌氧系统温度维持在 50～53℃（温度波动不能超过 2℃）时进行，需要对系统进行加热和保温，并尽量减少热量散失，绿鑫生物天然气项目采用半地下的钢砼结构厌氧消化罐，利用土壤层的保温作用，降低运行能耗和成本，尤其是在冬季寒冷时候，能有效保证厌氧产气效率。

项目采用综合式的厌氧发酵保温方式，即主动式的罐体内加热及被动式的罐体外保温相结合的方式，在发酵罐罐体内侧设置加热盘管，利用热电联产机组和沼气提纯机组的余热，结合外侧设置保温材料（挤塑板），补充由于巨大罐体和长时间停留而造成的热量散失，可有效避免单独使用某一种加热方式带来的不利影响，满足高温厌氧消化所需的温度条件。

E. 生物原位脱硫

绿鑫生物天然气项目采用生物原位脱硫方法。反应器顶部建设木质生物脱硫床，曝气系统通过向脱硫床鼓入微量空气来为脱硫菌提供氧气，同时发酵塔内高温潮湿环境也适宜脱硫菌的生长。硫化氢与脱硫菌、水中溶解氧接触并充分反应，最后生成单质硫和水，该工艺脱硫效率高，硫化氢去除率高达98.5%，与其他脱硫技术相比，运行成本低、安全性好，可以无人值守。经生物脱硫后的沼气硫化氢含量可降至 50mg/kg 以下，达到"粗脱"的效果。沼气在进入发电机和沼气提纯天然气系统之前，还会采用活性炭脱硫罐进一步脱硫至 20mg/kg 以下，以延长设备的使用寿命。

F. 一体化储气柜

绿鑫生物天然气项目在厌氧罐顶部安装柔性单膜结构储气柜，而不另外单独设储气柜。且相邻储气柜之间可用管道连通，用于平衡压力、维持系统稳定，同时能最大化利用储气空间。储气系统采用发酵塔顶端储气系统，和发酵塔组成一体式结构，可最大化节省空间。储气膜配备过压-低压保护装置 Bioguard® Ⅱ。此保护装置采用全不锈钢设计，并采用隔热保温处理。

一体化发酵罐顶端储气膜如图 6-68 所示。

三是沼气净化及应用。绿鑫生物天然气项目部分沼气被用于热电联产机组进行发电，另一部分沼气被用于提纯制取天然气。

A. 热电联产

沼气脱硫后通过两套热电联产机组生产热能和电能，综合能源利用效率高达85%，运行稳定，故障率低，具有年有效运转时间 8 000h 的可靠性，可实现远程控制。产生的电能一小部分被用于自用电，其余全部被并入国家电网。产生的热能主要用于厌氧反应器加热保温。项目充分利用发电机组排气余热，在发电机组烟道出口处加装一套烟气换热器，以机组排气的热量为能源加热水，将产生的热水用于生产。

图 6-69 为绿鑫生物天然气项目沼气热电联产机组之一（637kW）。

B. 提纯制取天然气

绿鑫生物天然气项目配置 1 套膜分离提纯系统，使二氧化碳浓度低于3%，产品气经压缩后做成 CNG 供车辆用或者不经压缩做成 BNG 注入当地华

图 6-68　发酵罐顶端储气膜

图 6-69　绿鑫生物天然气项目沼气热电联产机组之一

润燃气管网出售。处理后的产品气体符合《车用压缩天然气》（GB 18047—2017）中的技术指标。

沼气提纯系统如图 6-70 所示。

图 6-70　绿鑫生物天然气项目沼气提纯系统

四是沼渣、沼液处理及应用。对绿鑫生物天然气项目中发酵罐排出的沼渣、沼液进行固液分离，沼液大部分回流到主反应器。沼渣被进一步加工成生物有机肥或基质土销售。

绿鑫生物天然气项目主要工艺流程如图 6-71 所示。

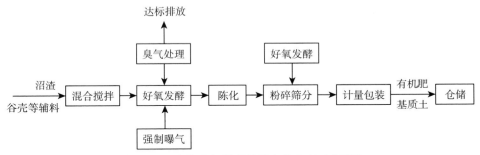

图 6-71　生物有机肥或基质土的生产工艺流程

A. 固液分离系统

经过两级厌氧反应器的反应后，发酵液通过出料螺杆泵被输送至固液分离设备，进行干湿分离，得到含固率最高 30% 的沼渣和含固率 1%~5% 的沼液。固液分离机采用缓存罐式设计，气动加电动螺旋挤压，通过调节出口的气缸压力可控制出渣水分，且自动加注润滑油，能耗低、效率高，单台设备最高处理发酵液量可达 15m³/h。沼液直接利用重力自流至沼液暂存池，沼渣经装载机被转运至沼渣暂存区。

绿鑫生物天然气项目固液分离设备如图 6-72 所示。

图 6-72　绿鑫生物天然气项目固液分离设备

B. 有机肥生产系统

将沼渣与辅料混合后，运至车库式强制好氧发酵箱（绿鑫生态科技有限公司专利）进行发酵。好氧发酵箱为全封闭结构，底部安装有曝气系统，通过鼓风机强制通风供给氧气，避免堆肥过程中形成厌氧环境，同时挥发水分。工艺控制中根据堆肥物料的温度、箱内空气的氧含量、堆肥时间等参数的变化，由智能控制柜调节鼓风机的通风量和改变新风阀、排风阀的开闭状态。经过一个7~9d 的堆肥周期后，出仓进入陈化区，进行周期性翻抛陈化。好氧堆肥产生的臭气通过堆肥箱尾气除臭生物过滤器（绿鑫生态科技有限公司专利）进行处理，处理后基本无臭味，达到排放标准。该过滤器采用可降解的过滤材料，可100%回收利用，节能环保，不需要添加剂，实现了真正的100%生态型过滤。车库式强制好氧发酵箱如图 6-73 所示。

图 6-73　绿鑫生物天然气项目车库式强制好氧发酵箱

　　陈化区采用静态槽式陈化工艺，配合自走式翻抛机，陈化周期为15～20d，其间含水率降到35%以下。堆肥的温度逐渐下降，稳定在40℃时，堆肥腐熟完成，形成腐殖质。发酵物料从陈化区出来后，根据生产需求配料制成不同产品。

　　绿鑫生物天然气项目好氧堆肥后翻抛陈化区如图6-74所示。

图6-74　绿鑫生物天然气项目好氧堆肥后翻抛陈化区

　　五是智能监控系统。项目采用国际先进的物联网深度管控系统，高度自动化、智能化和集成化，实现在线监测和运营操作，减少人力资源投入，保证运行的稳定性。全厂采用远程控制与就地控制相结合的控制方式。自动化控制系统实现了对厌氧发酵系统生产过程的工艺参数、电气参数和设备运行状态进行监测、控制、连锁和报警以及报表打印，通过使用一系列通信链完成整个工艺流程所必需的数据采集、数据通信、顺序控制、时间控制、回路调节及上位监视和管理。10kV升压基站与物联网管控系统如图6-75所示。

　　②主要建设内容

　　一是预处理单元。254m³的匀浆池1座。

　　青贮存储区5 814m³ 厌氧单元：6座全混式厌氧一体化反应器，共17 184m³。

　　净化提纯单元：脱硫设备1套，脱碳设备1套，罐装设备1套。

　　二是热电联产单元。热电联产机组2组。

　　三是沼渣、沼液利用单元。沼渣、沼液高效固液分离机，沼液回流系统，有机肥、基质土加工生产系统。

　　四是其他单元。生物燃气压缩输送系统、电力并网接入系统、加热保温系统、消防系统、自控系统及智能监控系统等。

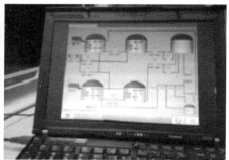

图 6-75　10kV升压基站与物联网管控系统

绿鑫生物天然气项目建设实景如图 6-76 所示。

图 6-76　绿鑫生物天然气项目建设实景

③运行情况

绿鑫生物天然气项目采用双系统运行，优先保障日产 1.5 万 m³ 生物天然气提纯设备和 1 台 800kW 热电联产发电机组满负荷生产，额外配备 1 台 637kW 的热电联产发电机组调峰发电，根据生产需求再做调整。

经计算，项目年产 1 225 万 m^3 沼气，折合 637 万 m^3 生物甲烷，实现年节约 8 575t 标准煤（按照每立方米沼气完全燃烧后能产生 0.7kg 标煤提供的热量换算）。绿鑫生态科技有限公司在有机废弃物综合治理的过程中减少了秸秆还田、粪污自然发酵等过程中所产生的二氧化碳、甲烷、氮氧化物等温室气体，大幅度实现了碳减排；通过有机废弃物能源化产生清洁能源沼气（主要成分是二氧化碳与甲烷），也可以进一步脱碳提纯为生物天然气（甲烷），在对有机废弃物进行厌氧制沼气的过程中实现了碳捕捉；产生的清洁绿色燃气可以替代传统化石能源的消耗、减少化石能源消耗产生的碳排放；在施用有机肥料改良土壤的过程中，将碳以有机质的形式储存于土壤，在替代化肥行动中可实现 30% 以上的化肥减量化，减少化肥原料开采、生产、运输和施用所产生的碳排放。2018 年以来，绿鑫生态科技有限公司已持续完成 3.5 万亩土壤改良项目，一方面增加了项目收益，另一方面实现了将碳以有机质的形式封存于土壤，生态效益显著。经核算，项目每年可综合减少温室气体排放量为 2.4 万 t 二氧化碳当量。

④经济效益分析

绿鑫生物天然气项目总投资 1.05 亿元，中央预算内投资 3 750 万元，省级配套资金 140 万元，自筹资金 6 610 万元。项目占地 100 亩（含沼液存放池）。项目竣工后，满负荷可实现日产沼气 35 000 m^3，年产沼气约 1 225 万 m^3（折合生物甲烷量约 637 万 m^3）。采用沼气发电与提纯生物天然气相结合的能源利用方式，每年供电 640～1 150 万 kW·h，提纯生物天然气 500 万 m^3。同时，每年生产 3 万 t 有机肥。

可实现年销售收入 4 000 万元，其中发电收入 400 万元［单价 0.597元/（kW·h）］，生物天然气收入 1 350 万元（单价 2.7 元/m^3），有机废弃物处理费收入 100 万元，有机肥、基质、水溶肥收入 2 150 万元。年总成本费用 3 100 万元，其中运行成本 2 500 万元（不含折旧费），年折旧费 600 万元，预计可实现年利润 900 万元。

运营成本：原辅料 1 545 万元（含有机肥生产相关原料和辅料），人工费用 200 万元，燃料动力费用 325 万元，包装费及其他成本 180 万元，维修保养费用 50 万元，管理费用、销售费用、财务费用 200 万元。

（3）商业模式

①模式基本内容

模式名称：绿鑫模式。

定义：作为有机废弃物能源化及肥料化领域综合服务商，致力于高性能沼

气工程解决方案。

②运行机制分析

一直以来，中国绝大多数有机废弃物资源化利用项目经济效益较差，成为有机废弃物处置的瓶颈。其主要原因是有机废弃物原料比较单一、成本高，沼气产量低，后端产品价值不高，运营维护成本高等。项目模式结合实际情况，以高温高负荷混合原料多级厌氧发酵技术见长，突破农作物秸秆、畜禽粪污、有机生活垃圾、餐厨余料等各类有机废弃物协同处理的难点，确定"先能源化再肥料化，高值化利用"的工艺路径，将农业有机废弃物、禽畜粪污等通过"混合原料半干式高温厌氧发酵"高效制备沼气，进一步通过沼气热电联产及提纯生物天然气的方式实现沼气的增值利用；后端经深度厌氧的沼渣通过功能性配比和添加制得各种高品质有机肥料、基质产品，最大限度地实现了无害化、生态化和资源化利用。"吃得更杂，产得更多"，通过技术手段保障资源化利用项目高效持续运营。

依托项目平台，已成功布局整个有机废弃物资源化利用的上下游产业链。上游通过全资子公司湖北绿鑫生物质能装备有限公司联合德国合作伙伴开展二次研发，实现了该领域高端专用装备的标准化和本土化生产，降低了该类项目的单位投资强度，同时提高了项目的供货效率，缩短了建设周期。开发出一套基于云计算的物联网控制系统，能够实现云端实时分析，反哺运营数据，智慧高效运营，不受地域限制，无须人员值守，沼气工程智能运维。下游联合湖北产业技术创新与育成中心和德国合作伙伴共同开展技术成果转化，建立健全了一套快速强制好氧堆肥的标准化工艺，目的在于大幅提升副产品沼渣的价值，建立有机肥和基质产品生产的新标准。目前公司自营项目所生产的有机肥料和基质产品畅销湖北省及外省市场，并多次中标政府的土壤改良服务。

主导产品为电能、生物天然气、有机肥、高端生物质能装备等。

电能增值税实行即征即退政策《财政部　国家税务总局关于印发〈资源综合利用产品和劳务增值税优惠目录〉的通知》（财税〔2015〕78号）、《关于完善资源综合利用增值税政策的公告》最新政策（财税〔2021〕40号）；有机肥产品免征增值税（财税〔2008〕56号）〕；企业所得税"三免三减半"（《中华人民共和国企业所得税法实施条例》第八十八条）；《有机肥产品免征增值税的通知》。

项目运行享受秸秆和人畜粪便收储特许经营权及生物燃气入户特许经营权等政策。项目建设土地流转获得部分资金补助与扶持。对于秸秆的利用，享受政府每年针对秸秆综合利用的补贴，能源化利用输出电能，享受一定的电价补贴。

③推广应用情况

绿鑫生物天然气项目年处理各类有机废弃物5.6万t，调峰发电机组装机容量 1 500 kW、日产生物天然气 15 000 m³、生物有机肥 100 t。项目建成投产以来稳定运行，同时，项目服务于 5 万亩的农田提档升级，每年可带动项目区及周边农户增收 430 万元以上，带动当地农业增效 2 000 万元以上，直接增加当地税收 247 万元，综合碳减排约 5 万 t，生产的生物燃气每年可代替标准煤 8 075 t，实现了社会效益、经济效益和生态效益协调统一。

本土化低成本装备、物联网自动化管控、标准化的工艺流程，以及成熟可靠的运营经验，使得绿鑫模式在湖北省内外迅速推广复制，在湖北宜城市、老河口市、当阳市、江苏涟水县等多个市、县新建有机废弃物资源化项目和综合智慧能源项目。

④可借鉴的经验

坚定创新引领发展的理念。项目的开建运营需要政府扶持与补贴，但是项目可持续运行与发展更需要加强项目自身的造血能力。以前沿项目课题为导向、以企业技术团队为抓手，不断加强科技攻关，整合产业链上下游，探索产业链创新链的深度融合，强链补链延链，降低经营成本，提高项目收益。混合原料高温高负荷发酵工艺、本土化低成本装备、物联网自动化管控、标准化的工艺流程，以及成熟可靠的运营经验，让绿鑫模式日趋成熟、受到市场及资本青睐。

（4）推广条件

①适用区域

具有大量农业有机废弃物资源化、无害化、生态化处理需求、农业产业融合、绿色种养循环发展需求的农业地区。家庭农场、设施农业、大中小型养殖场及规模化生物天然气项目所在区域。

②配套要求

厂址选择必须满足工艺、消防、卫生防疫等防护距离的要求，并依据项目所处地理位置及地质水文条件，确定与相邻居住区的防护距离及区域关系。生产过程中物料的运入运出量与厂址所具备交通环境紧密相关。

如果原料收运或者储存方式不当，会直接导致项目无法正常运行，从而产生企业经营风险。设计项目方案时，应充分考虑原料收运的风险。秸秆的收储模式多样化，以农机服务合作社为主导，锁定周边秸秆资源，同时与较近的玉米脱粒场、花生脱粒场、秸秆收储点合作，多渠道获取秸秆资源，风险较小。

项目具有良好的社会效益与经济效益。此类公益性项目，虽然靠资源化处理能回收部分投资，但投资额较大，产业链长，项目运营经费要求高，如果能得到政府的资金支持可以帮助企业更好地完成项目的实施，早日发挥其积极效益和示范作用。

6.3.3 益阳市资阳区嘉兴牧业大型沼气综合利用项目

（1）项目基本情况

①项目建设背景及资源情况

益阳市资阳区地处湘中偏北、资水尾闾、洞庭湖畔，总面积 736km²，43 万人。辖 7 个乡（镇、街道）、88 个行政村。资阳区物产丰富，有"鱼米之乡""花卉苗木之乡"的美称，是"全国粮食生产先进县（区）""全国蔬菜区域基地县（区）""全国生猪调出大县""全国绿化模范县（区）""环洞庭湖国家优质农产品生产基地"。年生猪饲养量 82.01 万头，是全国生猪调出大县，全区禽类饲养量 575 万羽，位于全省领先地位，蔬菜常年播种面积 27 万亩，产量为 66 万 t。养殖业的排污问题曾是困扰企业发展和环境治理的难题，种植业的化肥、农药等化学品的投入问题也曾是蔬菜发展的瓶颈。

为了养殖业和蔬菜业的可持续发展，面对两大产业发展的难点和瓶颈，资阳区制订了大型沼气工程建设"立足于养殖企业、服务于果菜产业"的原则，按照"猪—沼—菜"循环模式，大力发展生态循环农业。近年来，通过申请国家和上级资金，资阳区各养殖企业已建成大型沼气工程 5 处、中型沼气工程 270 处、小型沼气工程 1.6 万处，"三沼"资源丰富。

②项目建设时间、地点和规模

益阳市资阳区嘉兴牧业大型沼气综合利用项目（简称嘉兴牧业沼气综合利用项目）是 2016 年湖南省发展和改革委员会、湖南省农业委员会立项批复的生猪养殖大型沼气工程。沼气综合利用工程总投资 428 万元，其中中央投资 150 万元，地方配套资金 64 万元，企业自筹资金 214 万元。沼气综合利用工程选址益阳市资阳区迎风桥镇迎风桥村嘉兴牧业养猪场，建设 1 000m³ 大型沼气工程。至 2018 年 3 月上旬，除按项目要求留存 5% 的质保金外，资金已全额投入到位，2018 年 8 月下旬，通过市区两级初验合格，投入试运行至今。

③运营单位基本情况

益阳市嘉兴生态牧业有限公司，负责人钟鹏飞，投入资金 800 万元，建设了存栏 5 000 头的生猪养殖场。

（2）项目概况

①技术路线

沼气综合利用工程包括原料（废水等）的收集、原料的预处理、厌氧消化、厌氧消化液的后处理、沼气的净化、储存和输配以及利用等环节。具体而言，通过养殖场各猪舍排污沟流至前处理池，然后通过气浮机进行干湿分离，再通过沉砂池输送到发酵池，发酵后将气体送入储气柜，同时将废水通过脱硫塔、脱水塔对废水进行处理。沼气通过发电机组进行发电。

②主要建设内容

沼气综合利用工程建设 1 000m³ 的主体发酵池 2 座，储气柜 1 座（200m³），沉砂池、前处理池 80m³，沼渣沼液池 1 000m³，操作室 1 栋（60m²）。安装脱硫塔 1 个、脱水塔 1 个，进料管道及输气管道等，主体工程、储气柜、水封池、管道等进行了 10kPa 压力的试水试压，保证不漏水、不漏气（图 6 - 77）。

图 6 - 77　沼气综合利用项目

③运行情况

沼气发电是指以沼气作为燃料产生动力来驱动发电机产生电能的发电方式，是沼气大型化利用的主要技术之一，中国农村以 3～10kW 的沼气机和沼气发电机组为主，而酒厂、糖厂、畜牧场、污水处理厂的大中型环保能源工程以 50～600kW 的沼气发电机组为主。沼气综合利用工程年原料消耗量 246 375t，每天能处理污水 15t、粪污 8t。日发电 600kW，年生产有机肥 2 000t。

④经济效益分析

沼气综合利用工程总投资 428 万元，其中中央投资 150 万元、地方配套资金 64 万元、企业自筹资金 214 万元。由于养殖场负责人懂设备维修，运营维护成本主要是人工工资，由养殖场工人兼职。年销售额 1 250 万元，净利润 310 万元。

（3）商业模式

①模式基本内容

沼气综合利用工程生产出来的电主要供养殖场使用，没有进行商业利用，生产出来的有机肥主要供周边农户免费使用。

②运行机制分析

沼气综合利用工程是以沼气为燃料产生动力来驱动发电机产生电能的发电方式，主要有 2 台 60kW 的沼气发电机组。沼气甲烷含量为 60%±5%，沼气发电量一般为 1.8（kW·h）/Nm³，发电效率为 32%。发电对沼气中甲烷浓度、洁净度、进气压力、压力波动率、温度数据要求较高，但在选择沼气发电机组时，也应该综合考虑产出沼气质量，合理选择发电机组，以免盲目相信进口而导致本土沼气发电工程水土不服。

③推广应用情况

沼气综合利用工程主要解决了养殖场畜禽粪污污染问题。畜禽粪污等有机废弃物的资源利用，实现了种养循环、农牧结合，减轻了规模化养殖带来的农业面源污染，使农业生产条件得到改善。利用畜禽粪污生产有机肥能有效解决畜禽粪污污染问题，提高种植业生产效率。该项目大大改善了农业生产条件，提高了劳动效率，实现了节本省工、增产增效。同时，推动了资阳区生态循环农业的发展，利用沼肥作农田肥料，温室蔬菜化肥、农药的使用量减少了50%以上，促进了无公害蔬菜的生产，提高了土壤质量，减轻了农业面源污染，促进了水土资源的合理利用和生态环境的良性循环，促进了绿色无公害农产品的发展。该工程直接经济效益为每年 10 万元以上，间接模式经济效益为每年 110 万元。

④可借鉴的经验

一是创新改进了加热增温设施。目前大型沼气工程设计的保温措施一般是利用保温材料进行外处理来维持罐内的温度，该大型沼气工程在外处理保温的基础上增加了沼气燃烧锅炉进行加热增温，清洁环保。在冬季−10℃的条件下仍有充足的沼气用于锅炉燃烧和发电，实现了大型沼气工程常年运行。冬季是沼肥施用的旺季，温室蔬菜施用沼肥能增加土壤微生物，有利于提升地温，可以养根护根、提高根系吸收能力。大型沼气工程的运行确保了冬季沼气和沼肥的供给。

二是沼气产业与养殖企业互补效应明显。该项目位于年出栏生猪 5 000 头的规模化养殖企业内，年排放养殖粪污近 1 万 t，大型沼气工程不仅破解了长期困扰企业的环境污染问题，还以可靠的原料供给确保了沼气工程的正常运行。

三是实现沼气产业与果菜产业双赢发展。建设该沼气工程的养殖企业立足于服务果菜生产基地，为果菜种植农户提供"三免"服务（即免费输送沼液、免费技术指导、免费建设沼液储存池等）。对距离沼气综合利用工程2 000m以内的670亩果菜生产基地、建设沼气工程的养殖企业与果园基地（农户）签订沼肥供应合同，免费为果园基地供给有机肥，运输费用由果园基地自行负责。建设沼气工程的养殖企业还定期举办培训会，聘请农业专家讲解沼肥使用技术，并在果菜基地建设一定数量的沼液存储池（一般5~10m³），以方便农户施用沼液。通过一系列完善的设施建设和服务措施及时消纳沼肥，避免了二次污染。

四是"三沼"服务设施同步建设。为养殖企业解决温室水肥一体化设施和人工智能化设备施用沼液面临的新问题，除大型沼气工程实施方案批复的建设内容外，同步配备了容积为6m³的沼液运输车和沼液沼渣分离机，拓宽了沼肥利用途径，有效促进了沼肥综合利用技术的推广普及。

（4）推广条件

①适用区域

沼气综合利用工程在畜禽养殖场所都可以推广，不受区域限制，对地理、气候等自然环境没有明显要求，只需保障每天所需要的原料，即有充足的粪污。生产的产品能自身消纳，也可以供周边农户用电、施用有机肥等。

②配套要求

嘉兴牧业养殖场总占地面积约30亩，沼气综合利用工程占地约5亩，该工程建成后要定期检查沼气管路系统及设备的严密性，如发现泄漏，应迅速停气修复。检修完毕的管路系统或存储设备，重新使用时必须进行气密性试验，合格后方可使用。沼气主管路上部不应设建筑物或堆放障碍物，不能通过重型卡车。沼气设备储存需放空时，应间断释放，严禁将储存的沼气一次性排入大气。放空时应认真选择天气，在可能产生雷雨或闪电的天气条件下严禁放空，应注意下风向有无明火或热源（如烟囱）。沼气站内必须配备消火栓、若干灭火器及消防警示牌，并定期检查消防设施和器材，保证其能正常使用。应制定火警、易燃及有害气体泄漏、爆炸、自然灾害等意外事件的紧急应变程序。

③推广要求

大型沼气工程在农村经济发展的过程中具有不可替代的积极作用，但推广过程中要坚持"立足于养殖企业、服务于果菜产业"的原则，否则规模化大型沼气工程的原料供应和沼气工程产生的沼肥消纳就没有保障；坚持国家财政或地方财政扶持发展的原则，否则规模化大型沼气工程难以持久运行。

6.4 西南地区

6.4.1 茅台生态循环经济产业示范园生物天然气及生物有机肥项目

(1) 项目基本情况

①项目建设背景及资源情况

根据贵州省人民政府和中国节能环保集团公司 2014 年 3 月签订的战略合作协议，中国节能环保集团公司对仁怀等地的酒糟进行无害化处理与资源循环利用，加快解决赤水河流域酒厂污染问题。2014 年，经过认真调研考察后，中国节能绿碳（遵义）环保有限公司与贵州茅台酒厂（集团）循环经济产业投资开发有限公司合作，建设以酒糟综合利用为核心的茅台生态循环经济产业示范园生物天然气及生物有机肥项目（简称茅台生物天然气及有机肥项目），项目总投资 4 亿元，项目占地 126 亩，其中生物天然气项目报批总投资 19 353 万元。2014 年成功入选 APEC（亚太经济合作组织）低碳城镇优秀规划项目，并已被列入科技部科技支撑计划项目，2015 年成为第一批国家规模化生物天然气试点项目示范工程，获得中央预算内补贴 5 000 万元用于项目建设，也是第一批 22 个项目中唯一一个以酒糟为主要原料的项目，成功入选贵州省"百千万"工程，作为 100 个省级重点工业项目之一推进实施。

②项目建设时间、地点和规模

2015 年 5 月，茅台生物天然气及有机肥项目正式开始施工建设，位于贵州省遵义市播州区茅台循环经济产业园内，企业规模设计年处理茅台酒糟 10 万 t，生产生物天然气 1 178 万 m³。建设内容包括原料储存单元、预处理单元、厌氧发酵单元、沼气净化及 CNG 压缩单元、沼气锅炉房、消防水站、地面火炬等。

③运营单位基本情况

中国节能绿碳（遵义）环保有限公司（简称中节环保公司）是中国节能环保集团公司的三级子公司，中节环保公司注册资金为 5 806 万元，于 2014 年 7 月 18 日中节环保公司和贵州茅台酒厂（集团）循环经济产业投资开发有限公司共同出资成立合作公司，合作公司位于播州区鸭溪镇和平经济开发区。合作公司项目建设用地约 60 416.6 m²，项目总投资 19 705.64 万元。合作公司主要业务是通过投资建设并运营大型生物天然气工程，对各类有机废弃物进行集中处理并实现资源转化和循环利用。项目坚持绿色、生态、有机的发展理念，挖掘山水特色文化，统筹产城融合，在茅台园区内以酒糟为核心形成了跨越农业、工业领域的能源及农业循环模式。

（2）项目概况

①工艺技术路线

酒糟废弃物和酿酒高浓度有机废水经物料调配成含固率约为12％的浆液，被泵送至厌氧罐进行中温厌氧发酵，厌氧发酵周期为42d，物料中的有机物质经酸化、水解、产酸、产甲烷阶段后转化为沼气，沼气经加压、脱水、脱硫、脱碳后被提纯为满足国家天然气标准的生物天然气。厌氧反应后剩余的消化液作为生物有机肥原料被送往有机肥装置制肥。生物天然气及生物有机肥项目采用酒糟、酿酒高浓度废水耦合发酵技术，在将对环境污染极大的高浓度有机废水通过厌氧发酵转化为液肥的过程中产生沼气。这对酿酒行业高浓度废水的处理具有非常重要的里程碑作用。打破了酿酒废水需要付出巨大的代价才能达标排放的传统处理思路。在对废水进行资源化利用的同时还产生了有经济价值的沼气能源（图6-78）。

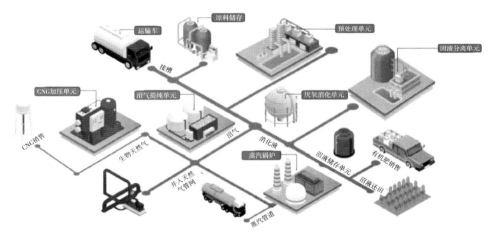

图6-78　茅台生物天然气及生物有机肥工艺流程

一是预处理。茅台生物天然气及生物有机肥项目采用湿式进料方式，需将物料TS调配至12％左右。通过布料器实现物料的自动均匀输送，减少铲车输送工作量，物料在布料器的作用下均匀落入输送板链，被输送至破碎机中进行粗破碎。破碎后的物料进入水力制浆机，通过控制进水流量和称重传感器监控进料量，自动完成浆料浓度配比，在水力洗浆机中制成浆料，经过水洗制浆，块状的酒糟完成溶解和破碎，达到厌氧发酵所需的物料粒径和浓度。

二是厌氧发酵。产甲烷的厌氧生物处理过程中，有机物质的真正稳定发生在反应的第三阶段，即产甲烷阶段。产甲烷的反应由严格的专性厌氧菌来完成，该类细菌将甲烷菌水解酸化的产物进一步降解为甲烷、二氧化碳等最终产物，其中甲烷含量为 50%～70%，可作为能源再次利用。中温厌氧发酵选择全混式厌氧发酵罐，厌氧发酵罐是该工程的核心设备，在厌氧发酵罐运行中，需要采取保温伴热措施，以保证厌氧污泥的活性。

三是沼气净化。茅台生物天然气及有机肥项目由沼气脱硫工序、增压工序、脱碳脱水工序等组成。茅台生物天然气及有机肥项目酒糟原料中的硫含量很低，沼气中硫化氢含量较低，所以采用干法脱硫的脱硫方法，设置两个脱硫塔，保证脱硫效果。为满足后续脱碳系统的工艺压力需要，同时考虑产品天然气的压力需要，需先将沼气压力提升至 0.9MPa，进入变压吸附脱碳系统，脱碳系统出气压力大于 0.8MPa，经再次降压至 0.3MPa 后送入当地燃气管网销售（图 6-79）。

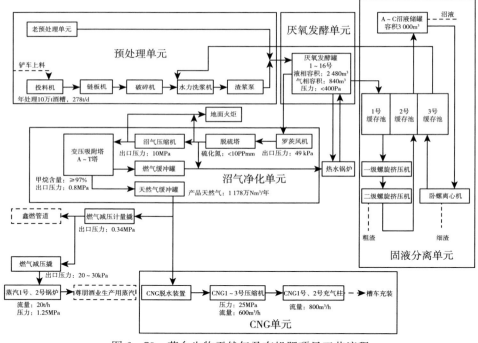

图 6-79 茅台生物天然气及有机肥项目工艺流程

②主要建设内容

茅台生物天然气及有机肥项目主要构建筑物规模、关键设施设备及配置的情况如下。

一是原料储存单元。建有 2 个酒糟池，共存储 6 万 t 酒糟。为防止渗滤液渗漏污染地下水源及周边环境，酒糟池底部采取重点防渗、防腐等措施（图6-80）。

图 6-80　茅台生物天然气及有机肥酒糟池

　　二是预处理单元。预处理单元包括缓存破碎料仓、输送装置、调配池、地下泵房等。调配池等接触工艺物料的地方采取重点防渗措施，可有效防止生产物料污染地下水（图 6-81）。

图 6-81　茅台生物天然气及有机肥预处理单元

　　三是厌氧发酵单元。有 16 座厌氧发酵罐，每台容积为 $3\,000m^3$，其中液相空间容积 $2\,480m^3$。采用 16 座利普罐高负荷完全混合式厌氧消化装置，具有性能可靠、防腐蚀性强、制作周期短等优点（图 6-82）。

　　四是沼气净化及 CNG 压缩单元。沼气净化系统（包括罗茨风机 2 台、脱水塔 2 座、脱硫塔 2 座、沼气压缩机 1 套、脱碳系统 1 套）和 CNG 压缩单元（包括压缩机 3 台、缓冲罐 1 个、脱水装置、加臭系统、充装柱 2 台）。项目的净化工艺采用干法脱硫将沼气中的硫化氢含量降低至 20mg/L 以下，采用变压吸附塔脱碳，将沼气中的二氧化碳含量降低至 3% 以下。沼气净化提纯单元甲

257

图 6-82　16 座厌氧发酵罐

烷回收率达 99%，产品天然气甲烷含量可达 97% 以上，满足国家一类天然气标准。利用 CNG 压缩单元装置将生物燃气压缩至 25MPa，采用槽车外售，达到国家车载天然气标准（图 6-83、图 6-84）。

图 6-83　沼气净化系统

五是沼气锅炉房、消防水站、地面火炬等。需要建设完成沼气锅炉房、空压站、消防水站、地面火炬等配套公共及辅助生产设施（图 6-85）。

图 6-84　CNG 压缩装置

图 6-85　沼气锅炉房、消防水站、地面火炬

③运行情况

茅台生物天然气及生物有机肥项目于 2017 年 4 月 24 日投料启动，8 月 10 日火炬点火成功，沼气甲烷含量为 58%，标志着整个天然气工艺系统正式打通，至 2017 年 11 月底 13 个厌氧罐正常投料产气。

项目于 2019 年正式投产，投产后陆续开展了预处理系统技改、固液分离设备改造、控制系统改造等，沼气产能已达 2 800Nm³/h，经过后续厌氧系统参数优化后有望达到 3 500Nm³/h 以上的沼气产能。项目产出的生物天然气一部分被管输至园区内尊朋酒业公司内通过蒸汽锅炉燃烧产生蒸汽，供应酒厂蒸酒。根据酒厂间断运行的情况，全年可提供蒸汽约 6 万 t，使用天然气约 450 万 m³，另一部分进入当地的燃气管网，供鸭溪镇 4 万户居民及部分工业生产使用，全年可供应生物天然气约 200 万 m³。

茅台生物天然气及生物有机肥项目 2019 年处理酒糟 4.25 万 t，产出天然气 368.89 万 m³，接收并处理高浓度废水 1.1 万 t，向酒厂供应蒸汽 0.93 万 t，产沼液肥 1.05 万 t；2020 年处理酒糟 4.13 万 t，产出天然气 491.49 万 m³，接收并处理高浓度废水 4.16 万 t，向酒厂供应蒸汽 3.5 万 t，产沼液肥 5.4 万 t；2021 年处理酒糟 3.61 万 t，产出天然气 421.62 万 m³，接收并处理高浓度废水 4.28 万 t，向酒厂供应蒸汽 3.25 万 t，产沼液肥 6.8 万 t；2022 年处理酒糟 4 万 t，产出天然气 650 万 m³，接收并处理高浓度废水 7 万 t，向酒厂供应蒸汽 6 万 t，产沼液肥 8 万 t。

④经济效益分析

茅台生物天然气及生物有机肥项目总投资 19 556.00 万元，其中：中央基建投资农村沼气工程资金 5 000.00 万元，自筹资金 14 556.00 万元。总投资中用于设备购置的有 6 846.62 万元，其中专项资金 5 000.00 万元、自筹资金 1 846.62 万元。

项目每年处理茅台酒糟约 10 万 t、高浓度废水 4.8 万 m³，全年可生产沼气约 2 100 万 m³、制取生物天然气 1 100 万 m³，年产沼渣肥约 5 万 t、沼液肥约 6 万 t。

按照和茅台的内部结算价：酒糟免费、高浓度废水平均 200 元/m³，蒸汽供应 210 元/t；对外销售的沼渣 200 元/t，沼液还田成本 70 元/m³。

2020 年的经营指标及利润情况：营业收入 2 480 万元，成本 2 249.4 万元，利润 130.6 万元。

(3) 商业模式

①模式基本内容

解决酒厂酿酒酒糟、高浓度废水废弃物，生产生物天然气、有机肥的能源和农业循环利用模式。

②运行机制分析

酒糟和高浓度废水耦合厌氧发酵核心技术，主导产品是生物天然气。中央预算内投资补贴资金 5 000 万元。

③效益情况

一是环保方面。解决了赤水河流域酿酒废弃物污染问题，促进环保事业的发展，改善了生活环境，提升了生活质量，在污染治理的同时又取得了好的生态效益和经济效益。

二是碳减排。为周边城镇提供 1 100 万 m³ 生物天然气，约相当于节约标准煤 12 570t，节电约 70 000 000kW・h。

促进了城市综合实力的提升：城市有机废弃物得到了资源化、减量化处理，避免了城市环境卫生的污染。同时激发了当地民众的生态环保意识，促进了当地低碳经济的发展。

④可借鉴的经验

项目实现了酒糟和酿酒废水的资源化利用，将酿酒企业产生的废弃物酒糟和高浓度有机废水，通过厌氧发酵和深加工转化为天然气能源和有机肥资源，实现了废弃物在环保和资源化利用方面的价值最大化。

（4）推广条件

①适用区域

适用于酿酒产业集中的区域，酿酒集中区具备原料稳定、能源消耗需求大的特点，可以给项目提供充足的原料并接收和消耗其产生的沼气、天然气、蒸汽及电能。

②配套要求

需要结合项目中沼液产能，按每年每吨沼液肥产能不低于 0.1 亩农业种植用地进行配套，缩短沼液肥消纳的半径范围。

6.4.2　云南深山农牧林开发有限公司沼气项目

（1）项目基本情况

①项目建设背景及资源情况

云南深山农牧林开发有限公司现代农业庄园肉牛养殖基地肉牛养殖规模 1 000 头，目前实际存栏 400 头，基地位于云南省昭通市永善县溪洛渡镇新拉村花秋四社。公司积极响应"绿水青山就是金山银山"的发展理念。自 2015 年 5 月养殖基地运行以来，养殖粪污处理一直是困扰公司的难题。在永善县农业农村局的大力支持下，2016 年申报建设大型沼气项目。根据 2017 年农业部《2017 年规模化大型沼气工程项目中央预算内投资计划》的通知，云南深山农牧林开发有限公司沼气项目得到批复建设，2018年初沼气项目建设完成，至今项目正常运营使用（图6-86）。

图6-86 云南深山农牧林开发有限公司沼气项目鸟瞰

目前，养殖基地每日肉牛粪尿及冲洗水15t全量进入沼气站进行厌氧发酵处理，年处理粪尿5 475t，年产沼气5 800m³、沼肥5 138t。沼气主要被用于沼气锅炉产蒸汽烤酒及养殖场职工自用，沼肥用于养殖基地种植牧草。项目的建设搭建起公司养殖与种植基地的桥梁，形成"牛粪尿收集—沼气烤酒—酒糟喂牛—沼肥种植牧草—牧草喂牛"的种养生态循环利用模式。自项目投产以来，有较好的社会、生态和经济效益，在当地发挥了良好的示范带头作用。

自沼气项目启动实施以来，云南深山农牧林开发有限公司先后流转草场15 006亩，其中新拉花秋流转荒山荒地1 000余亩（流转期限25年），马楠高坎子流转草场14 006亩（流转期限30年），用于种植一年生黑麦草、多年生黑麦草、白三叶、芽毛4种牧草，牧草施用沼肥后长势喜人，为肉牛养殖基地提供了饲料保障。养殖粪污全量进入沼气站，利用沼气锅炉产蒸汽烤酒，每日烤酒玉米消耗量700kg，出酒量约350kg。

②项目建设时间、地点和规模

云南深山农牧林开发有限公司沼气项目沼气站总占地面积3 960m²。沼气站内占地面积约2 600m²，站内有中温厌氧消化罐1座，总有效容积1 200m³；酿酒厂房建设面积约1 360m²，其中包括6m³的洗粮池（带电动搅拌）1套、6m³的煮粮罐1套等烤酒设施设备。

③运营单位基本情况

云南深山农牧林开发有限公司属永善县人民政府招商引资企业，公司成立于2015年5月6日，统一社会信用代码915306253291439127，公司类型属于有限责任公司（民营企业），法人代表杨志贤，注册资本1 200万元。经营范围：牛、羊、猪、家禽饲养、加工、销售；鱼的养殖、销售；蔬菜、水果、茶叶、中药材种植、销售；化肥（限零售）、农膜、农业机械、花椒、魔芋、砂仁、散装食品批发兼零售；农业技术咨询；白酒酿造。公司现有员工26人，其中具备大专学历的具有4人、具有高中(中专)学历的8人、具有初中学历的14人。

截至2022年3月，累计投入项目建设资金4 000余万元，新拉肉牛育肥基地和马楠母牛繁殖基地建设初具规模。

2019年11月，云南深山农牧林开发有限公司生产的肉牛产品获得了云南省农业农村厅颁发的无公害农产品证书。2020年12月，公司获得了云南省科学技术厅颁发的云南省科技型中小企业备案证书。2021年1月，公司被昭通市农业产业化发展领导小组认定为"昭通市农业产业化经营市级重点龙头企业"。2021年12月，公司被云南省农业产业化经营协调领导小组办公室认定为"云南省第十六批农业产业化省级重点龙头企业"。2022年1月，公司被云南省农业农村厅评审为"2021年云南省畜禽养殖标准化示范场"。

实施肉牛繁殖育肥基地及肉牛产品深加工项目，符合国家、地方畜牧产业发展政策和农民发展牛肉产业致富愿景需要，市场前景广阔，具有良好的社会效益、生态效益和经济效益，对地方经济发展具有积极的促进作用，期待有关部门继续给予大力支持。

(2) 项目概况

①技术路线

沼气项目采用完全混合厌氧发酵工艺，利用肉牛粪便和尿液作原料进行发酵产沼气。工艺主要分为预处理、沼气生产、沼肥利用、沼气净化与利用4个单元。肉牛粪便先经过预处理格栅，通过格栅去除大块秸秆、编织袋等杂物后再进入集料调配池调配。调配完成后进入中温厌氧发酵罐进行发酵，水力停留时间为27d，TS为8%。沼气生产后经过气水分离、脱硫净化后进入湿式储气柜储存，用于沼气锅炉烤酒。沼肥固液分离后进入站内沼液池，通过管网和沼液车在周边进行牧草种植。沼气工程的工艺流程如图6-87所示。

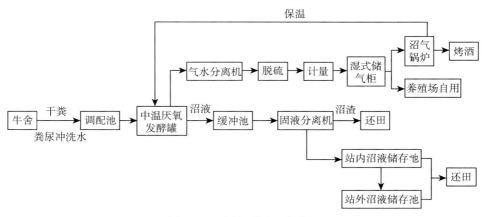

图6-87 沼气项目工艺流程

②主要建设内容

沼气项目建筑物主要包括中温厌氧发酵罐 163m³，湿式储气柜 58m³，烤酒作坊厂房 1 360m²，锅炉房 24m²，站内沼液储存池 500m³，田间沼液储存池 3 150m³，管理房 24m²。

关键设施设备及配置主要包括中温厌氧发酵罐 1 200m³，湿式储气柜 250m³，搅拌机 1 台，正负压保护器 1 个，阻火器 2 个，烤酒设备含 300kW 发电机 1 套，沼气锅炉 1 个（额定蒸发量 0.3t/h，蒸汽压力 0.09MPa，蒸汽温度 120℃），电锅炉 1 个（额定蒸发量 0.2t/h，蒸汽压力 0.09MPa，蒸汽温度 119℃），2t 的提升机 1 套，3m³ 的发酵池 30 个，6m³ 的烤酒锅 1 个，1t 的储酒坛 100 个，40t 的储酒罐 8 个。

③运行情况

云南深山农牧林开发有限公司沼气项目现日处理肉牛粪尿及冲洗水 15t，年处理肉牛粪尿 5 475t，年产沼气 5 800m³、沼肥 5 138t。沼气主要用于沼气锅炉产蒸汽烤酒及养殖场职工自用，沼肥用于养殖基地种植牧草。目前烤酒日消耗粮食 700kg，日产白酒约 350kg。自 2018 年建成至今，运行正常，现公司储酒约 240t。沼气工程现场如图 6-88、图 6-89 所示。

图 6-88　云南深山农牧林开发有限公司沼气项目现场

图6-89　云南深山农牧林开发有限公司沼气项目烤酒和粮食煮蒸

④经济效益分析

一是项目投资及资金构成情况。云南深山农牧林开发有限公司沼气项目总投资837.35万元，其中：中央补助投资180.00万元，企业自筹资金657.35万元。

二是运行成本分析

A. 人工费：管理人员1名，技术员2名，操作员2名，人均工资6 500元（含生活费），因此6 500元/（人·月）×5人×12个月＝39.00万元。

B. 水电费：由于采用山上泉水，水费为0元。电费按照当地0.48元/（kW·h）计算，日耗电200kW·h，因此200kW·h/d×0.48元/（kW·h）×365d＝3.5万元。

C. 折旧费：土建工程折旧费和基本预备费按30年计算，残值为3%，设备折旧按15年计算，残值为3%，则年折旧费＝571.55×（1-0.03）/15＝36.96万元。

D. 曲药费：日消耗30元的曲药，曲药消耗费用为30元×365d＝1.1万元/年。

E. 粮食采购费用。日消耗粮食750kg，单价取平均值3.8元，因此750kg×3.8元/kg×365d＝104.03万元。

F. 工程运行费用：39.00元＋3.5元＋36.96元＋1.1元＋104.03元＝184.59万元。

沼气锅炉烤酒主要产生的成本费用为沼气生产费用、粮食、曲药、水费、电费以及人工费，日产白酒约350kg，经分析统计单位运行费用（运行成本）为14.45元/kg。

三是收入及利润。根据市场情况，白酒销售单价均价按照40元/kg计算，日产白酒350kg，年收入为350kg×40元/kg×365＝511.0万元，年利润总额为511.0万元-184.59万元＝326.41万元，应缴税费约110万元，利润净额

（纯利润）260.21万元。

（3）商业模式

①模式基本内容

模式名称为云南深山种养循环链。该模式实现了养牛场、沼气工程、烤酒工艺、牧草种植、草料饲牛一体化种养循环经济。

该模式的运行是通过沼气工程厌氧消化处理从养牛场收集的牛粪尿及场内生活污水，沼气工程的产物是沼气、沼肥，沼气被用于沼气锅炉产生的蒸汽烤酒，沼肥通过养牛场的牧草种植基地还田利用，烤酒后的酒糟及种植的牧草可以喂牛。由此形成了"牛粪尿—沼气工程—沼气烤酒—酒糟喂牛—沼肥种植牧草—牧草喂牛—牛粪尿"的种养循环链（图6-90）。

图6-90 云南深山种养循环链

②运行机制分析

云南深山农牧林开发有限公司主要核心技术是沼气烤酒，利用沼气能源进行生产经营；主导产品是白酒，沼气工程已完善白酒生产操作流程。设施设备齐全且操作人员持证上岗，运行管理机制完善，有规范的《大型沼气池设施保养流程》《云南深山农牧林开发有限公司大型沼气工程安全运行与管理守则》《云南深山农牧林开发有限公司锅炉房安全操作规程》《云南深山农牧林开发有限公司锅炉房管理制度》《云南深山农牧林开发有限公司锅炉故障处置应急预案》《云南深山农牧林开发有限公司酿酒车间管理制度》及《食品安全生产管理制度》等，生产用水及产品都进行过严格的质量检测，并取得检验检测报告。对项目的安全、规范运行和管理起到约束作用。

③推广应用情况

云南深山农牧林开发有限公司沼气项目模式已在云南省内大型养殖场推广10余个，推广项目均运行稳定正常，养殖企业取得一定的经济效益，还有较好的生态效益。

云南深山农牧林开发有限公司沼气项目对畜禽养殖废弃物进行资源化利用，减少了面源污染，保护了土壤和地表水水质，切断了疾病传播途径，对当地的畜禽养殖场废弃物资源化利用起到带头作用，增强了当地公众保护生态环境的意识，对促进农业资源综合利用和当地农业经济可持续发展具有积极作用。

④可借鉴的经验

一是长效发展，重视生态保护。养殖经营务必处理好粪污；要像保护自己的眼睛一样保护生态环境；得到当地村民的认可，企业才得以长效发展。

二是"三沼"利用是项目建设的先决条件。"三沼"充分使用并发挥经济效益，项目正常运行才有动力。云南有烤小锅酒的生产习惯，将沼气作为主要能源烤酒，一方面能节约烤酒用能成本，另一方面能提高沼气的利用价值。

三是种养结合为关键。养殖运行初期，因周边没有大量作物，导致粪便无法消纳，甚至出现免费送给当地人却没人愿意接受的局面。随着沼气工程的建设，形成了种养循环闭环，云南深山农牧林开发有限公司先后流转万亩土地种植牧草，保护了当地的生态环境，降低了养殖成本。

（4）推广条件

①适用区域

云南深山农牧林开发有限公司沼气项目模式推广养殖场自身或周边需有明确的沼气高值利用能源缺口，适用于种植欠发达地区但周边有保障沼肥消纳的种植土地。

云南省是种植大省，牛粪、鸡粪等固体粪污的销售价格很高。部分沼气项目建设后被用作养殖场解决环保压力的一条途径，因而固体粪污价格较高，但"三沼"并未得到充分利用。且云南省的农用电价偏低，只有当沼气有高值利用途径且在种植欠发达地区时，项目模式才可推广应用。

②配套要求

项目投资回报率偏低，因此项目属于公益环保项目。项目模式在实施时地方政府要加以引导，并出台一些有利政策，如对项目基础建设给予一定的资金支持、对养殖企业有一定的环保监管要求等。

图书在版编目（CIP）数据

中国生物天然气产业探索与实践 / 农业农村部农业
生态与资源保护总站编. -- 北京：中国农业出版社，
2024. 12. -- ISBN 978-7-109-32684-2

Ⅰ. F426.22

中国国家版本馆 CIP 数据核字第 202487YT85 号

中国农业出版社出版

地址：北京市朝阳区麦子店街 18 号楼
邮编：100125
责任编辑：李昕昱　　文字编辑：郝小青
版式设计：李　文　责任校对：吴丽婷
印刷：北京印刷集团有限责任公司
版次：2024 年 12 月第 1 版
印次：2024 年 12 月北京第 1 次印刷
发行：新华书店北京发行所
开本：700mm×1000mm　1/16
印张：17.5
字数：333 千字
定价：128.00 元

版权所有·侵权必究

凡购买本社图书，如有印装质量问题，我社负责调换。

服务电话：010 - 59195115　010 - 59194918